就该这样做直销

郑德明 ◎ 著

中国财富出版社

图书在版编目(CIP)数据

就该这样做直销 / 郑德明著.—北京：中国财富出版社,2016.7
ISBN 978-7-5047-6136-1

Ⅰ.①就… Ⅱ.①郑… Ⅲ.①直销–通俗读物 Ⅳ.①F713.32-49

中国版本图书馆CIP数据核字(2016)第090366号

策划编辑	张彩霞	责任编辑	张　静		
责任印制	方朋远	责任校对	梁　凡　张营营	责任发行	张红燕

出版发行	中国财富出版社		
社　　址	北京市丰台区南四环西路188号5区20楼	邮政编码	100070
电　　话	010-52227568(发行部)	010-52227588转307(总编室)	
	010-68589540(读者服务部)	010-52227588转305(质检部)	
网　　址	http://www.cfpress.com.cn		
经　　销	新华书店		
印　　刷	北京柯蓝博泰印务有限公司		
书　　号	ISBN 978-7-5047-6136-1/F·2589		
开　　本	710mm×1000mm　1/16	版　次	2016年7月第1版
印　　张	17.5	印　次	2016年7月第1次印刷
字　　数	235千字	定　价	38.00元

版权所有·侵权必究·印装差错·负责调换

前言 Preface

1

直销，最初盛行于美国。它产生于20世纪50年代美国经济大萧条时期，当时由于市场滞胀，产品缺乏销路，各批发、零售行业竞相削价倾销。于是，以富有商业头脑著称的犹太商人就发明了一种新的销售方式，这就是直销。

据世界直销协会的定义，直销是指在固定零售店铺以外的地方（例如：个人住所、工作地点或其他场所）独立的营销人员以面对面的方式，通过讲解和示范方法将产品和服务直接介绍给消费者，进行消费品的行销。

道道舆情监控室和第三方数据机构海伦国际直销研究中心共同发布了《2015年中国直销企业业绩报告》。报告显示，38家企业的业绩总额已经达到1937.9亿，并且随着后面数据的不断更新，总业绩极有可能逼近甚至突破2000亿的大关。

来自中国经济网的报道指出，2015年是直销行业发展较为快速的一年，多项政策的利好、社会方面的认可，让直销企业的队伍开始不断壮大。专业人士纷纷表示直销行业将要迎来新的大爆发。

对此，国家工商总局市场司司长陈尚明先生说，所有的企业能走直销的，就要走直销的道路。直销在中国是势在必行，现在面临的不是要不要搞直销，而是如何规范这个市场；也明确指出：直销可以不设店、不设厂。随着直销法的深入人心，将会有越来越多的人接受直销这么一个概念，中国大陆将会出现一个直销热，这个直销热可能要持续几年，然后就形成一个正常的直销市场。

由此可见，中国直销，将在2016年大爆发，也正是个人创业者进入的最佳时机！而未来是直销业高速发展的时代，排斥直销就是排斥我们自己成功的机会！

2

直销是中国21世纪最赚钱行业之一。所有国际大公司都知道，中国市场是全球最大，也是最后的一块蛋糕。对我们个人创业者来说，这是我们一生中最大的，也是最后的一次机会。

直销行业是个公平、公正、公开的市场，它不需要我们有良好背景和经济实力，也不需要我们有很高的学历和能力，可以让我们白手创业、四两拨千斤来成就非凡的事业。直销企业挑选人才几乎没有多少条件限制，诸如学历、相貌、社会关系、社会地位、年龄、经验等，传统企业的考核指标在直销企业中几乎全被淡化了。只要有兴趣尝试，谁都可以，无论男女、高矮、俊丑，也无论你是健康还是残疾。

大部分的直销企业都有系统的教育培训计划，这种永续学习的模式正好符合新世纪与时俱进的特点。知识改变命运，学习丰富人生。在这个倡导建立学习型组织的时代，直销企业刚好成为一个典型的代表。直销可以让我们不断地学习、改变、成长和进步，让我们永远拥有一种积极、乐观、向上的健康心态。选择直销就是选择全新的生活方式。

直销是一个真正自由自主的行业，每个人都既是整体团队的一个环节，又是一个独立的创业个体。个人的目标是自己确定的，要做到哪一级别、获得多少收入全由自己定夺，这让每个人的心灵都在一个相对宽松的状态下发挥得更加出色！直销可以给我们每一个人的家庭带来健康的保障，可以让我们拥有财务自由、时间自由和心灵的自由，同时可以帮助更加多的人走向成功。

每一个成功的直销人都是拥有巨大团队的领导人。团队成员互补互助，各自展示优势，创造出惊人的业绩。团队创造了一种氛围，创造了一个抱团打天下的多赢模式，同时又让每个人的价值在其中得以展示。

首先，直销，特别是多层直销，与传统销售方式的不同之处就在于它是利用人际关系来销售产品的，即在亲朋好友中销售产品。这不免会引来"杀熟""骗人"的指责，但事实上以这种心态去从事直销是不会长久的。直销界有句名言："好商品与好朋友分享。"就是要让你的朋友感受你是在给他介绍一个好商品和好机会，大家来一起分享产品的好处和创业的乐趣。别人的误解都是暂时的，作为一个直销员，如果能够做到凡事以朋友的利益为前提，真心真意地为对方着想，那他一定会得到朋友的认可的。

其次，在传统的企业中，通常的工作多是面对机器或者威严的上司，这很容易让人产生抵触情绪。但直销却不同，它是以人为中心，以人的需求为中心，以人际关系为纽带的，让你有一种团体归属感。

再次，对推荐而言，多层直销是以互利互爱为出发点的。因为每个人都需要机会，每个人都在寻找机会，而直销上线正在给下线提供机会。所以，对朋友们而言，向他们推销，推荐他们入网，是在帮助他，而非利用他。所以说，多层直销又是一个互惠互利的事业。

最后，做直销最终就是做人，是对人性的一种考验。你的私心杂念越少，结果就越好。随着组织的壮大、级别的提高，你的一言一行就得十分注意了。做直销，最终不是做产品，也不是做制度，而是做人，是完善你的人格，使你珍惜自己的信誉。最终，你收获的不仅仅是财富，还有自己的改进，符合人性的改进。直销让你的人格趋于完美。

3

市场竞争给人们的最大感觉就是其残酷性。许多人在竞争中失败后才想到要寻找新的机会。还有一些人本来就缺乏竞争中所需要的学历等条件，传统企业不能给他们一个公平的机会，让他们去展示自己的才华。因而，许多有能力的人就被埋没了。然而，在直销行业中，无论你的学历如何，背景如何，你都可以进去试一试；在平等公正的规则下，尽情发挥自己的才干。

可以说，直销开创了一个全新的天地。它选择自己的中间商——直销员时，给了他们一条同样的起跑线，让他们只花微不足道的资金就可以实现自己的经商梦。这也就是说，无论何人，无论他从事何种职业，无论他有多大的经济实力，只要他愿意，都可以成为金牌直销员。

姑且不论每一个人的人生理想是什么，仅以翻开本书的你来说，想必也是盼望有朝一日成为一个受人尊敬、拥有极多财富的成功人士吧？机会对任何人都是一样的，然而这个梦做得如何，那就靠个人的努力了。只要你肯努力，肯付出，直销就会给你一个满意的结果！

目 录 Contents

第一章 直销风暴，为什么富人又瞄准了直销 1
  1. 谁先改变观念，谁就先改变口袋 1
  2. 直销的特点、类别和优势 6
  3. 区分直销与非法传销 10
  4. 探求直销的经营魅力 15
  5. 心有多大，直销的市场就有多大 18
  6. 直销为企业发展带来新的商机 20
  7. 直销双赢，缔造商业传奇 22

第二章 推销产品之前，首先推销你自己 27
  1. 正确认知，消除顾虑 27
  2. 不卑不亢，才能赢得客户 30
  3. 把自己最好的一面"直销"给客户 33
  4. 第一印象是最好的名片 36
  5. 不要急于求成，要稳中求胜 44
  6. 诚信是最好的推销 48
  7. 拥有自信，才会做出更大的成绩 51

第三章 设计目标：唤起直销员的成功意识 ……… 55

1. 直销培训，唤醒心中的巨人 ……………………… 55
2. 选对产品，你就成功了一半 ……………………… 59
3. 正确树立自己的目标 ………………………………… 64
4. 心态决定成功 ………………………………………… 70
5. 有了目标还需全力以赴 ……………………………… 73
6. 拓展资源，积极地去赢得客户 ……………………… 77
7. 养成良好的工作习惯 ………………………………… 80

第四章 克服惰性，激情成就直销事业 …………… 85

1. 找到自己的激情 ……………………………………… 85
2. 激情是直销成功的保证 ……………………………… 88
3. 把激情变成习惯 ……………………………………… 92
4. 克服惰性心理 ………………………………………… 96
5. 激情不等于狂妄，盲目自大要不得 ………………… 98
6. 敷衍客户，就是敷衍自己 …………………………… 102
7. 保持一颗平常心 ……………………………………… 105

第五章 这样说顾客才肯听，这样听顾客才肯说 …… 110

1. 用第一句话消除陌生感 ……………………………… 110
2. 记住客户的名字 ……………………………………… 112
3. 多谈对方感兴趣的事 ………………………………… 116
4. 恰到好处地取悦对方 ………………………………… 120
5. 帮对方说话，好处多多 ……………………………… 123
6. 问题提得好，打开"话匣子" ……………………… 127
7. 这样听，顾客才肯说 ………………………………… 135

目录

第六章　以商会友，先做朋友再做生意 …………………… 141
　　1. 在感情上引发客户共鸣 ………………………………… 141
　　2. 真诚地为客户着想 ……………………………………… 144
　　3. 永不和客户作无谓的争论 ……………………………… 147
　　4. 帮助客户消除顾虑 ……………………………………… 150
　　5. 重视客户的抱怨 ………………………………………… 153
　　6. 开展良好的售后服务 …………………………………… 156
　　7. 先做朋友，再谈生意 …………………………………… 164

第七章　把脉客户心理，掌握直销主动权 …………………… 169
　　1. 欲擒故纵，利用逆反心理诱导 ………………………… 169
　　2. 充分准备，做专家式的直销人员 ……………………… 173
　　3. 善于发现顾客的兴趣 …………………………………… 178
　　4. 把客户的利益放在第一位 ……………………………… 184
　　5. 温水"煮"顾客 ………………………………………… 187
　　6. 察言观色，细微反应体现心理变化 …………………… 191
　　7. 七大戒律，避免失败 …………………………………… 193

第八章　对症下药，巧妙应对不同性格的客户 …………… 195
　　1. 随和型的客户：慢慢引导 ……………………………… 195
　　2. 独断专行的客户：把他推到主动的位置 ……………… 198
　　3. 虚荣的客户：给足面子 ………………………………… 200
　　4. 精明的客户：真诚和坦率 ……………………………… 203
　　5. 外向的客户：用比较活泼的形式来谈生意 …………… 206
　　6. 内向的客户：适当说点"私事"来拉近距离 ………… 208
　　7. 标新立异的客户：及时给予认可 ……………………… 211
　　8. 墨守成规的客户：不妨吃颗"定心丸" ……………… 214

第九章　只为成功找方法，不为失败找借口 …………… 217

1. 准客户就在你身边 …………………………………… 217
2. 主动示弱拉近客户距离 ……………………………… 221
3. 告诉自己"忍一时风平浪静" ……………………… 224
4. 面对不友善的客户一笑而过 ………………………… 227
5. 消费者是如何下决心的 ……………………………… 230
6. 讨价还价的重点 ……………………………………… 233
7. 把握时机，协助客户顺利签单 ……………………… 235

第十章　百折不挠，微笑面对"我不要" ………………… 240

1. 坦然面对"拒绝"问题 ……………………………… 240
2. 弄清拒绝背后的几种心理类型 ……………………… 244
3. 越是不好攻破的客户就越有可能成交 ……………… 246
4. 顾客"借口"的分析 ………………………………… 249
5. 认清拒绝巧应对 ……………………………………… 255
6. 采用补救方法扭转拒绝 ……………………………… 261
7. 再试一次，你就成功 ………………………………… 264

第一章
直销风暴，为什么富人又瞄准了直销

1.谁先改变观念，谁就先改变口袋

直销作为一种独特的销售渠道，有着自身特有的优点。尽管直销是一个被广泛讨论，又常常被误解的话题，但作为新兴的销售方式，它有着不可估量的生命力。

1929年，当时生意兴隆的王星记扇庄的第二代当家人王子清就采用介绍提佣的方法招揽生意：不管你是达官显贵，还是平民百姓，无论你是人力车夫，还是店家小二，只要你给扇庄介绍的业务成交，均给予成交额中5%～10%的佣金。无疑，这些介绍者，就成了王星记扇庄的直销员。

为什么说直销人人可为呢？因为它为人们提供了一个理想的发展空间。首先，你从事的既是直销公司的生意，同时也是你自己的生意。在此，和传统的生意不同的是，你无须投入过多的资金到你的生产之上，也无须为工厂的生产操心。直销公司是你不需花本钱而能为你生产产品的后勤基地，生产上的一切管理都有人在为你提供专业的服务。

因此，你只要全心全意销售产品，努力开拓你的市场，组织和发展你的业务员就可以了。而你通过自己辛勤的劳动获得你应当得到的收益。在这里，你投入的资金极少，仅仅是一种会员资格。至于你收益多与少的问题也完全是由你自己去掌握。你的时间、你的精力付出都直接影响你有形资产和无形资产的收益。

直销的定义

对于直销的定义，目前较为主流的观点主要有以下几种：

台湾直销协会的定义：简单说，直销就是直接于消费者家中或他人家中、工作地点或零售商店以外的地方进行商品的销售，通常是由直销人员于现场，对产品或服务作详细说明或示范。直销以服务为目的。直销业所背负的社会使命，就如同一般生意人一样——除了尽量生产开发最理想的产品，以满足消费者喜好之外，更希望能引起消费者"再次消费"的动机。在此前提下，售货前、售货中及售货之后的服务，就成为直销商所力行的工作重点。

香港直销协会的定义：直接销售（简称直销）为一种方便的购物方式。直接销售与其他如透过电子媒介或邮递的直销模式不同，直销商将产品直接送到顾客家中或工作的地方，为个别顾客或众多顾客对象详细介绍、示范产品的特点与效能，并一一解答他们的疑问。亲切周到的个人化服务，令顾客感到称心满意，可以说是直销的主要特色。

美国直销教育基金会的定义：直销是一种透过人员接触（销售员对购买者），不在固定商业地点，主要在家中进行的消费性产品或服务的配销方式。

世界直销联盟的定义：直销是将产品与服务直接行销给消费者，为一种充满活力、充满生气、迅速扩张的销售渠道。直销的最佳定义是以面对面的方式，将产品及服务销售给消费者，销售地点通常是在消费者或他人家中、工作场所，或其他有别于永久性零售商店的地点。直销通常由独立的直销人员进行说明或示范。

2005年9月1日公布、2005年12月1日实施的《直销管理条例》再次对什么是直销给出了明确的定义：直销是指直销企业招募直销员，由直销员在固定营业场所之外直接向最终消费者直销产品的经销方式。

直销和传统生意对比来看，它是一个人人可为的生意。直销不是像推销一样挨家挨户地上门拜访，它只是靠口碑分享的方式来销售商品。打个比方，你看了一部十分精彩的故事片，于是告诉了好朋友，他又去看，这样票房率在上升，电影明星和电影公司都赚了钱，而你呢，帮他们做了宣传却连一场免费电影也没看上。直销却改变了这种做法，不管谁都一样，只要把使用好产品的感受介绍给亲朋好友，让大家一起来享用产品，你便多了一个赚钱的机会。

适宜直销的产品

直销和一般的生意有着截然不同的区别。直销是一种没有店铺的生意，随时随地都可以开展工作，那么，什么产品适合直销呢？

(1) 产品供求状态是一个决定因素。

直接销售，简单说就是送货上门，也就是说服务到家。我们这样想，倘若这种产品市场非常紧俏，出现供不应求的局面，大家都争着去购买这种商品，你想企业还愿意送货上门，服务到家吗？显然是不可能的。

因此，要开展直销活动，所销售的产品必须是市场供求基本饱和的产品，或者是供给略大于需求。因为，送货上门，服务到家实质上在营销学中是开拓市场、挖掘市场潜力的一种策略。倘若市场需求满足不了，出现供给小于需求的局面，你想谁还愿意破费进行培训、直销送货上门，服务到家呢？

所以说，要开展直销活动的企业必须认真分析自己的产品的市场供求状态，切不可随意开展这种活动，否则不仅浪费资金，而且达不到理想的效果。

这里需再说明的是，直销的商品不应该是已被淘汰的产品，更不能是假冒伪劣产品。因为它严重败坏了直销的声誉，给正常的直销活动带来不应有的危害。目前在我国开展直销之所以尚有困难，除了人们对这种销售方式感到陌生外，更主要的是一些人从中行骗，大大损害了"送货上门，服务到家"的声誉。

（2）个人消费品适于直销。

"送货上门，服务到家"这一活动的参与者是直销商，直销商是由用户发展而来的。所以可以肯定地说，这种直销的产品必定是个人消费品。倘若是生产资料，用户则必是生产厂商，而由生产厂商发展直销商，这是不可思议的，因为直销商不具备再生产的职能。

能够开展直销的企业，只能是那些生产个人消费品的生产厂商，而不是生产生产资料的厂商。如保健食品、护理用品、化妆品、汽车、电脑（个人用）、彩电、冰箱、各种炊具、家具、沙发等。

（3）产品要有良好的稳定性。

生产厂商直销的产品必须具有一定的稳定性，假若这种产品的市场刚刚打开，这种产品的直销网络刚刚建成，而这种产品却进入了衰退期，这不仅给产品生产的厂商带来巨大损失，同时也给从事这一产品经销的直销商带来重大损失。因为直销商只能经销该厂商生产的这种产品，这种产品一旦被市场淘汰，不仅严重打击了直销商，同时使生产厂商想维系这种直销网络也变得异常困难。所以，企业开展直销所直销的产品，不能具备较强的季节性和时效性，同时，这种产品的产品生命周期不能太短。

(4) 产品要有潜力，有信誉。

产品是维系直销网的基础。因此，企业进行这种直销方式销售的产品必须是具有较大市场发展潜力的产品，或者是具有良好信誉的产品。

直销的产品不能是已被淘汰的产品，例如在城镇，可以肯定没有人经销黑白电视机，因为黑白电视机在城镇早已没有市场了。相信在不久的将来，保健食品、家用电脑、最新款式的电视机等必将成为直销的对象，而不是像目前这样仅停留在化妆品领域。

另外，采用直销方式销售的产品也应该是具有良好信誉的名牌产品。采用名牌产品进行直销活动，具有众多优点，主要有：

①能吸引广大用户。

②减轻市场开拓的难度。

③名牌产品市场具有相对的稳定性。

④能提高厂商在市场上的声誉。

(5) 超高档名牌产品不宜直销。

名牌产品虽然有许多优点，但越是名牌，其产品的价钱越贵，因而也就越高于大众的要求，从而导致市场容量越来越小。因此，开展多层直销的厂商，不应该执着地追逐超高档名牌产品，而应该在产品的市场容量上下工夫。因为能够购买得起超高档名牌产品的只能是一少部分人，而这个圈子里的人收入来源丰厚，一般不大愿意购买这种直销产品，从而限制了直销网的扩大，这就进一步限制了这种产品的市场容量。

5

从有关资料看，在美国，汽车直销商很少有人经销诸如"林肯"牌豪华名牌轿车，倒是如"黑马"之类的大众用的轿车直销得多些。虽然美国的亿万富翁之多居世界之首，但对于那些开展直销的厂商来说，直销大众化、有良好信誉的产品，仍然是他们的主要方向，因为这意味着这种产品有广阔的市场。

2.直销的特点、优点和类别

直销的特点

尽管上述各定义的表述方法、表述角度和强调的重点不尽相同，但是，分析以上关于直销的定义我们可以发现，这些定义都渗透着一些共性：一个是没有固定的销售地点；另一个是面对面的人员销售。直销固有的两大特点，也是直销区别于其他销售方式最重要的方面。面对面销售可以让我们了解直销是一种两个人面对面沟通的过程，而没有固定零售点的特性使直销有别于一般零售店的销售，因此直销也是一种无店铺的零售方式。

（1）面对面人员销售。

面对面人员销售主要强调直销是一种两个人面对面沟通的过程；是直销员与顾客之间的面对面交流，这种交流可以说是对产品的演示，也可以说是一种服务，并且在这期间，双方完成交易过程。

通过面对面销售这种方式，企业缩短了商品流通渠道的层级，与顾客形成了直接的交流。直销员可为顾客详细介绍、示范和解答产品的特点、效能、使用方法、适应范围等问题，同时也寓咨询、服务于销售之中，使产品的销售、消费能切合每一顾客的实际需要。

（2）没有固定的销售地点。

没有固定的销售地点是指直销有别于一般零售店的销售，是一种无店铺的零售方式。它不受空间的限制，随消费者与直销商的方便，在任何地点都可进行。因此，直销公司可以通过直销员，在顾客家中、工作地点，甚至其他非特定场所，把商品送达消费者手中。

但是，这里还有一点要说明的是，在直销的多年发展过程中，直销形式也发生了许多变化。由于各个国家和地区的法律不同，很多国家和地区都规定，直销公司必须拥有店铺。如在韩国，直销法规定，每100位销售员必须配有一家店铺；我国政府规定直销公司必须通过店铺加直销员的方式进行销售。直销这种方式本身是不需要固定零售点的，对店铺这一点的规定是政府对直销运作方式的限定，这种规定本身并不妨碍直销这种商品流通方式的进行，一次直销活动的进行与完成并不依赖于或依附于固定零售点。

直销的优点

直接渠道是商品流通的简单形式，在一定条件下，直接销售与间接销售相比较，直接销售具有很多优点。

（1）销售及时。直销简化了流通过程，缩短了流通时间。由于直接销售中生产企业和消费者（用户）之间的交易活动不经过流通领域的中间环节，这样就可以减少中转机构办理进货和验收的时间、中间仓库储存时间、中转机构办理发货的时间等，对鲜活商品、时令商品尤为重要。

（2）节约费用。由于流通时间的缩短和中间环节的减少，就相应地节约了流通资金占用量，减少了流通过程中人力、物力、财力的消耗和流通过程中商品的损耗，从而节约了销售费用。对于数量庞大的商品，意义更为重大。

（3）了解市场。直接销售使产需双方直接接触，从而可以加强双方的了解和协作。生产企业直接掌握市场的需要，有利于增强企业改进生产和发展适销对路产品的责任感。同时，用户对产品质量等的意见也能直接反馈，信息比较及时和准确，有利于生产企业提高产品质量和改善经营管理。

（4）提供服务。有些商品技术性强，对销售技术服务要求较高，直接销售能使用户得到生产企业更直接的服务，保证商品合理和可靠地使用，也有利于生产企业扩大产品的销路。

（5）控制价格，增加利润。直接销售使生产企业对产品价格掌握了较大的自主权，当售价高于销售给中间商的价格时，企业就能增加一部分的销售利润。

直销的缺点是企业为此要分散出一部分人力和财力，并承担流通领域的一些经营风险。

直销的分类

简单地说，直销可分为单层直销和多层直销两类。

所谓单层直销，又常被称为传统直销，是最古老的销售方式之一，即由直销人员从厂商处直接进货，然后直接卖给消费者，而且无论他们是依据卖货额领取佣金还是领取工资，都与直销公司是合同关系。也就是说，由厂商到消费者之间只经过一个层次。比如入户访问推销或地摊销售，都属于这个范畴。由于流程简单，单层直销减少了许多中间利润的转嫁，这也就是为什么同一品质、同一厂牌、同一款式的物品，在地摊上买要比百货公司便宜得多的原因。而且，减少了中间环节，所销售的产品也可以减少被仿冒的概率，美国雅芳公司在20世纪90年代初刚刚进入中国的时候，采用的就是典型的单层直销的模式。

多层直销是指直销公司通过多层的、独立的直销员来销售商品。多层直销是目前争议最大的一种直销方式。在这种销售方式下，每一个直销员除了可将商品销售之后从公司得到佣金外，还可以自己向公司推荐新的业务人员，发展自己的多层直销网络，并根据销售业绩的大小从公司得到一定的奖金。而且，每一个被推荐进入网络的新成员亦可循此模式，通过推销产品和发展自己的销售网络所取得的销售业绩而得到更多的奖金。

无论是单层直销还是多层直销，都属于直销的范畴。那么多层直销与传统直销方式有什么区别和联系呢？

就营销渠道或营销制度而言，多层直销和传统的直销都是采用直接销售的方式。二者都是以人员销售的做法来达到销售产品或提供服务给顾客的目的，都是无店铺销售的营运方式之一。

就收入来源而言，两种直销方式中通常直销员都靠佣金或短期的固定薪资作为主要收入；而其经理以及主管的主要所得，除了很小比例的津贴或底薪外，绝大部分是靠管理费、经营奖金和红利。

就直销员的条件方面，两者也多不计较学历背景、年龄及经验，甚至在性别上也不做限制，完全视参加人的努力程度和投入精力的多寡来决定业绩的高低，进而影响所得的多少和升迁的快慢。

最后，就加入诱因而言，两者也同样强调直销员的独立经营，这使得人们能以小本创业，快速发展而实现人生梦想。

大体来讲，多层直销与传统直销方式在以上几点中是相同的。但是，二者之间又存在着明显的区别，表现在以下几个方面：

从组织架构的角度来讲，多层直销是以人口倍增学为原理的，因此，其倾向采用组织层级无限延伸，进而成长复制的模式。所以多层直销公司的组织层级至少有四层以上（一般客户→直销员→经销商→直销公司的管理阶层），并且鼓励直销人员不断扩展层级的数目，使整体组织能在短期之内快速成长，以达到销售更多产品的目的。但传统直销组织架构是较为固定的，通常是按销售人员数、各单位的营业额、年资、经验、资历而分成上层经理、中级主管及基层销售人员；组织发展重点则为"人员数"的拓增，而非"层级数"的增多。为了区别于多层直销，仍将这种方式称之为"单层直销"或"传统直销"。

从归属关系的角度讲，多层直销公司和其公司内的直销员之间的交易关系属于合作或经销代理关系，直销公司和直销员都是独立的法人，他们之间并不相互归属。但是传统直销中所有参加人均为公司的聘雇人员，他们之间的关系比较像一般雇主与受雇者的雇佣关系。

从销售商品的特点及价格角度讲，多层直销公司一般经营的是日常消费品，或是使用频率较高的商品，例如化妆品、日用品、食品等。而传统直销则以量少类稀且价高的或非消耗性的商品为主，例如汽车、房子等。

从公司人员的从业方式角度讲，从事多层直销的直销员多采用兼职形式来工作，并且可以通过向他们的亲朋好友介绍来拓展业务。但在传统直销业中，直销员一般都是全职人员，而且他们一般都接受过专业训练。

事实上，多层直销和传统直销并无优劣之分。无论是企业还是直销员，甚至是研究论证者，要对两者做出取舍、评断时，必须全面考虑各方面因素，才不致有偏差或误解。

3.区分直销与非法传销

一说到"传销"，人们深恶痛绝，因为许多人被其所害。

"非法传销"通常也是以公司的组织出现，有些也有店面，和许多公司在形态上相似。但"非法传销"在入会时要收取巨额入会费，或是购买大批的货品，而且不能退货，或是退货条件相当苛刻。他们的会员必须找到人来垫底，把货品直销给下线才能赚到钱，否则就要囤积大批的货品，造成货塞满屋，经济上受到极大损失。

"非法传销"多是将厂家粗劣的产品卖给传销最上层的人，上层再将货品逐层而下传销给下线会员，每一层都要加上一层中间利润。这种借着商品的转移而赚取中间利润的所谓"间接贩卖"或是"再贩卖"，使得商品和实际的价格相差甚远，而且传销的层次越多，商品价格就越高，使得底层人员的产品根本卖不出去。非法传销者往往许诺极高的回报率，以此来欺骗那些急于创业发家的人；通过不断发展下线的方式，使组织在很短的时期里急速膨胀，受害的会员众多，很容易造成严重的社会问题。

由于"非法传销"是利用组织发展形态来牟利，所以以"金字塔"的造型发展，越是上端的获益就越大，而且还可以用巨额会费换得地位，再牟巨利。

而直销公司，则是以商品为媒介，参加者以劳务介绍他人购买公司的产品取得佣金或奖金，这是直销公司和"非法传销"的不同。

安利中国董事长郑李锦芬曾应邀到北京，揭示了非法传销及变相传销的九大特点：

第一，"拉人头"。参加传销的人的主要业务是介绍他人参加传销而非销售产品。

第二，先得付费用。以给付金钱或认购商品等方式，交纳高额的入门费，作为加入、介绍他人加入、个人发展下线、取得相应名衔和职位等条件，并从新成员交纳的费用中获利。

第三，传销者的收入并不是来自产品，而是来自参加者的入门费、培训费、资料费或强行购买产品的费用等。

第四，传销参加者之间互相传卖产品，合法的直销企业则是单向售卖自己企业的产品。

第五，凡是传销的商品都规定，不准退货或设定苛刻的退货条件。

第六，传销的经营者对参加者许诺给以高额回报。

第七，已转型的原传销企业推销人员发展下线销售产品时层层加价。

第八，传销产品的销售价格高于公开市价牟取暴利。

第九，传销经营者对参加者的报酬或商品的质量、用途、产地等做虚假宣传，诱人加入或销售等。

合法的直销经营和非法传销最根本的区别就是："非法传销"是从你身上诈财，而正规的直销公司则借着销售实际的商品，和你一起创业。

那么在现实生活中应该怎么来区分直销与非法传销呢？

（1）在直销活动中，直销商和直销企业通常会以销售产品为导向，其整个销售过程始终将把产品销售给消费者放在第一位。

而传销活动则不一样，传销商和传销企业在开展传销活动的过程中，通常会以销售投资机会和其他机会为导向，其在整个从业过程中，始终把"创业良机和致富良机的沟通和贩卖"放在第一位，与正当的直销活动完全不同的是，他们并不关注和推崇产品的销售。

（2）在直销活动中，直销商在获取从业资格时没有被要求交纳高额入门费，或购买与高额入门费价格等量的产品。而在传销活动中，传销商在获取从业资格时，一般会被要求交纳高额入门费或者购买与高额入门费等价的产品。

（3）在直销活动中，直销从业人员所销售的产品通常会有比较公正的价格体系，这种价格体系是经过物价部门专门批准的，体现出销售过程中的公正性；而且其产品有正规的生产厂家和先进的生产设备及其工艺流程，在出厂被销售的过程中，生产厂家均为其配备了各种齐全的生产手续，有品质保证。而传销活动中，由于其从业人员本身所贩卖的就是一种投资行为，所以对于产品并不关注，他们所关注的是投资回报的比率问题和投资回报的速度问题，产品在传销过程中只是一个可流通的道具。

（4）在直销活动中，直销从业人员的主要收入来源有两个方面：一是直销从业人员自己销售产品所得到的销售佣金，这是直销从业人员的长期的根本收益，其收入的多少完全由直销从业人员的销售绩效来决定；二是企业根据直销从业人员的市场拓展情况和营销组织的建设情况所给予的管理奖金。而传销活动中，传销从业人员的收入主要来自于其拓展营销组织（发展下线传销从业人员）时所收取的高额入门费，而不是来自于长期的产品销售所得到的正常佣金。

（5）在直销活动中，直销人员在其从业过程中通常会有岗前、岗中、岗后的系统培训，其内容包括产品培训、营销技术培训、客户服务培训、政策法律培训，等等。在传销活动中，传销从业人员虽然也有可能接受在直销活动中所推出的各种教育培训，但是它在形式上往往虚晃一枪，他们更推崇在从业过程中大规模的刺激活动和分享活动，其内容比较单一，多为刺激式的观念改变，其目的就是诱导听课者赶快埋单从业或者加大从业力量。

（6）在直销活动中，直销从业人员和直销企业通常在其直销系统文化的建设中会专门强调"按劳分配和勤劳致富"等原则，把直销活动当成一种正常的创造财富和分享财富的活动，其传播的是所有的收入均来自于自己的付出，主张在营销技术上精益求精。而在传销活动中，传销从业人员和从事传销活动的企业通常在其传销系统文化的建设中会专门强调"一劳永逸、一夜暴富"等价值观念和原则。

（7）在直销活动中，直销企业和直销从业人员最终的营销目标就是打造越来越多的忠诚客户群体，这些消费群体信任公司和公司的产品，愿意长期消费公司的产品，忠实于公司的品牌。而在传销活动中，从事传销活动的企业和传销从业人员的终极目标往往是"捞一票就走、迅速致富",因而他们采取的方式往往就是"打一枪换一个地方"的机会贩卖,他们并不强调产品的重复消费和发展、维护忠诚客户,不推广忠诚消费者的魅力系统。

(8)在直销活动中,直销从业人员的工作在前期主要是开发消费客户并销售产品给这些客户,但随着消费客户越来越多,其工作重心便逐渐进行了转换:即由前期的开发消费客户逐渐转为管理消费客户,并且在管理消费客户的过程中,及时准确地向各种消费客户提供各种消费资讯、售后服务。而在传销活动中,传销从业人员的工作自始至终不会有什么变化,即老是围绕着"寻找下线、拉取人头"模式发展下线组织的工作重心展开。

(9)在直销活动中,直销企业通常会要求本企业的直销从业人员了解国家关于直销问题的各种政策法规信息,并自觉遵守各种政策法规,合法缴纳各种税金,尤其是个人所得税税金。而在传销活动中,从事传销的企业,通常的做法则是,截断各种通往从业人员的政策信息流系统,不鼓励自己的从业人员过多了解各种政策法规信息,也不会反复强调其作为一个公民的责任和义务。

(10)在直销活动中,直销企业和直销从业人员通常会制定和执行良好的消费者利益保护制度。这种保护制度一般有3种途径:一是把品质优秀的产品和卓越的服务体系源源不断地提供给消费者;二是在消费者购买企业产品和消费企业产品的过程中,制定适度的冷静期,在冷静期内,执行无因退货制度;三是针对由于企业原因给消费者造成的权益损害有良好的赔偿制度,即一旦消费者权益受损,直销企业或直销从业人员必须采取各种形式对消费者进行补偿。而在传销活动中,由于从事传销的人员通常是以产品作为拉取人头、发展下线的一个道具,所以其交易一旦完成,就不允许退货,也往往伴随着各种各样的苛刻条件。在传销活动中企业基本上不按国际惯例设置正规的冷静期制度，即便是形式上有所设置，在实际执行中也会衍生出各种各样的障碍体系出来。因此，在传销活动中，消费者的正当权益是极难得到维护的。

4.探求直销的经营魅力

直销作为一种新兴的营销方式，它所要推广的不仅仅是一种信息，还是一种新的经营魅力。经营魅力是创建一家直销公司时要着力刻画的大手笔。

健康魅力

加入直销行业，只要肯去努力，方法适当，就可以获得丰厚的物质回报。无论对于消费者还是对于直销员来说，健康才是人生中最大的财富。而充足的休息、适当的锻炼和均衡的营养是获得健康的三大要件。因此，一些直销公司正是抓住这一点来设计自己的产品。

以健康为经营魅力，容易使人特别是中老年人接受。就连销售日用品的安利公司也在销售其旗下的纽崔莱营养品时打出"有健康，才有将来"的健康口号。许多人正是以健康为导向购买了该公司的产品，并进而加入了公司直销员的行列。

财富魅力

每个人都希望拥有一笔属于自己的财富，但都苦于无路获取，很多人也只有靠上班或打工来谋求生路。每个人都需要机会，每个人也都在寻找机会。多层直销的倍增原理使他们看到了快速积聚财富的希望。以积聚财富为导向加入直销事业的人为数不少，他们无不希望能通过自己辛勤的劳动创造一个奇迹，来改善自己的生活。也许，对财富以及对美好生活的追求正是人们的天性，正所谓"水往低处流，人往高处走"，人们没有一天不在想着提高自己的生活水平，而生活水平的提高是以财富的增长为基础的。直销也正是抓住了人们的这一本性，向人们不断传递一种新的创造财富的魅力，来吸引更多的人才加入到直销行业中。

合作魅力

人们只有在一个共同的目标下才能合作，这就是所谓志同道合。人们在本性上是热爱合作的，可是，市场经济和金钱往往会破坏人的这种天性。合作往往被金钱关系所取代。例如，老板与雇员之间的合作就是金钱的交易，甚至兄弟之间、父子之间、夫妻之间的合作也都可能染上金钱的铜臭。而且，金钱对人的灵魂的侵蚀是任何社会中都存在的。合作既是人类所追求的，又是目前经济社会中所缺乏的。而在直销企业中，因为经营采取的是那种以商会友、以友促商的方式，所以顾客均是在结交朋友中发展的；甚至有的直销企业还特别强调，发展顾客必须首先从亲戚、朋友、熟人、邻居做起。

这种做法创造了一种合作的氛围，而且，在多层直销企业中，公司对直销员的奖励不仅要考察他本人的销售业绩，还要考察他整个网络的累计销售额和直接下线所处的级别。因此，直销真正体现了"上线帮助下线"和"帮助别人成功，自己才能成功"的魅力。

虽然直销员在组织上不属于直销企业的员工，但是在感觉上却似一家人一样，因为大家从事的是同一职业，大家走到一起，互相帮助，而不是尔虞我诈的竞争。因而，直销网络的形成就较少有金钱的铜臭。

成功魅力

成功是人生的一大追求，人人都希望自己在事业上有所建树，尽管这个概念听起来太空洞，但每个人对成功都会有自己的理解。成功是有条件的。假如你要创办一家企业，首先需要有资金，而且至少要几万元以上；其次还要有人才来管理和使用资金；最后还要有机遇。而这些条件都是常人很难达到的。

而多层直销可以使人们在无资金、无风险和无经验的情况下创业。所谓"无资金"，就是指直销公司不需要你做很大投资，只需你购买一套本公司生产的产品，并成为产品的"受用者"，然后将消费产品的感受介绍给朋友就可以了。所谓"无风险"，就是指在多层直销事业中没有失败者，只要你付出时间和努力就一定会有收获。况且，不论你是怎样理解成功的含义的，只要做成一件事，这起码就是一种成功。而直销事业并没有给每个人定下一个成功的指标，但那些从最基层的直销员做起的人都会在每一笔生意成交、每一个自己推荐的人加盟中体味到成功的喜悦。所谓"无经验"，就是指直销不需要你有多强的推销经验和技巧，它只需你将朋友带到创业说明会场，其他工作都由公司或上线为你做，或是教会你怎样去做，使直销受到社会大众的广泛接受。人人都希望成为一个成功者，受到人们的尊敬，而直销这个行业正好给了人们成功的机会。

自由魅力

每个人都有追求自由的天性。从人性角度来讲，谁都愿意自己说了算，都不愿意被别人束缚，被别人管制。然而，这在传统的工商企业中是不可能的。对于一个上班族来说，上班打卡，下班打卡，如无建树，可能一辈子就被"卡"在别人的公司里而毫无出息。即便如此，还要受到诸多的管制，小心翼翼地生活和工作，毫无自由可言。然而，在直销企业中却有可能。直销员可以自己掌握自己的命运，自己做自己的老板，自己争取想要达到的收入，自己决定是干还是不干，自己决定是大干还是小干。没有人来管你，想干什么就干什么，想在什么时间干就在什么时间干。你可以边工作边娱乐，轻轻松松，自在逍遥。如果你想在这个行业中出人头地，就要多付出、多努力；如果你只想通过直销这个行业来改善自己的生活品质，结交更多的朋友，你也可以不去努力，这全凭你自己的想法和意念决定。总之，你从事了这个行业，其余的事都在于你自己。当然，这种自由并不是绝对的，你不可能全凭自己的爱好去做每一件事；如果你想利用直销来骗人，那是绝对不允许的。自由是相对的，只有把握好自己的行为，才能真正地享受自由。

5.心有多大，直销的市场就有多大

在中国加入世界贸易组织（WTO）之后，直销这个行业会在中国政府的管理和协调下重新发展起来。在中国，直销业的市场不仅空间巨大，而且又有不断完善的经济制度的支撑，更有适合直销活动的文化氛围和众多渴望的参与者。现在全世界各大直销公司，几乎都已经在我国的国门口期待着对外开放的直销市场，中国直销市场一定会前景无限。

直销业的竞争在哪里

做生意的都知道，我们从事一个行业也好，自己创业也好，竞争对手是不可忽视的。哪怕你寻找一份工作，如果从事这个行业的人很多，你再去加入这家公司，那么你发展的潜力就会大打折扣，有你也一样，没你也一样，那么你就没有存在的价值。这个跟做生意也是息息相关的，我们要懂得分析竞争市场。你可以做一个市场调查，去问十个人，认识手机行业吗？那么每个人都会说认识。认识服装行业吗？我相信每个人给你的答案都是一致的。但是你问很多人是否认识直销业，那么你得到的肯定答案也许只是寥寥无几。有一家直销公司总裁就曾经说过:"我们直销行业最大的竞争对手是传统行业,并不是直销公司。"

放眼世界,哪个行业都是有很多很多的上市公司,只有直销业,上市公司超级少,这就代表这个行业的竞争还不是很激烈,而且拿牌公司也是寥寥无几。但是中国的市场是全球最大的,面对这个大蛋糕,你准备好了吗?

直销需要投资多少钱

很多人都明白一个道理,投资金额多,就代表风险大。是投资大赚的钱才多吗?这个可不一定,有的行业投资大,但赚的钱很少;有的行业投资小,但赚的钱很多。我们可以采用以小博大,恰恰直销行业就是这种以小博大的行业,适合于每一个人、每一个家庭。

做什么生意都需要本钱,每一个创业者都需要投资,哪有老板不投资的?每个人都是老板,最起码是时间的投资,时间就是金钱。然而直销是投入资金最少的,也是以小博大的一个行业,投入很少,只要你肯努力,就可以收入超过白领。直销行业兴起的这段时间,理查德·波尔曾说"做不了白领你就去做直销",甚至有的公司是不需要你投资的,你只要跟这家公司购买产品,你就可以经营你的全国生意了。

直销的系统是什么

做生意最盲目的就是不知道怎么去做,需要名师指路,你知道一百家公司创立,有多少家公司会倒闭吗?90家以上都是会倒闭的,可是因为你看到了那个成功的,所以你说,我要创业。可是那倒闭的90家,因为都没有报道,所以你从来没听过,报道的都是哪家公司赚大钱。他们为什么会倒闭?因为缺乏成功的模式、成功的系统,但是谁又会无私地来指导你?在传统行业中,那是很少很少,屈指可数。

但是在直销这个行业中,你不用担心你的学历和你的经历。当你进入一家直销公司的时候,你可以免费学习这家直销公司的指导、名师指路和成功模式。也就是你代理的这个产品，有人会教你怎么操作。各位，有成功模式的好处是什么？就是自己不必摸索，不用创新，减少很多失败的机会，增加成功的概率，这一点是非常重要的。

提起成功的模式和系统，在此就不得不提起麦当劳。麦当劳是全球速食餐饮连锁巨头，难道没有比麦当劳更好吃的速食吗？不是的，比麦当劳好吃的速食店很多，都可以复制麦当劳的味道和装修店面，但无法复制麦当劳的成功系统。麦当劳为什么成功？就是拥有一个成功的系统。

别人免费帮助你管理财务

这一点应该好好考虑一下了，传统生意就是需要管理，不管你的生意做多大，你都需要管理，越大你就会越忙，到最后，人是累倒了，但付出跟回报却是不成正比。

世界上只有一个动作会赚钱，就是销售。如果你时间都花在管理上，没有时间销售，钱就会赚得很少。

当你进入一家直销公司，不用去操心找管理人员，聘请财务人员和行政工作人员，所有的一切，公司都帮助你核对好了，你只要每个月做出成绩，公司会如实地把奖金汇给你，你就把这些时间省出来去做市场，这样你又增加了赚钱的概率。

6.直销为企业发展带来新的商机

作为一种新颖独特的营销方式，直销是企业在营销实践中不断探索和总结出来的，所以它会被企业发现、利用，并且结合企业自己的情况来因地制宜地加以改造，在市场营销实战过程中，推动企业的高速成长。这就是企业面临着直销的产生所找到的无比巨大的商业机会。

关于这方面的成功实例我们可以总结出许多，有国际上的知名企业，也有国内发展风头甚劲的企业。这些企业在寻找出路、寻求变革的过程中发现了这样一种新型的营销方式并大胆地去运用，所以企业找到了自己新一轮的发展机会。那么，直销到底给企业带来了哪些新的商机呢？

营销渠道缩短

在传统的营销过程中，产品从生产出来以后要经过批发商、代理商、零售商等多个环节才能到达消费者手中。而这种传统的渠道模式与市场经营从粗放型向集约型转变的新环境是无法相适应的。渠道长、层次多，就会使得产品的价格也随之一层层增加。

而在直销过程中，企业生产出产品后，可以直接和消费者进行一对一的沟通，还可通过专业化的销售团队快速高效地找到末端消费者，并通过口碑推动来实现销售。它将传统的多环节的营销渠道消肿后，从根本上加快了产品的流转速度，进而提升了销售效益。

产品质量有保证

渠道是商品分销活动的载体，而商品分销就是在产品从制造商到消费者的传递过程中所涉及的一系列活动。在这个过程中，中间环节的多少不但影响着产品最终卖给消费者的价格，也影响着企业的声誉。在传统的营销过程中，由于其中间环节众多，使得不法分子有许多可乘之机来仿冒产品，给企业造成损失。

在直销企业中，由于生产者与消费者之间只通过直销员这一个环节就可达成交易，这就大大减少了产品被仿冒的风险。直销员自己先直接从生产厂家买来一定的产品，再直接转卖给消费者。这个过程中由于没有第三人的介入，也就不可能被人仿冒，这样也就维护了企业的名誉。

资金循环加快

在营销过程中，很多企业总是陷入资金周转的危机中。这主要是由于企业的销售环节多、结算环节多。由于在整个营销过程中多环节的存在，使得结算过程中的工作量加大，结算过程中的效益降低，进而就出现了资金回笼慢的状况。

而在直销企业中，影响资金运转的两大原因恰好转化成了促进企业资金循环走向良性发展道路的优势。因为营销渠道变成了零渠道，这就阻绝了营销资金在流通渠道中滞留的可能性。同时，销售者和消费者都在进行着一对一的有效沟通，这就使得销售行为本身转化成了一种一对一的结算，而这种结算对企业来讲就意味着"一手交钱，一手交货"。在这种情况下，企业自然不会存在营销流程中资金回笼慢的问题了。直销能克服传统的结算过程本身所不能克服的毛病，实现资金良性循环，从而为企业提供了更多商机。

7.直销双赢，缔造商业传奇

直销能蓬勃发展，源于其巨大的适应力。随着社会的发展，一些重要的科技成果正在从根本上改变整个游戏方式和规则。直销以其巨大的适应能力，在自我否定、勇于学习的基础上，旧貌换新颜。

直销创造了不少商业传奇。它不仅成功造就了像安利、玫琳凯、雅芳等那样的大型跨国公司，而且其卓越的营销魅力和蕴涵在这种魅力之中的丰富的管理哲学已经连同这些先驱公司的成功案例一起入选哈佛大学MBA必修教材。直销虽然只是一种新兴起的营销方式，但它还是以其顽强的生命力在世界上扎根生长起来。

那么，直销为什么会拥有这么大的魅力？

当今市场已经由卖方占优势的市场演变成为一个买方市场，在这种形势下，一个生产型企业要成功，必须抓住两点：研发和市场。市场离开研发就失去了基础，研发离开了市场就失去了翅膀。从企业内部管理来讲，要做好市场，最主要的一个因素就是员工，如何激励销售人员的积极性、创造性和认同感是营销学的一个重要课题。所有的企业都希望更有效地管理员工，在一定程度上达到双赢。而所谓的双赢体制就是所有解决方案的一个共同理论基础。

双赢体制其实很简单：将员工的利益和公司的利益紧密结合起来，荣辱共存。"双赢"就是指"企业赢利"和"员工获利"所达到的一种平衡关系。原理虽然很简单，但具体形式却有很多种，效果也相去甚远。不同的企业管理体制当然会有不同的管理效果。

在销售领域，公司的立场当然是希望能扩大市场，销售出尽可能多的产品，从而提升公司的品牌价值。为了促使每一位员工也能以此为奋斗目标，根据双赢体制，就应该将销售人员的待遇和其销售业绩联系起来，这样才能充分调动销售人员的积极性，使他们奉献更多的精力到工作中去。在实际操作中该怎么办呢？不同营销方式的区别就在于对这些问题的解决途径不同，而直销体制应该是其中对双赢体制贯彻得较好的一种。在营销过程中，对于普遍存在的问题，直销往往会提供很好的解决方法。

关于员工间的恶性竞争问题

在传统的企业中，职位等级非常明显。作为高级管理者的销售总经理、销售经理、销售部长都只有极少的名额，即使很多人都能做得很好，也仍然只有极少数能坐上显赫的位置。

在这种情况下，同事之间的竞争就会更加激烈，甚至趋于恶化。当只能有一个人做皇帝时，连亲兄弟都要互相残杀，何况没有血缘关系的同事之间。很多员工不去努力工作，而是想尽办法排挤他人。这样既不利于企业的发展，也会耽误员工的成长。

而直销方式却避免了这一点。直销从最底端到最高端都有无数的位置为所有只要达到公司考核指标的员工准备着。只要你肯努力，到达一定的标准后，就可以上升到另一更高职位。事实证明，当市场足够大时，大家都有可能坐上销售皇帝、销售皇后的位置，且仍是好兄弟、好姐妹。这一点是传统的营销方式无论如何也办不到的。

关于营销过程中的抢地段问题

对于销售人员来讲，销售区域的好坏对于其销售业绩的影响是极大的。好的销售区域人员流动量大、顾客多，人们的购买能力也较强，自然也就会有更多销售产品的机会。而差的销售区域就正好相反了，可能因为顾客少、购买力弱等客观条件而影响销售者的销售业绩。因此，为了争夺好的销售地段，往往会引起销售者之间的恶性竞争。

在传统的销售方式下，为了遏制员工之间的恶性竞争，解决这个问题时，往往会从地理位置上划分出一个个销售区域，分别由不同的销售经理领导，并以该片区的销售额或者市场占有率作为对该销售经理的考核标准。而现实中，由于地区经济发展的不平衡等原因，非法抢地段的行为屡禁不止，企业管理者对这种现象也束手无策。

而这种情况在直销企业中根本不可能发生，因为直销企业取消了地域限制。直销企业认为，地域限制在制约恶性竞争的同时，也打击了员工的积极性和能动性，因此是不可取的。对于直销企业来说，所售产品一般是在当地市场上知名度不是很高的一般消费品。要不断开拓新市场，以所有可能的方式进行市场渗透，就必须充分发挥员工的能动性，这才是重中之重。如果员工的积极性受到打击的话，即使会取得短暂的业绩，也不利于企业长远的发展；而当员工的积极性被调动起来后，企业也就会充满生机和活力。

直销企业中，每一位员工都有权利在任何允许公司经营的地区进行销售或者发掘有潜力的销售人才，来扩大自己的销售力量。当看见隔壁退休老大妈开始向你兜售"安利"的牙膏，小姨子在向你推销"玫琳凯"的神奇面膜时，你就知道在这种体制下，直销企业的渗透力有多么的惊人，而这种效果正是任何营销方式都难以赶得上。

关于新老员工间难沟通问题

中国有句老话：教会了徒弟，饿死了师傅。这正是传统销售领域的写照。

在传统销售领域中，晋升机会有限，同行便是冤家。一般来说，老员工虽然有丰富的经验，却不愿意传授给新来的小徒弟；新员工精力充沛，却免不了生手生脚，还要不断遭受老员工的捉弄。即使很好的师徒关系，师父最后也要留一手，以防徒弟学成后抢了自己的饭碗。这就使得员工之间总是剑拔弩张，气氛紧张，精力都花费在尔虞我诈、互相攻击上了。这样的情况当然是不利于企业的发展了。

这个问题在直销企业中却可以得到很好的解决。在直销企业中，你会发现每一位老员工都非常真诚地欢迎新员工加入自己的团队，而且还会以老师教学生一样的热情，把自己所有的经验、教训、心得毫无保留地分享给新来的员工。新员工不但学会了知识，吸取了老员工的经验，还和老员工交上了朋友，从而也就减轻了心理压力，可以更好地投入到工作当中去。

这种喜人的结果来源于一个制度创新：团队考核。在直销企业中有无数个团队，大团队里面又有小团队，一层层地往下套。每一个团队领导的考核标准不仅要看个人的销售业绩，更重要的还要看他领导的团队的销售业绩，看他的部下是否被晋升，这就使得新老直销员间互相帮助，达到一种互利的效果。

在直销企业中，每一名员工都有权利推荐新员工加入，而且这位新员工一旦被录用，即成为这位推荐人领导的团队中的一员，同时也隶属于推荐人所属的大团队，他的业绩和晋升也将和他直接隶属和间接隶属的团队领导者的考核直接挂钩。在这种制度下，领导者自然会对新员工特别关注，带领新员工迅速健康成长。这种设计可谓把"双赢体制"发挥到了极限，也终结了一个时代：师徒竞争的时代，彻底扫除了师徒之间由于名利分歧造成的感情沟通障碍。同时，由于师徒同心，直销公司也省去了大笔激励费用和协调费用，真可谓一举数得。

关于晋升机制不透明问题

每个人都向往着成功，向往着达到更高的职位。晋升对每位员工来说都是一种希望和机会。但是，在传统的企业中，晋升并不是一件容易的事。晋升的机会本来就少，除了销售指标外，还要考核工龄、学历、政治面貌这些与销售能力没有直接关系的指标。而所有这些举措都对那些学历不高、出道不久、没有背景但却具有销售天分的员工极为不利，这也会在一定程度上打击员工的积极性。

但是，在直销企业的销售领域中，员工没有传统意义上的高低贵贱之分：下岗女工、退休老大妈，甚至小学文凭都没有的人都有可能做得很好，甚至成为顶级销售者。直销公司并不排斥任何一个有热情、有能力的人，而且晋升的机会对每个人来说都是平等的，连游戏规则都是透明的。每一个人都能看清楚悬在不同高度的一顶顶越来越炫目的桂冠；每个人都知道自己只要领导自己的团队做到什么样的业绩就能摘下那顶桂冠，戴在自己的头上；任何人都可以凭借自己的能力达到你想达到的高度。只要你做得到，直销公司就会给你机会。

第二章
推销产品之前,首先推销你自己

1.正确认知,消除顾虑

俗话说,"人无远虑,必有近忧",意思是说:如果一个人没有长远的考虑,一定会出现眼前的忧患,教育人们做事应该有远大的眼光、周密的考虑。在思想上比较有忧患意识,做事考虑周全是一种优秀的品质,但是如果考虑得太多,既担心这个,又害怕那个,反而会束缚住人们的手脚,使人犹豫不决,难以做出决定,最后错过难得的机会。这样的过分忧虑反而是一种不良的心理,会给人们的工作带来诸多不利的影响。

很多直销员在直销商品的时候,难免会产生一些思想上的顾虑,比如担心客户过于挑剔让自己难堪；害怕自己专业知识不够，被客户笑话；拜访客户时，怕被客户拒之门外；社会上，人们对直销工作和直销员存有偏见，直销员心存胆怯，羞于见人……这些顾虑像绳索一样牵绊着直销员的言行，使他们失去了原有的自信和魄力，做事变得犹豫不决，最终错过机会。

因此，直销员想要取得优秀的业绩就必须消除思想上的顾虑，该考虑的要认真考虑，不该担忧的就顺其自然，不让过多的忧虑影响自己的正常心态。直销员的顾虑心理，一方面是由于不自信，另一方面可能是工作中的失败和挫折给自己心头留下了阴影。这需要直销员正确地看待问题，要看到事情积极的一面，扭转心态，走出阴影，自信地面对工作。

美国著名的直销训练大师布莱恩·崔西最初从事直销职业时也是经历过很多坎坷的。他原来是一个工程师，薪水也很高，但是他发现朋友从事直销很赚钱，于是就改行了。但是事情并没有他想象的那么简单，在他转行的第一年就遭受了失败。因为那时人们普遍对直销员有着浓重的排斥心理，初入行的新手根本不知道该如何化解客户的这种情绪。

布莱恩·崔西在接触第一个客户的时候就受到了排斥，致使彼此十分尴尬，他甚至想要马上离开，逃离这样的氛围。这给布莱恩·崔西的内心带来了阴影，他开始害怕去见客户，总是控制不住地想要退缩，甚至根本不愿意承认自己是直销员。连自己都不能承认自己，那么别人就更不把你当回事。

后来布莱恩·崔西决定努力消除自己的顾虑，他通过学习直销技巧和直销心理使工作能力有了很大提高。当他再次遇到困难想退缩的时候，就鼓励自己："布莱恩，你真的很差劲吗？你看看，别人能在这里赢得精彩，你为什么不能？"

于是他开始承认自己的身份，并且每天都带着希望，满怀信心地去拜访客户，并坦诚地向客户展示其可能需要的商品。后来，随着人们观念的不断变化，直销这个职业逐渐被人们所接受。于是布莱恩·崔西的直销工作开始变得顺利，虽然很多时候会被客户拒绝，但是他都能够坦然地接受，并能愉快地投入到下一次的拜访中。

不可否认，现实生活中，有些人对直销员的认知是比较少的，对直销员存在着某种偏见，致使人们对直销工作以及直销员非常冷漠，甚至缺乏应有的尊重，这是使直销员产生顾虑的一个重要因素；另一方面则是直销员自身没有朝气，缺乏自信，没有正确地认识自己的职业，没有把自身的职业当作事业来经营，因此在工作时没有激情和勇气。其实，直销是一个正当的职业，只要你不再羞怯，时刻充满自信并尊重你的客户，你就能赢得客户的认同。

相信自己，你就能成为直销赢家。想要获得成功，就要消除自己心头的阴影，保持积极乐观的态度，改变过去消极、负面的态度和工作习惯，乐观地思考问题，自信地面对客户，这样，成功终有一天会属于你。

有一位著名的心理学家说："乐观者在每次困境中都能看到希望，而悲观者总是对眼前的机遇感到忧虑。"因此忧虑的人总是不敢大胆地迈出第一步，甚至选择退却来逃避现实，最终与成功无缘。

直销员应该消除内心的顾虑，远离恐惧，让自己充满自信和勇气，不受别人思想的左右，避免虚幻和空想，不用虚无的困难来吓唬自己，而应该勇敢地挑起责任，接受挑战。

直销员应该时刻充满骄傲地告诉自己："我是直销员，我要给客户提供优质的服务，我要用自己的努力换取成功。只要我努力，一定能赢!"直销也是一种服务性行业，如同医生给人治病，律师帮人排解纠纷一样，直销工作会给世人带来舒适和幸福，没有什么可害羞的。直销员要学会用自己的雄心壮志来消除自己心中的忧虑，让自己变得无畏无惧，勇往直前。

曾经有位成功的直销员说："世界上最快乐的事情就是在你拜访一位客户后，从他那里带回一张订单。"生意的成功，是对直销员努力的最大回报和安慰，会使直销员获得内心的喜悦和满足。因此，直销员应该摆脱顾虑的困扰，勇敢地去直销，实现自己的价值和梦想；如果总因为忧虑和胆怯而一味地退缩，那么最终将会一无所获。

2.不卑不亢，才能赢得客户

作为一名直销人员，最基本的要求就是一定要以一种正确的心态来对待自己所从事的职业，否则你将很难做好自己的工作。心态决定命运，直销工作本身极富挑战性，是对直销人员心理素质的全面考验。当直销人员面对不同的客户时，不论客户怎样说，直销人员必须要对自己所从事的职业有一个较为理性的认识，认识到自己工作的价值和意义，体会到为目标而努力奋斗的乐趣，从而全身心地投入到自己的工作中去。

实际上，许多直销新人虽然敢于迈出推销生涯的第一步，但直接面对客户、与其进行交流时就会表现得坐立不安、手足无措、语无伦次。为什么平时谈笑风生的直销人员，一旦与客户交谈起来，却变成了这个模样呢？这其实就是他们的自卑心理在作祟，他们从内心深处认为直销是一个卑微的行业，干直销是一件很没面子的事。直销新人在客户面前自觉低人一等、过于谦卑是非常普遍的现象。他们常常这样想：如果我不对客户尊敬有加，如果我不是每时每刻都顺着客户的话去讲，客户就不会下订单，不会买我的产品了。

其实，这样想是对直销工作的误解。直销与其他行业一样，只是具体工作内容不同。直销人员不是把产品或服务强加给别人，而是在帮助客户解决问题。你是专家，是顾问，你和客户是平等的，甚至比他们的位置还要高些，因为你更懂得如何来帮助他们，所以你根本没必要在客户面前低三下四。要知道，你看得起自己，客户才会信赖你。

有一名直销新人向一位经理推销电脑，其间不断讨好对方，这让经理十分反感。经理看了看电脑，觉得质量不错，但最终并未购买。经理说："你用不着这样谦卑，你推销的是你的产品，而不是同情。你这样子，谁还会信任你，买你的东西呢？"

由此可见，低三下四的直销姿态，不但使商品贬值，也会使企业的声誉和自己的人格贬值。作为一名刚刚涉足直销行业的新人来讲，不管面对什么样的客户，都不要认为直销是一种丢面子的工作；应该保持不卑不亢的态度，至少应该与客户平等相待，只有这样，才能从根本上赢得客户。

孙小姐是一位刚刚毕业的大学生，应聘到某面点公司，成为一位直销新人，经过短短一个星期的培训，就被派到广东。第一次，孙小姐走进一家很小的便利店。面对货架前那个染黄发的女店员冷冷的面孔，她磨蹭了半天就是不敢开口：要不要称呼她"小姐"啊？会不会年纪太大了……如果称呼她"阿姨"？万一她生气了怎么办……

经历了一番思想斗争，孙小姐终于慢腾腾地来到她面前，嗫嚅着说："你好，我是面点公司的。"女店员转过头来，瞪了她一眼问："什么事？""我，我来看一下我们公司的……""有什么好看的！"没等孙小姐说完，女店员就很不礼貌地把头扭了过去。

孙小姐的脸一下子红了，最后她把心一横，滔滔不绝地说起来："你们的货架有些凌乱，商品的种类比较少，如果多进一点我们的商品对你们也有好处……"她说得口干舌燥，女店员却连正眼都不瞧她一下，周围几个女店员都表情冷漠地看着她，孙小姐羞愧难当……

接下来的几天里，孙小姐又跑了十多家店，都是这种"没面子"的结局。她的心里有些不舒服了：我是名牌大学毕业的，凭什么要干这种没面子的工作？！

当她在电话里把这种想法告诉公司经理时，经理的一番话启发了她："直销不是一种卑微的工作，直销人员与其他人一样，都是用自己的努力实现自我价值。你千万不要灰心丧气，只要坚持下来，肯定会取得优秀的业绩。"

孙小姐经过仔细琢磨，觉得经理的话非常正确。是的，直销是自我价值的深刻体现，直销是自我的再生产，是创造一个新自我的过程。

从那以后，孙小姐每周都要多次光顾那些小超市，时间久了也摸索出一些经验：前几次只是互相熟悉一下，一般只和人家说几句"你们挺辛苦的吧""这里的小偷多吗"之类的话。那些店员表面上很难缠，实际上也觉得工作有些无聊，时间一长，便与孙小姐成了"老朋友"，接着就会把店里的情况一五一十地告诉孙小姐。

这样，半年的时间过去了，那个城市的20多家超市中的"黄金"货架上便摆满了孙小姐所在公司的产品。

对于直销人员来说，不管是高层的直销经理，还是底层的业务代表，其所从事的直销工作，都是有着深刻意义的。

直销是一项服务性的职业，可以给客户带来方便，同时直销人员也在直销中获得客户的认可和尊重。尽管在工作中，直销人员会碰到各种各样的挫折和打击，但是如果成功地克服这些困难，反而会获得更大的成就感。

而且，在直销行业中最忌讳的就是在客户面前卑躬屈膝。如果你连自己都看不起，别人又怎么会看得起你呢？表现得懦弱、唯唯诺诺，根本就不会得到客户的好感，反而会让客户大失所望。

你对自己都没有信心，别人又怎么可能对你直销的产品有信心呢？

3.把自己最好的一面"直销"给客户

世界上最伟大的销售人员乔·吉拉德曾说："推销的要点是，你不是在推销商品，而是在推销你自己。"

直销活动是由直销人员、客户和商品三方面要素共同构成的。客户要购买商品，而直销人员则是连接客户和商品的桥梁，通过直销人员的介绍，使客户得到更多关于商品的信息，从而做出判断，决定买还是不买。而在这个过程中，虽然客户是冲着商品而来，但是客户最先接触到的却是直销人员。如果直销人员彬彬有礼、态度真诚、服务周到，客户就会对其产生好感，很有可能进而接受其推销的产品；相反，如果直销人员对客户态度冷淡、爱理不理、服务不到位，客户就会生气、厌恶，即使其产品质量很好，客户也会排斥。

直销强调的一个基本原则是：推销产品之前，首先要推销你自己。

所谓对客户推销你自己，就是让他们喜欢你，相信你，尊重你并且愿意接受你，换句话说，就是要让你的客户对你产生好感。很多时候，直销人员就像是一件又一件的商品，有的相貌端正、彬彬有礼、态度真诚、服务周到，是人见人爱的抢手商品，所有的客户都喜欢；有的衣衫不整、粗俗鲁莽、傲慢冷淡、懒懒散散，就会令客户讨厌，甚至避而远之。

直销与购买，其实是直销人员与客户之间的一种交往活动。既然是交往，只有彼此之间产生好感，相互接受，才能够继续发展下去，并建立起比较稳定的关系。客户首先接受了直销人员，才会进而接受其产品。因此，直销人员在直销产品时，首先要让客户能够接受自己，对自己产生信任，这样客户才会接受其推销的产品。如果客户对直销人员有诸多的不满和警惕，即使商品再好，他也不会相信，从而拒绝购买。

因此，让客户接受自己，是直销人员的首要任务。

有一个基金直销人员，在他最初从事这一行业的时候，每次出去拜访客户，推销各式各样的基金，总是失败而归，尽管他也很努力。

后来这个直销人员开始思考，究竟是什么原因导致自己失败，为什么客户总是不能接受自己……在确定自己推销的产品没有问题后，那就说明是自己身上的缺点让客户不喜欢，导致客户拒绝接受自己的产品。为此，这个直销人员开始进行自我反思，找出自己的缺点，并一一改正。为了避免当局者迷，他还邀请自己的朋友和同事定期聚会，一起来批评自己，指出自己的不足，促进自己改进。

第一次聚会的时候，朋友和同事就给他提出了很多意见，比如性情急躁，沉不住气；专业知识不扎实，应该继续学习；待人处事总是从自己的利益出发，没有为对方考虑；做事粗心大意，脾气太坏；常常自以为是，不听别人的劝告；等等。这个直销人员听到这样的评论，不禁感到汗颜，原来自己有这么多的毛病啊，怪不得客户不喜欢自己。于是他痛下决心，一一改正。而且他还把这样的聚会坚持办了下来，之后他听到的批评和意见就越来越少。与此同时，在基金直销方面，他签的单子也越来越多，并且受到了越来越多客户的欢迎。

可见，在直销活动中，直销人员自身和自己直销的产品同等重要，把自己包装好，让客户喜欢，客户才有可能购买你的产品。

客户在购买时，不仅要考虑产品是否适合自己，还要考虑直销人员的因素。因此在一定程度上，直销人员的诚意、热情以及勤奋努力的品质更加能够打动客户，从而激发客户的购买意愿。

影响客户购买心理的因素有很多，商品的品牌和质量有时并不是客户优先考虑的对象，只要客户从内心接受了直销人员，对其产生好感和信任，就会更加接受他所推荐的商品。研究人员在一项市场问卷调查中发现，约有70%的客户之所以从某直销人员那里购买商品，就是因为该直销人员的服务好，为人真诚善良，客户比较喜欢他、信任他。这一结果表明，一旦客户对直销人员产生了好感，对其表示接受和信赖，自然就会喜欢并接受他的产品。相反，如果直销人员不能够让客户接受自己，那么其产品也是难以打动客户的。

直销人员在与客户打交道的过程中，要清楚自己首先是"人"而不是直销人员。一个人的个人品质会使客户产生不同程度的心理反应，这种反应潜在地影响了直销的成败。优秀的产品只有在一个优秀的直销人员手中才能赢得市场的长久青睐。

所以，从某种意义上说，直销人员在推销的过程中最应该推销的是自己。直销人员应该努力提高自身的修养，把自己最好的一面展现给客户，让客户对你产生好感，喜欢你、接受你、信任你。当你成功地把自己推销给了客户，接下来的工作就会顺利得多。

4.第一印象是最好的名片

直销人员应该记住这样一句话:"形象就是自己的名片。"心理学中有一种心理效应叫作"首因效应",即人与人第一次交往时给人留下的印象在对方的头脑中形成并占据着主导地位的一种反应,也就是我们常说的"第一印象"。第一次见面给对方的印象会根深蒂固地留在对方的脑海里,如果你穿着得体,举止优雅,言语礼貌,对方就会心生好感,认为你是个有修养、懂礼仪的人,从而愿意和你交往;如果你服饰怪异、态度傲慢、言语粗俗,对方就会认为你是个没有修养、不求上进的家伙,从而心生厌恶,不愿意和你接触,即使你下次改正了,也难以重获对方的好感,这就是首因效应的作用。

某食品研究所生产了一种沙棘饮料,一名女直销人员去一家公司进行推销。她拿出两瓶沙棘样品怯生生地说:"你好,这是我们研究所刚刚研制的一种新产品,想请贵公司直销。"经理好奇地打量了一眼面前这个女直销人员,刚要回绝的时候,他被同事叫过去听电话,便随口说了声:"你稍等。"

当这个"记性不好"的经理打完电话之后,早已忘了他还曾让一个女直销人员等他。就这样,那名女直销人员整整坐了几个小时的冷板凳。快到下班的时候,这位糊涂的经理才想起等他回话的女直销人员,看到她竟然还在等。面对这个"老实"又有点生涩的直销人员,这位经理觉得她比起经常乱吹一气的直销人员来更令人感到心里踏实,于是当场决定进她的货。

这个案例说明，一个合格的直销人员在与顾客交往的过程中，首先要用自己的人格魅力来吸引顾客。

在直销过程中，直销人员应该争取给客户留下良好的"第一印象"，博得客户的好感和认可。心理学家认为，由于第一印象的形成主要源自性别、年龄、衣着、姿势、面部表情等"外部特征"，所以在一般情况下，一个人的体态、姿势、谈吐、衣着打扮等都在一定程度上反映出这个人的内在素养和其他个性特征，对方会对其作出最基本的判断和评价。

因此直销人员在初次面见客户的时候，一定要把自己最优秀、最美好的一面展现出来，使自己先得到客户的认可，然后再推销产品。如果客户对你的印象不好，即使你的产品再好，也会把对你的厌恶牵扯到商品上。

心理学研究发现，与一个人初次会面，45秒钟内就能形成第一印象。而且这最初的印象能够在对方的头脑中形成并占据着主导地位。直销人员一旦给客户留下不好的印象，就很难再纠正过来，毕竟很少有人会愿意花更多的时间去了解、证实一个留给他不美好的第一印象的人，而是愿意去接触那些给自己留下好印象的人。

因此，尽管有时第一印象并不完全准确，但是却在人的情感因素中起着主导作用。在直销过程中，直销人员可以利用这种效应，展示给客户一种比较好的形象，为下一步的直销工作打下良好的基础。

为此，直销人员在与客户初次见面时需要注意以下几点：

第一，注意仪表，既要得体又要适合场合。

成功的直销员一定要有良好的个人形象。"人靠衣装马靠鞍"，绝佳的仪表能使直销员在直销过程中如鱼得水。

在做直销工作的过程中，一个人的着装往往会影响到他的个人魅力，一个穿着得体的人会给人一种清秀感。那么，何为着装规范呢？

掌握着装的时间原则、场合原则和地点原则。

（1）时间原则。男性直销员有一套质地上乘的深色西装或中山装足以包打天下，无论在什么时间以这身装束出现都不会产生什么坏的影响。而女性直销员则不同，不同时段的着装规则对女性直销员尤其重要，女性直销员的着装要随时间而变换。

（2）场合原则。衣着要与场合协调，不要在严肃的场合下穿着运动衣、休闲服。

（3）地点原则。穿着要注意以下几点：

①地点不同着装有所不同，应根据地点的变化而着装不同。

②应尽量穿得讲究些，如果条件允许的话。

③不要在头发上带闪光的或有油污的东西。

④正式场合不要穿短袖衬衫。

⑤不熟悉的场合，应尽量穿得保守些。

⑥衣服颜色不要太杂，三种以内为宜。特别是领口，不要层层外翻。

⑦不要带没有意义的首饰，比如大的戒指和粗手链——男性直销员。

⑧随身总带着一个公文包——男性直销员。

⑨身着西装时，要注意西装的着装规范——男性直销员。

·西装款式要与所要出席的场合相符。

·穿着适合自身的西装造型。

·穿着西装一定要合身。

·掌握西装穿着的纽扣系法。

·西装的衣袋和裤袋里不宜放太多的东西。

·穿着西装时要拆除衣袖上的商标。

·穿着西装要不卷不挽。

⑩西装与领带的搭配：

·正确搭配领带样式同西装的款式。

·打领带长度适当：一般说来，让领带下缘置于腰带上缘。

·领带结打得好坏对领带佩戴外观产生重要的影响。领带结一般呈现倒三角形，要求紧、平整，有时可以采用"男人酒窝"式打法。

·用真丝或者羊毛制作而成的领带是最好的，也是最适合在直销员同顾客见面等商务场合中佩戴。

·佩戴的领带最好是无图案的，或者是以条纹、圆点、方格等规则的几何形状为主要图案。

·在正规的商务活动中单色的领带是比较理想的选择，而其可选颜色包括蓝色、灰色、棕色、黑色、紫红色等。

·在一般情况下，打领带没有必要使用任何佩饰。使用领带夹的正确位置，在衬衫从上朝下数的第四粒、第五粒纽扣之间。

·领带针应别在衬衫从上往下数第三粒纽扣处的领带正中央。

·领带棒，主要用于穿着扣领衬衫时穿过领带，并将其固定于衬衫领口处。

⑪西服与衬衫的搭配：

·穿西装时，衬衫袖应比西装袖长出1~2厘米，衬衫领应高出西装领1厘米左右。

·衬衫下摆必须扎进裤内。

·若不系领带，衬衫的领口应敞开。

·在正式交际场合，衬衫的颜色最好是白色的。蓝色、灰色、棕色、黑色，有时亦可加以考虑。

·正装衬衫主要以高质精纺的纯棉、纯毛制品为主。

·正装衬衫必须为单一色彩。

·正装衬衫大体上以无任何图案为佳。

·正装衬衫必须为长袖衬衫。

·不穿西装上衣，而直接穿着长袖衬衫、打着领带去参加正式活动不太礼貌。一般来说，不穿西装上衣，最好不打领带。

⑫西装与鞋袜的搭配：

·选择与西装配套的鞋子，只能选择皮鞋。

·牛皮皮鞋与西装最为般配。

·最适合于西装套装配套的皮鞋，只有黑色。

·男士在正式场合所穿的皮鞋，应当没有任何图案、装饰。

·根据庄重性原则进行取舍时，男士所穿皮鞋的款式以系带皮鞋为首选。

·直销员在穿皮鞋的时候，应该坚持"五无"原则：鞋面无尘；鞋底无泥；鞋内无味；鞋垫无差；鞋码无误。

·穿西装、皮鞋时最好选取纯棉、纯毛的袜子。

·穿袜子主要注意不要有气味、不能破损，并且合脚。

·赤脚穿皮鞋是失仪之举。

⑬除非必要，否则不要脱下西装马甲，那会降低你的身份。

⑭不要穿着"男性化"的服装——女性直销员。

⑮女性直销员套裙要穿着到位。

⑯女性直销员套裙要大小适度。

⑰女性直销员衬衫穿着禁忌：

·衬衫的纽扣要一一系好。除最上端一粒纽扣按惯例允许不系外，其他纽扣均不得随意解开。

·衬衫的下摆必须掖入裙腰之内，不得任其悬垂于外，或是将其在腰间打结。

·衬衫在公共场合不宜直接外穿。

·不许在外人面前脱下上衣，直接以衬衫面对对方，尤其是身穿紧身而透明的衬衫时。

⑱不要穿长裙(过及腿肚子的那种)，雨衣除外，或是在长裙外加

套一件外套亦可——女性直销员。

⑲不要带时尚性的小饰物——女性直销员。

⑳总应穿中上档次的服装——女性直销员。

㉑女性直销员在公共场合不能穿太紧身、太怪异、太露、太透的衣服。

㉒女性直销员的长筒袜边不能露在裙边下面,不要穿跳丝的袜子。

㉓女性直销员最好不要穿着靴子在正式场合出现。

㉔保持清洁卫生。注意衣服的气味,原则上应当天天换衣服,至少应当天天换内衣。

㉕冬天不能穿白皮鞋,一般立夏以后才能穿。白大衣用黑色鞋子配也是非常得体的。一般不要同色。

第二,姿态要从容,体现出素质和修养。

直销员在做直销时,切记姿态要规范,千万不能随意而为。所谓的姿态,包括其站姿、坐姿、走姿和手姿等,这方面是通过人体的肢体语言来表现一个人的修养、素质的,而着装是通过外表、固化的装饰来体现人的修养和素质。其具体内容如下:

(1) 直销员站姿标准。

①男性直销员立姿要稳健。

②女性直销员站姿要优美。

③严禁全身放松,不够端正。

④严禁双腿叉开过大。

⑤双脚不能随意乱动。

(2) 直销员坐姿标准。

①不要将座位坐得过满。

②双腿最好并拢。

③严禁摇头晃脑。

(3) 直销员走姿标准。

①走姿一般要求轻松、矫健、优美、匀速。

②严禁走路方向不定。

③注意要跟随好顾客的节奏。

(4) 直销员手姿规范。

①掌握手姿的基本标准。

·背手的最好做法是双臂伸到身后，双手相握，同时昂首挺胸垂放。

·垂放时或者采取双手自然下垂，掌心向内，叠放或相握于腹前，或者采取双手伸直下垂，掌心向内，分别贴放于大腿两侧。

·拿东西的时候应动作自然，五指并拢，用力均匀，不应翘起无名指与小指。

·用手姿表示夸奖的时候，要伸出右手，翘起拇指，指尖向上，指腹面向被称道者。

·鼓掌时，要以右手掌心向下，有节奏地拍击掌心向上的左掌；必要时，应起身站立。

·进行指示的时候，是以右手或左手抬至一定高度，五指并拢，掌心向上，以其肘部为轴，朝一定方向伸出手臂。

②严禁出现清理卫生的手姿。

③尽量避免使用易于误解的手姿。

④尽量避免使用不够礼貌的手姿。

第三，神态要自然，表情要丰富。

相对于姿态而言，神态表情方面的标准又有所不同。姿态指人体的肢体语言，而神态表情则是指人面部的动作，或者说表情。标准如下：

(1) 笑容。

①同顾客交谈时要面带笑容。

②不要在正式场合使用恶意的笑。

③运用正确方式发挥笑的魅力。

·气质优雅。

·声情并茂。

·表现和谐。

(2) 眼神。

①要恰当地运用眼神。

②读懂注视时间长短的深层含义。

③谨慎采用注视对方目光的角度。

④有效组合运用多种注视方式。

⑤需要读懂顾客眼睛发生表示意味着什么。

第四，仪容语言获得亲切感。

仪容与神态表情不同的是，仪容是比较静态的人体"语言"。它不是像神态表情那样需要动起来才能表达信息，所以，相对而言，对于仪容方面标准的把握，更容易一些。不会因为瞬息间的短暂忽略，而发生意想不到的致命失误。但是，越是静态的，越需要事先进行很好的把握。

仪容标准按照仪容包括的几个方面，诸如，头发、眼睛、耳朵、鼻子、口、脖颈和皮肤等，具体内容表述如下：

(1) 头发。

①要发型得体。

·根据个人自然条件选择得体的发型。

·根据个人社会条件选择得体的发型。

②要长度适中。

·考虑年龄因素。

·考虑性别因素。

·考虑身高因素。

·考虑职业因素。

③要对头发进行经常性的梳理。

④美发要合时合适。

(2) 眼睛。

①要保持眼部的清洁。

②社交场合不应戴太阳镜。

③为了眼睛的美要保持充足的休息。

(3) 耳朵和鼻子。

①要保持耳朵和鼻子的清洁卫生。

②注意修剪耳鼻毛。

(4) 口。

①保持口腔清洁。

②严禁口腔发出异响。

③经常剃须。

(5) 脖颈。

修饰脖颈注意清洁。

(6) 皮肤。

重于保养。

5.不要急于求成，要稳中求胜

冰冻三尺非一日之寒，滴水才能石穿，古人的话告诉我们任何事情都有一个循序渐进的过程，稳扎稳打才是硬道理。直销工作也是一样。每位直销员都渴望尽快与客户签订合同，但交易成功并不是一朝一夕就能实现的。每一笔成交的背后，都隐藏着直销员无数的忍耐和辛勤的耕耘。

欲速则不达，直销员如果在工作中急于把产品卖出去，往往会使客户产生厌烦和警惕心理，反而事与愿违。成功的交易要建立在双方自愿的基础上，直销员单方想把产品卖出去是不可能的，客户只有对直销员产生信任、对产品感到满意之后，才会继续谈成交事宜。那么作为直销员，要想让自己的业绩一路飙升，就要先学会稳步前进，让自己前行的每一步都留下深深的足迹。

一位有经验的直销员曾经说过：直销工作没有什么捷径，在直销过程中保持平和稳重、不失风度的等待，才更能够赢得客户的赞许。正所谓干什么事都得一步一个脚印走，心急吃不了热豆腐。作为直销员不能一味地追求利益，对客户百般催促，恨不得马上签单，这样不仅不会得到客户的应允，反而会因此失去客户。直销员要注意自己直销的节奏，使自己急切的心理变得沉稳下来。

稳中才能求胜，过于急躁反而会漏洞百出，即使得到一时的利益，也会对长远的发展造成不良的影响。在直销工作中，抱有急躁心理的直销员不乏其人。很多直销员工作时心急火燎，总是希望能够尽快和客户签单，一旦客户迟疑一点，直销员就开始沉不住气，对客户一催再催，引起客户的反感。以这种态度对待客户是不正确的，也是不礼貌的。可能客户有着自己的考虑，有着自己的安排，直销员应该学会耐心的等待，这一方面是对客户的尊敬，另一方面也表现出自己的稳重，同时也会避免在直销过程中出现不必要的错误。

在生活中也不乏急性的人，他们做事风风火火，过分追求数量和效率。但由于急于求成，考虑问题不仔细、不周全，容易出现疏漏和错误，同时也给别人造成压力，引起别人的反感。这对自己的影响是很不好的。直销员如果过于急躁，也会影响自己的业绩。因此需要直销员正确地认识到自己的缺点并加以改正。

做直销工作不可能是一蹴而就的。情绪急躁的直销员，做什么事情都不能冷静沉着，他们缺乏计划性，经常会颠三倒四、手忙脚乱，结果是什么也没少做，却什么也没有做成，反而更容易着急上火，形成恶性循环。虽然做工作需要有紧迫感，不拖拉、不延缓，但要急中有细，快中求稳，按计划稳步实施，而不是要省略过程，直接追求结果。

在很大程度上，急躁不仅成不了事，反而会误事，更有可能使人因为急于求成而不得，进而走向消极，甚至灰心绝望。毕竟在直销过程中，不会每次都那么顺利，难免会遇到困难和挫折，如果这时还是一味求快，只会事与愿违。

赵刚是某商店的直销员，他是个争强好胜的人，希望通过自己的努力做出好的成绩，所以平时工作也很认真，还因为业绩突出荣登过商店的直销光荣榜。后来商店里来了几个优秀的直销员，业绩很突出，在赵刚之上。他心里有些不服，想要超过他们。这样的想法是好的，但是表现在行动上，赵刚则显得有些急躁，每次有顾客光临，赵刚总是忍不住希望客户能够立刻购买自己的产品，总是不停地催促顾客，反而让客户感到心烦厌恶，本来打算购买，也因为生气而匆匆离去了。这样，赵刚看着自己的业绩每况愈下，心里更是着急，在直销中手忙脚乱，还是忍不住一遍又一遍地催促顾客购买，如果客户拒绝他就会很生气。慢慢地赵刚开始变得脾气暴躁，动不动就想骂人，在工作中也是经常出错，比如给客户拿错东西，少找客户的钱等，引起了客户以及同事的不满，最后因为客户的投诉太多，商店不得不让赵刚先回家休息一段时间。

欲速则不达，赵刚的急于求成，使他错误百出，导致他不仅没有提高业绩,反而严重影响了工作,弄巧成拙。

诗人萨迪说过:"事业常成于坚忍,毁于急躁。"急躁情绪的弊端是显而易见的,虽然说工作需要快节奏,但是工作的秩序还是应该保持,而不应该被打乱的。急躁就会出错,凡事急于求成,反而会导致直销员情绪紊乱、心态失衡,在工作收益上也会入不敷出,使直销员得不到心中渴望的收获。

容易急躁是一种不良的情绪,对直销员的工作会有诸多负面的影响,因此直销员要改正自己的习惯,调整自己的心态,注意工作的节奏感,培养行为的计划性和合理性,保持一颗平常心,从容地应对自己的工作。

直销员在工作时,做事要有始有终,保持冷静和慎重,三思而行,既不鲁莽上阵,也不半途而废。给客户充足的考虑时间,不要一味地急于直销,不断催促。即使客户拒绝,也不要感情用事,对客户发脾气,或者出言不逊,使自己受到客户以及旁观者的指责和批评,最终失去很多潜在的客户。

此外直销员要适时地进行自我暗示,提醒自己,"要冷静点,急躁只会把事情弄得更糟",从而控制自己的情绪,帮助自己在一定程度上消除或淡化急躁的情绪,使自己恢复情绪的常态,以避免急躁情绪引起不良后果。

直销需要从容,急躁只会功亏一篑。对于享受直销的人来说,直销过程应该和享受生活一样是从容不迫的,在直销中直销员要有足够的耐心、恒心,才能冷静地应付各种场面,化解各种危机,使自己在直销过程中游刃有余。

6.诚信是最好的推销

"诚信"包括"诚实"与"守信"两方面。诚信不但是推销的道德，也是做人的准则，它历来是人类道德的重要组成部分，在我们的日常直销工作中也发挥着相当程度的影响力。实际上，向客户推销你的产品，就是向客户推销你的诚信。

据美国纽约直销联谊会统计：70%的人之所以从你那购买产品，是因为他们喜欢你、信任你和尊敬你。因此，要使交易成功，诚信不但是最好的策略，而且是唯一的策略。

赫克金法则源于美国营销专家赫克金的一句名言："要当一名好的直销人员，首先要做一个好人。"这就是赫克金所强调的营销中的诚信法则。美国的一项直销人员的调查表明，优秀直销人员的业绩是普通直销人员业绩的300倍的真正原因与长相无关，与年龄大小无关，也和性格内向外向无关。其得出的结论是，真正高超的直销技巧是如何做人，如何做一个诚信之人。

"小企业做事，大企业做人"讲的也是同样的道理，要想使大部分客户接受你，做个诚实守信之人才是成功的根本。

在推销过程中，如果失去了信用，也许一笔大买卖就会泡汤。信用有小信用和大信用之分，大信用固然重要，却是由许多小信用积累而成的。有时候，守了一辈子信用，只因失去一个小信用而使唾手可得的生意泡汤。推销高手们是最讲信用的，有一说一，实事求是，言必信、行必果，对顾客以信用为先，以品行为本，使顾客信赖，使用户放心地同你做交易。

对于一个直销人员来讲，顾客就是上帝，顾客有权拒绝。然而，当优秀的直销人员带着不错的产品，一次次真诚地拜访时，最终总能赢得顾客的青睐。产品不是万能的，任何产品都有它起作用的范围和无法起作用的范围。这是一个基本常识。但是，在某些直销人员看来，他们的产品就是万能的，他们向客户介绍产品时，恣意夸大产品的性能，这无疑为他们日后的推销工作带来了隐患。

有一位成功的直销人员，每次登门推销总是随身带着闹钟。交谈一开始，他便说："我打扰您10分钟。"然后将闹钟调到10分钟的时间，时间一到闹钟便自动发出声响，这时他便起身告辞："对不起，10分钟到了，我该告辞了。"如果双方商谈顺利，对方会建议继续下去，那么，他便说："那好，我再打扰您10分钟。"于是闹钟又调到了10分钟。

大部分客户第一次听到闹钟的声音，很是惊讶，他便和气地解释："对不起，是闹钟声，我说好只打扰您10分钟的，现在时间到了。"客户对此的反应因人而异，绝大部分人说："嗯，你这个人真守信。"也有人会说："咳，你这人真死脑筋，再谈会儿吧！"

直销人员最重要的是要赢得客户的信赖，但不管采用何种方法，都得从一些微不足道的小事做起，守时就是其中一种。这是用小小的信用来赢得客户的大信任，因为你开始答应会谈10分钟，时间一到便告辞，就表示你百分之百地信守诺言。

在当今竞争日趋激烈的市场条件下，信誉已成为竞争制胜的极其重要的条件和手段。唯有守信，才能为直销人员赢得信誉，谁赢得了信誉，谁就能在市场上立于不败之地；谁损害或葬送了信誉，谁就要被市场所淘汰。直销人员最重要的是要赢得客户的信赖，但不管采用何种方法，都得从一些微不足道的小事做起，从每一个细节表现你的真诚，以此告诉顾客：我是个诚信之人。

诚实守信，以诚相待，是所有推销学上最有效、最高明、最实际、最长久的方法。林肯曾经说过：一个人可能在所有的时间欺骗某些人，也可能在某些时间欺骗所有的人，但不可能在所有的时间欺骗所有的人。对于直销人员来说道理也同样如此，在一个信息传播日益迅速的市场环境下，直销人员的小手段、小聪明是很容易被看破的，即便偶尔取得成功，这种成功也是相当短暂的。要想赢得客户，诚信才是永久的、实在的办法。

要做到诚信，是件很不容易的事情。而违反诚信法则的人，是无法在这个行业中生存下去的。美国直销专家齐格拉对此深入分析道：一个能说会道却心术不正的人，能够说得许多客户以高价购买劣质甚至无用的产品，但由此产生的却是三个方面的损失：客户损失了钱，也多少丧失了对他的信任感；直销人员不但损失了自重精神，还可能因这笔一时的收益而失去了成功的推销生涯；从整个行业来说，损失的是声望和公众的信赖。

你在向客户推销你的人品时，最主要的就是向他推销你的诚实。推销要用事实说服而不能用欺诈的手段蒙骗。诚实是赢得客户好感的最佳方法。客户总希望自己的购买决策是正确的，也总是希望从交易中得到一些好处，他们害怕蒙受损失。所以客户一旦觉察到直销人员在说谎或是故弄玄虚，他们会出于对自身利益的保护，本能地对交易产生戒心，结果就很有可能使你失去生意。

直销人员要做到诚实须注意：

（1）在介绍产品的时候，一定要实事求是。好就是好，不好就是不好，万万不要夸大其词，或只宣传好的一面。

一位乳化橘子香精的直销人员在向客户介绍他们的新产品时，不但讲了优点，还道出了不足之处，最后还讲了他们公司将采取的提高产品质量的一系列措施。这种诚实的态度赢得了用户对他的信赖，订货量远远超出了该公司的生产能力。

（2）推销过程中遵守自己的诺言。直销人员大多通过向客户许诺的方式来打消他们对产品的顾虑。如许诺会承担质量风险，保证产品的优质，保证赔偿客户的意外损失，并答应在购买时间、数量、价格、交货时间、服务等方面给客户最优质的服务和优惠。但是在自己没有能力确保兑现许诺之前，千万不能信口开河。

（3）不夸大事实。有些人吹牛吹得没有分寸，歪曲了事实。更可悲的是，时间一久，这些人也相信自己所夸大的事实了。因此，不要绕着事实恶作剧。不要在它的边缘兜圈子，更不要歪曲或渲染它。

7.拥有自信，才会做出更大的成绩

积极来源于信心，直销人员只有对自己充满信心，对自己所在公司和所直销的产品信心十足，才会在直销工作中积极地争取、执着地奋斗、勇敢地面对，充满无尽的激情和动力，这就是信心的力量。克服自信心不足的心理弱点，提高自身的心理素质，增加前进的动力，以积极的姿态面对工作，面对客户，并努力争取成功。

当你和客户会谈时，言谈举止若能流露出充分的自信，则会赢得客户的信任，而信任，则是客户购买你的商品的关键因素。在导致一个直销人员失败的消极态度中，罪魁祸首就是他先对自己失去了信心，认为自己无法将商品售出。直销人员与运动员一样，也应毫不气馁地工作，一个人的思想对自己的行动有很大影响。不要对自己失去信心，即使真的没成功，也不要失望，因为这也在情理之中。

自信可以为你的商品增色许多。对于客户，自信比你的商品还要重要。有了它，你就不愁反败为胜了。自信的直销人员面对失败仍然会面带微笑，"没关系，下次再来"。他们在失败面前仍会很轻松，从而能够客观地反省失败的直销过程，找出失败的真正原因，为重新赢得客户的青睐而创造机会。

由此可见，直销人员必须表现出自信。客户通常较喜欢与才能出众者交手。他们不希望与毫无自信的直销人员打交道，因为他们也希望在别人面前自我表现一番。再者，他们怎么情愿和一个对自己的推销能力及商品都缺乏信心的人洽谈生意，并购买商品呢？

"我一定能成为公司的第一名"——对于直销人员，这样的誓言是事业上一个有力的起点。拥有必胜的信念，对于直销人员来说，相当重要。

世界上最伟大的直销员乔·吉拉德，早年由于事业失败负债累累，更糟糕的是，家里一点食物也没有，更别提供养家人了。

他拜访了底特律一家汽车经销商，要求得到一份直销的工作。经理见吉拉德貌不惊人，并没打算留下他。

乔·吉拉德说："经理先生，假如你不雇用我，你将犯下一生中最大的错误！我不要有暖气的房间，我只要一张桌子、一部电话，两个月内我将打破你最佳直销人员的纪录，就这么约定。"

经过艰苦的努力，在两个月内，他真的做到了，他打破了该公司直销业绩纪录。

对于直销人员来讲，"信念"是一个必须强调的名词。本来，在推销界就非常看重信念与意志。而直销人员当中的绝大部分人，现在都担负着从未有的很高的工作定额，以至于不得不把全部精力投入到紧张的直销活动中去。因为只有在直销领域获胜，才会给企业带来繁荣。随着经济萧条和商品直销竞争的逐步激烈化，在推销界，越来越多的人认识到信念的重要性。就直销人员的信念来说，最主要的一点就是对直销的强烈追求而形成的信念。

每年都要确定自己的目标，以达到这个目标，并以突破这个目标为目的而努力奋斗。这样一来，工作定额就成为必须完成的任务了，从而使自己产生一种强烈的直销欲望：无论如何要达到目的，进而起到督促、鞭策自己的作用。而且，每天都要检查工作定额的完成情况，并与前一天的数字相比较。为了弥补其间的差额，再反复推敲自己预先制订好的直销方案，一旦确定，立刻付诸行动。在工作定额完成之后，紧接着就是每天检查定额突破后直销数量的增长率。若是与前一年相比增长率下降的话，就要反复思考，究竟怎样才能提高增长率，动脑筋研究新方法，随即依此开展行动。

如此这般，每天都保持旺盛的直销欲望，就是信念培养法。这样去开展直销的话，肯定会自然而然地产生一种强烈欲望。我要去工作！这种内心萌发的对于工作的渴望，正是信念的奇妙效用。

为了做到这一点，就必须实行自我限制，就是为了把自己培养成一个出色的人所需要具备的奋斗精神与进取心。

每个公司都欣赏直销人员拼命夺取胜利的性格，作为直销人员，我们也必须对工作全力以赴，不能有丝毫保留。记住，惰性与挫折难以避免，轻易放弃是可耻的，不能让业务工作中的困难和障碍消磨掉你的斗志和决心，一旦放弃或是对工作敷衍，那么对一个直销人员来讲就是失职的。

无论你在任何时候，遇到任何事情，都要保持积极必胜的信念。

因为唯有积极必胜的信念，才能支持你走过漫长的直销生涯，直至最后取得成功。

自信是积极向上的产物，也是一种积极向上的力量。自信是直销人员所必须具备的，也是最不可缺少的一种气质。那么如何才能表现出你的自信呢？

（1）你必须衣着整齐，挺胸昂首，笑容可掬，礼貌周到，对任何人都亲切有礼，细心应付。

这样，就容易使客户对你产生好感。如此，你的自信也必然会自然而然地流露于外表。

（2）面对客户的无礼拒绝，直销人员更要坚定信心。

直销人员经常是非常热情地敲开客户家的门，却遭到客户的冷言冷语，甚至无理侮辱。这时，你一定要沉住气，千万不要流露出不满的言行。要知道，客户与你接触时，并不会在意自己的言行是否得体，反而总是在意你的言谈举止。客户一旦发现你信心不足甚至丑态百出，则对你的商品就更不会有什么好感了。即使他认为你的商品质地优良，也会得寸进尺，见你急于出手，便乘机使劲压价。客户这样做，就是因为你失去了自信。

（3）要对自信善加把握。

自信既是直销人员必备的气质和态度，也可说是能倍增直销额的一个妙计，因为自信也要把握分寸，不足便显得怯懦，过分又显得骄傲。

自信会使你的推销变成一种享受，你就更不会讨厌它了。想一想就会明白，不自信的直销人员一定会把推销当作是遭罪，是个到处求人、令人厌烦的工作。然而自信却能使你把推销当作愉快的生活本身，既不烦躁，也不会厌恶，这是因为你会在自信的推销中对自己更加满意，更加欣赏自己。如果你对自己和自己的商品充满了自信，那你自然就会拥有一股不达目的誓不罢休的气势。

第三章
设计目标：唤起直销员的成功意识

1.直销培训，唤醒心中的巨人

一种教育如果不贯穿一条红线，就有可能使受教育者不得要领，最后有悖培训教育者的初衷。对直销事业的培训来说，同样如此。那么，什么是直销事业培训的核心呢？

业内人士认为，唤起每一个人内心存在的成功意识就是直销事业培训的核心。在整个事业发展中，都必须不断地唤起直销员的成功意识。

在现代经济社会中，每个人都力求寻找自己成功的位置。然而，有时由于客观原因，如机会不好，未能找到合适的机构等，使很多人的事业、人生并不令人满意。直销作为一种依靠众人完成的事业，必须广泛吸引那些充满成功欲望的人参加，否则就难以取得成功。因此，直销企业的形象应该是能够提供给人一个成功契机的机构，直销企业也应针对这一点进行卓有成效的宣传、教育，并且对直销员着重进行培训。

心理学家认为，人的个体行为规律是：需要决定动机，动机支配行为，行为指向目标。当一种目标完成了，该种需要得到了满足，于是又产生了新的需要、动机和行为，以便实现新的目标。对于参与直销事业的人来讲，出于不同需要和不同的目的，这是很正常的。但是，仅凭个人自发的需要和目的，难以做好至少是难以长期地、投入地做好直销工作。因此，必须将他们的需要和观念转入"走向成功"这一轨道上来。只有这样，他们才会真正以成功信念去开创自己的事业，当然也就开创了直销事业。

纵观海外参加直销事业的人，一开始对直销都会有一种好奇感。这种好奇感包含了极其复杂的原因：有的可能是因为第一次听说，有的是因为朋友和亲友中有人在从事这一事业，有的是因为听说别人已经发了大财，等等。不管是从哪一方面来看直销，他们的共同特点是过去未接触过直销。因此，应先向他们讲清直销事业的性质。

一般初步进入直销事业的人大体有以下几种想法：

①直销游戏，不妨玩玩。

②欺骗行为，看看怎样骗。

③真能赚大钱吗？不妨一试。

④不必花很大力气就能挣钱，何乐而不为？

⑤反正现在也没什么事好干，有一事算一事。

⑥绝望了，生活没希望了，抓住什么都是救命稻草。

⑦别人都来，我也跟着来。

⑧我就不信我做不成一件事。

上述这些虽不能包括所有新加入者的想法，但的确具有代表性。这些思想的根源在于对直销业缺乏一个正确的认识，不知道直销到底是什么。因此，对于初学者，向其阐明公司的性质和直销的性质是极为重要的。

讲清直销的性质，一定要请公司的专家来讲，因为第一次的接触对公司的形象和直销的形象至关重要。如果不能正确表达，就很有可能导致那些初入门者产生错误的想法。

讲清直销的性质，应特别注意声明以下几点：

①直销是一种销售方式，是与人们通常所见的店铺销售不同的方式。

②直销是一种重在处理人际关系的销售方式，更适合人性的本质。

③参加直销能赚钱，但并不是不劳而获。在直销事业中，只有劳动越多，才能收入越高。

④直销不是老鼠会、金字塔式的组织。它们只不过形似，而本质却完全不同。

⑤直销是提供给一个人创业机会的方式，不想创业的人在这里也许没什么好处。

⑥只要你努力去做，直销能改变你的人生。

对那些生活无明确目的的人，还应特别启发他们的生活信念，让他们看到生活的希望，即下定决心。

在这方面，训练的直接目的应该是：如果想实现自己的梦想，就必须积极地面对挑战。因为当人们了解了直销的性质以后，就会把自己的情况与直销的性质直接联系起来，他们可能会将自己的一切梦想都寄托在直销上，这是成功的第一步。如果不让他们在这方面下定决心，他们就很可能只停留在梦想阶段，所以要鼓舞他们面对人生进行挑战。在这方面，以下的要点不能忽略：

①自己的人生无论是好是坏，都是自己造成的。如果要改变人生，

还得从自己开始。

②只要是人，无论是谁，本身都有无穷的潜在能力。能否开发出这种能力，往往取决于你自己的态度。

③生命是短暂的，对自己的人生时光应好好地把握，时间的流逝就是机会的流失。

初入门者静下心来认真思考以上几点，无论谁都会从心底里说"的确如此"。如果真是这样，那么他们下定决心就有了思想基础。

海外直销员帮助初入门者下决心一般是按以下步骤去做的：

第一步，剖析自我。先让每个人思考自己是哪种人，请他回忆自己在性格、思想、仪表等方面是如何受到父母、朋友等周围人的影响的（让他们写在纸上，而且要绝对保密）。如此一来，就可以让他清楚地了解自己在何时因何种原因形成目前的性格及对事物的思考方式，从而分析一下过去他自己造成的种种错误及遗憾的原因。当然，这个时候会有一些偏执的人继续按自己的逻辑将一切责任全部推到外部去，而对这些人要再耐心地进行教育。

第二步，举出实例。通过实例阐明人的潜能是相当大的。有时一个看来毫无特殊才能的人，在选择了好的组织系统后可成为非常成功的人士。这样的实例很多，让受训者思考一下身边有没有这样的例子。然后，再举出一些成功的直销员，看看他们在参与直销以前是什么样，在参加直销后是如何成功的。特别是那些成功女性的实例，更具有打动人心的地方。男子会想："女的都这样，我为什么不行？"女子会想："我也可以试一试呀！"

第三步，强调他的重要性。梦想并不是坏事，坏的是有这种梦想而从不认真地去实践它，结果梦想永远是梦想。所以，在他们听到上述的事实并开始对此感兴趣时，应特别向他们强调行动的重要性。同时不要把直销工作讲得太轻松，而要让他们体会别人是怎样在努力中获得成功的，把行动的重要性突出来，这样，就让被唤起的成功欲望有了坚实的基础。

第四步，为受训者订出规划，上述三步顺利完成以后，就引导受训者走入直销员行列，并为他充分利用直销事业走上成功之路订出一个规划。参加直销的人，有的可能刚步入社会，有的可能已经有了较多的社会经验。对前者，直销员工作的重点在如何让他成功；对后者，则侧重在如何使他充分利用自己日后的岁月。

总之，对于直销员的培训，是时时刻刻想着鼓励他们的成功信心，只有这样才能使各自的直销事业持续不断地发展。

2.选对产品，你就成功了一半

要知道，你的每一个选择，决定的是你今后人生的走向。拥有没有风帆的船比没有船强，但没有罗盘的风帆，只能四处去流浪。选择好方向，再去起航，选择好路线，再去跟风雨搏斗。

当你的选择明确之后，你才能发挥百分之二百的努力，因为你不会迷茫了，到底自己要为什么而努力，做好自己的选择很重要。

直销提供一个创业的平台，一个赚钱的机会。然而，直销员却有富有穷，为什么呢？这主要在于选择。都说做直销的人何其多，成功的人何其少，这就是因为选择的错误。

对于每一件事情，也许我们无法完全控制外在环境的变因，但我们可以控制自己的选择。我们选择什么样的产品，选择加入哪一个组织，选择什么样的客户，以什么样的方式表达，都会影响结果。因此，要将直销事业经营得好,就要停止将过错怪在外在因素或别人身上,重视自己的每一个选择,使经营直销的每个阶段都是一个不断学习、不断成长的过程。

"选择大于努力",听起来很简单的一句话,却包含了多少内容和多少故事。

亚洲首富孙正义曾经说过:"一个人成功最关键的是你选择什么样的行业,一旦选定了,今后几十年里要为此而奋斗,为了选好这个行业,花上一年或者两年的时间都是值得的。"孙正义是韩裔日本人,在日本出生,在美国留学,所以他精通韩文、日文、英文。孙正义在21岁的时候得了肝病,他在医院住了两年整,在那两年当中,他阅读了四千本书籍,平均一年读两千本,一天读五本。孙正义在读完了四千本书籍之后写了四十种行业的计划来供自己选择,他发现,要成为世界首富,必须从事电脑行业,后来他开始创立公司,公司员工只有两个。他知道,领导者领导目标,他站在公司装苹果的水果箱上面,跟两个员工讲:"我叫马萨尤西塞,我是孙正义,在25年之后,我将成为世界首富,我公司营业额将达到上百亿美元。"那两名员工听完之后,说老板他们可不可以辞职,立刻辞职不干了,他们说这个老板疯了,这个年轻人夸下海口,他们不知道孙正义读了四千本书。接着孙正义请比尔·盖茨到日本演讲,问比尔·盖茨:"我要怎么样才能变得跟你一样有钱?"比尔·盖茨就说了一个字:"Internet。"25年之后孙正义的资产就曾经一度超过比尔·盖茨,然后又落到亚洲首富。由此我们可以看出,孙正义的成功,恰恰是因为选择的正确,如果当初孙正义选择做一名运动选手的话,他也不会是今天的亚洲首富。

用一个故事来表达选择的重要性,让每一个人都理智性地选择,人生不留遗憾。

几个学生向苏格拉底请教人生的真谛。苏格拉底把他们带到果林边，这时正是果实成熟的季节，树枝上挂满了沉甸甸的果子。"你们各顺着一行果树，从林子这头走到那头，每人摘一枚自己认为是最大最好的果子。不许走回头路，不许做第二次选择。"苏格拉底吩咐后。学生们出发了。在穿过果林的整个过程中，他们都十分认真地进行着选择。等他们到达果林的另一端时，老师已在那里等候着他们。"你们是否都选择到自己满意的果子了？"苏格拉底问。学生们你看着我，我看着你，都不肯回答。"怎么啦？孩子们，你们对自己的选择满意吗？"苏格拉底再次问。"老师，让我再选择一次吧！"一个学生请求说，"我走进果林时，就发现了一个很大很好的果子，但是，我还想找一个更大更好的，当我走到林子的尽头后，才发现第一次看见的那枚果子就是最大最好的。"另一个学生紧接着说："我和师兄恰巧相反，我走进果林不久就摘下了一枚我认为是最大最好的果子，可是以后我发现，果林里比我摘下的这枚更大更好的果子多的是。老师，请让我也再选择一次吧！""老师，让我们都再选择一次吧！"其他学生一起请求。苏格拉底坚定地摇了摇头："孩子们，没有第二次选择，人生就是如此。"

假如选择错误的话，人生注定是失败的，即使外表很风光，都不会幸福，更不会快乐。

我们使用蓝海和红海来表示整体市场。红海是今天现存的产业，也就是已知的市场空间，在红海中，行业边界已经被限定和接受，竞争游戏的规则也是明确的。红海中的企业力图通过竞争而获得更大的市场份额，随着市场空间变得越来越拥挤，利润增长的空间开始相应减少，"卡脖子"式的竞争最终把商海变成血色，因此叫"红海"。相反，蓝海预示着今天尚不存在的行业，也就是未知的市场空间。在蓝海中，需求是被创造出来的，而不是打拼出来的。

在蓝海中，谈不上竞争的概念，因为游戏的规则还没有制定。蓝海就是一种类比，用来描述那种更宽、更深的尚未开发的潜在市场。它是尚未被染指的，蕴含着巨大的、深深的利润的"蓝色"海洋。蓝海战略提供了一种摆脱红海血拼的系统途径，通过重建市场边界创造了公司和顾客价值的飞跃，从而与竞争不沾边。

红海和蓝海，你更乐意选择哪一个？我想很多人的答案都是蓝海，做别人不做的产品，做别人不敢做的生意，做别人做不到的团队。在没有人做的情况下，你就没有了竞争对手，这样的话，你走向成功之路，会变得更轻松。你也一样，选公司也好，产品也好，最好的就是选竞争对手少的产品或者公司，做竞争对手不做的生意，这样，就会加快你成功的速度。

一提起直销，很多人立马就会联想到琳琅满目的营养保健品、美容护肤品等，它们的竞争异常白热化，俨然已经成为了红海，所以当我们进入直销市场的时候，产品是非常关键的，选对产品，很多人愿意接受，你就轻松很多。大家都知道，直销从业人员的奖金是和业绩挂钩的，而一直以来，直销从业人员开展直销有两个特点：一种是直销产品，另一种是直销事业，而这两个特点的发挥，都与产品有密切的关系。

从直销产品的角度来看，很多直销人员并非从一开始就从事直销，而仅仅是作为顾客使用产品的，当他对产品的使用效果非常满意而顺便向其他朋友介绍时，他便开始了事实上的直销活动。而他的朋友，使用了产品非常满意后，口碑相传，向自己的人际关系网络传播……这样产品就顺利直销出去了。直销得越多，业绩越高，赚钱也就越多。

刘女士是一位普普通通的钢铁厂技术工人，常年在车间工作，每天都要在刺耳嘈杂的机器噪声和流通不畅的空气中工作，遇上生产任务紧的时候，还常常加班，吃饭也不定时。二十年下来，落了一身的毛病，经常胃口不好吃不下饭，自己身体内分泌也不太平衡，晚上总容易失眠。刚四十出头，就因为身体不好，被别人错认为是快退休的年龄。她一直过得很苦闷，周围的朋友看到了也很心疼。

从直销事业的角度来看，直销模式的最大潜力在于它能够吸引更多的人员加入到直销队伍中来，直销队伍是否稳定并能继续扩展成为首要问题之一。一个直销员能否稳定留在直销队伍中取决于很多因素，而其中一个非常重要的因素就是收入高低。一个新人之所以愿意加入直销队伍，很重要的一个原因也是对个人收入的预期。

陈先生和刘女士是偶然认识的朋友，在一次聚会中，陈先生见到了刘女士，看到她这个样子，主动介绍刘女士使用某公司口服液，刘女士抱着试试看的态度买了一盒，服用一段时间后，刘女士感觉晚上睡得踏实了，胃口也开始好了，于是从一支口服液，到一只牙膏、一瓶日霜，刘女士逐渐喜欢上了该公司的产品，而她周围的朋友也渐渐发现了她的改变，纷纷询问原因，于是刘女士周围的朋友也纷纷向陈先生购买产品，在不知不觉中，都成了陈先生忠实的客户。陈先生账户上的直销额也增加了不少。

无疑，直销员的收入是与直销业绩紧密挂钩的，直销员必须考虑所代理的直销产品是否具有市场空间，能否顺利地向顾客推销出去；如果直销企业的产品好，则直销成功的可能性会大大增加，从而增加对新人加入直销队伍的吸引力。根据网络效应原理，每一个新成员的加入，都将以几何效应而非算术效应的方式扩大网络的性能，那么赚钱的速度可想而知。

所以，归根结底，产品不仅是企业发展的根基，也是个人决胜市场的关键和根本，产品好才能赚钱快。你在选择产品时，也需要要求产品差异化，跟其他公司的产品有什么不一样的功效，有没有证实产品的效果。

3.正确树立自己的目标

世界潜能大师博恩崔西曾经说过："成功等于目标，其他的都是这句话的注解。"如果今天你没有定位好你在直销界要成为什么样的人，要获得多么大的成就，如果没有一个目标或者一个榜样让你奋发向上的话，你就不会进步，更不会成功。

在《爱丽丝梦游仙境》一书中，当爱丽丝来到一个通往不同方向的路口时，她向小猫邱舍请教。

"邱舍小猫咪……能否请你告诉我，我应该走哪一条路？"

"那要看你想到哪儿去。"小猫咪回答。

"到哪儿去，我都无所谓……"爱丽丝说。

"那么，你走哪一条路，也都无所谓了。"小猫咪回答。

很多人想知道如何选择成功的生活道路，但你问过自己没有，怎样才算成功呢？你的人生目标是什么呢？如果你都没有明确的人生目标，你就不可能有具体的成功标准，既然你都不知道怎样才算成功，那你怎样选择又有什么所谓呢？

人生就是这样，你漫无目的，那走哪条路都没有什么关系。人生是从树立清楚而明确的目标开始的。你只有先树立了目标，确定了人生方向，才可能选择生活的道路，进而才能够掌控人生。

约翰·亨利·法伯是法国伟大的自然科学家，曾利用松毛虫做了一次不寻常的实验。松毛虫有一个特点，喜欢盲目地跟着前面的松毛虫走。法伯很小心地将它们排成一个圆圈，在圆圈的中间放一些松针，这是松毛虫最喜欢的食物。每条松毛虫都跟着前面的松毛虫，开始不停地兜圈子，一个小时又一个小时过去了，一天又一天过去了，一连七天七夜，它们一直在绕圈，最后，终于因饥饿与筋疲力尽而死去。但在距离它们不到10厘米远的地方就有丰富的食物在等着，它们却饥饿致死。

活动不一定就能导致成就。我们大多数人的生活都只是在日复一日地兜圈子，都只是在单调地重复着每一天，这样活100岁也只等于活了一天。很多人活了一辈子都不知道自己到底有多大的能力，能够创造怎样的奇迹，因为他们没有一个明确的目标，从来没有尝试过。这个世界上最大的浪费不是自然资源的浪费，而是人力资源的浪费。

美国有一个研究成功的机构，曾经长期追踪观察一百个年轻人，直到他们年满65岁。结果发现，在这一百个人中，只有一个人非常富有，5个人经济有保障，而剩余的94个人情况不太好，晚年生活十分拮据，可以说是失败者。而这晚年拮据的94个人之所以会如此，并非因为年轻时努力不够，主要是因为他们没有选定清晰的人生目标。

从这个案例中我们能简单明了地看到，拥有清晰的目标，会对未来的人生产生重大影响。

这与直销是同样的道理。当你在开始直销之前，应该好好思考一下我直销的目的是什么，仅仅是为了增加自己的财富，还是要将所学的知识运用于实践？或是其他什么目的。只有先明确了目标，才能够更好、更合理地安排自己的直销时间和直销内容。

有远大的目标是好的，但是，俗话说："望山跑死马。"通常我们所制定的远大目标往往都在远处，让人看起来遥不可及，这时候，千万不要被目标给吓倒，而是应该冷静下来，分析自己距离目标有多远，知道了自己与目标的差距，也就知道了自己该努力的方向、坚持的程度。毕竟光有一个远大的目标还是不够的，还应该明确自己与目标之间的差距，并依据差距来制定每一步、每一阶段的精神目标，这样一来，只要你努力完成下一个目标，就是在一点点地缩短与最终目标的距离。

1976年，19岁的迈克尔在休斯敦的一家航天实验室工作，虽然这里待遇优厚，但是环境沉闷，迈克尔希望改变自己的现状。他心中一直有创作音乐的梦想，但是写歌词并不是迈克尔的专长，于是他找到善写歌词的凡尔芮同他一起创作。当凡尔芮了解到迈克尔对音乐的执着以及目前不知如何入手的迷茫时，决定帮助他实现梦想。于是凡尔芮问迈克尔："你想象中的五年后的生活是什么样子的？"

迈克尔沉思片刻，说道："五年后，我希望自己会有一张唱片在市场上直销；我想住在一个有音乐氛围的地方，能够天天和世界一流的音乐人一起工作。"

凡尔芮说："那么，我们现在就看看你和你的目标之间的差距吧。现在，你有固定的工作，音乐创作的时间非常有限。而你想要达成梦想，那音乐将是你生活和工作的主要甚至全部内容，这就是差距所在。"

凡尔芮继续说道："现在我们把你的目标反推回来。如果第五年你想有一张唱片在市场上直销，那么第四年你就一定要和一家唱片公司签约；第三年你就要有一首完整的作品，可以拿给很多唱片公司听；第二年你一定要有很棒的作品开始录音；第一年你就要把所有准备录音改好，然后逐一进行筛选。第一个月你就要把目前手中的这几首曲子完工；第一个礼拜你就要先列出一张清单，排出哪些曲子需要修改，而哪些则需要完工。你看，现在我们不就知道你下个星期应该做什么了吗？"

凡尔芮接着说道："如果你五年后想要生活在一个有音乐氛围的地方，与一流的音乐人一起工作，那么第四年你就应该有一个自己的工作室或者录音室；第三年，你可能就得先跟这个圈子里的人一起工作；第二年，你就应该搬到纽约或者洛杉矶去住了。"

凡尔芮的一番话，让迈克尔大受启发。很快地，他就辞去了现有的工作，搬到洛杉矶。时隔六年，迈克尔的唱片大卖，一年卖出了几千万张，而且他每天都与顶尖的音乐人在一起工作。正是凡尔芮冷静地找出差距，并一步步地进行分析，给迈克尔指出了一条通往梦想的道路。

今天的自己和十五年后的自己之间有什么差别？找到差距以后，就该努力地提高自己，弥补差距，使自己距离目标越来越近。

在现实生活中，有许多人会因为目标过于远大，或者理想过于崇高而轻易放弃，若能够懂得为自己设定"次目标"便能够较快地获得令人满意的成绩，而每一个"次目标"都是按照自己目前所拥有的能力来制定的，只要努力就能够完成，这样一来心理上的压力也会随之减小，而当你逐步达成每一个"次目标"时，就意味着你总有一天会达成最终目标。

享誉美国的零售业大王伍尔沃夫年轻的时候非常贫穷，曾经有一段时间，他生活在乡下，一年中几乎有半年的时间连鞋都穿不上。

那么，他是怎样走向成功的呢？他自己曾解释说，其实秘诀非常简单，那就是让自己的心灵充满积极向上的思想。最初，他向别人借了300美元，开了一家所有商品的售价都是5美分的小店。虽然他在纽约设立的第一个店铺因为营业额太少，经营失败了，可是在以后的时间里，他稳扎稳打，慢慢扩展他的事业；10年之后，他就有了10家分店。

伍尔沃夫以自己的努力一跃成为整个美国最闻名的投资者，他建立起了当时世界上最高的大厦，也就是纽约市鼎鼎有名的伍尔沃夫大厦。他用现金全额支付了高达1400万美元的建筑费用，甚至还大方地在自己的住宅里放置了一台价值10万美元的管风琴。

伍尔沃夫的成功来自他母亲传授给他的积极向上的思想。当他还是个穷小子的时候，每次遭遇挫折、感到垂头丧气的时候，他的母亲前去看他，总是把他的手紧紧握住，并鼓励他："不要灰心，总有一天你会成为有名的富翁的。"

于是，伍尔沃夫逐渐明确了自己的生活目标，并采取了一系列积极的行动……

一个没有目标的人就像一艘没有舵的船，永远漂流不定，只会到达失望、失败和丧气的海滩。美国前财务顾问协会的总裁刘易斯·沃克曾接受一位记者采访。他们聊了一会儿后，记者问道："到底是什么因素使人无法成功？"

沃克回答："模糊不清的目标。"记者请沃克进一步解释。他说："我在几分钟前就问你，你的目标是什么？你说希望有一天可以拥有一栋山上的小屋。这就是一个模糊不清的目标。问题就在'有一天'不够明确，因为不够明确，成功的机会也就不大。"

"如果你真的希望在山上买一间小屋，你必须先找出那座山，找出你想要的小屋现值，然后考虑通货膨胀，算出5年后这栋房子值多少钱；接着，你必须决定，为了达到这个目标，每个月要存多少钱。如果你真的这么做，你可能在不久的将来就会拥有一栋山上的小屋；但如果你只是说说，梦想就可能不会实现。梦想是愉快的，但没有配合实际行动计划的模糊梦想，则只是妄想而已。"

记住，只为自己想要的目标开足马力，不要为了航路上的小鱼、小虾而耽误航程，因为精力有限，要只做对实现目标有益的事。小草知道自己想要的是繁育成片的绿洲，树苗知道自己想要的是成长为参天的大树，小鸡知道自己想要的就是可以果腹的谷糠，小鸭知道自己想要的就是能够畅游的池塘，雄鹰知道自己想要的是任由翱翔的苍穹……它们了解自己想要的是什么，并致力追求，也因此成就了不同的物种，那么人又该是怎样的呢？人也同样要明确自己想要的是什么，只有明确这一点才能致力追求自己想要的东西，成就自己的人生。

直销也是如此。当你将自己的直销目标设定得十分远大时，很可能自己就会先被吓倒了。但是如果能够根据自己的直销目标，将所要做的事情记在一张纸上，就成了一张表。等你养成这样一个良好的习惯时，就会使自己每做一件事就向自己的目标靠近一步。比如，我们可以给自己一本日历，把目标分解，明确落实到每一天、每一个星期、或是一个月甚至一个学期。但光有计划是不够的，最重要的还是要付诸实践来完成它。

4.心态决定成功

当直销人员为自己制定了一个远大的目标,并承诺为实现这个目标而奋斗的时候,你便会感觉到涌动在你心底里的巨大潜能,而正是这些潜能可以改变你的一生。

卡特原来只是美国一家直销公司的普通直销人员。从大学毕业走进公司的第一天起,他就为自己定下了一个目标:两年以后当上直销经理。

从此开始,直销经理就像一面旗帜,时时在他心底挥动,使他任何时候,做任何事情都用直销经理的标准严格要求自己。他每天都被工作的疯狂激情驱使着,虽然这样工作起来有些累,但劳累过后,看着自己不断上升的工作业绩,他渴望成功的心灵便会得到满足。

一年后,他就被提拔为主管,他也因此工作起来更加卖力了。他的工作能力和直销业绩得到了总裁的肯定。在当上主管不到半年的时间里,他就被提升为直销经理。

卡特为什么能从普通职员,迅速升至主管,不久又升任经理?就是因为他从一开始就给了自己正面的期盼,并为之锲而不舍地进行了奋斗。

直销员在工作上时常自我鼓励、自我暗示,才能自我提升。每一位成就非凡的直销员都有一股鞭策自己的神秘力量。在多数人因胆怯而裹足不前时,这些直销员总会大胆向前。因为他们相信自己一定能够实现目标,他们总是这样激励自己:如果你和客户谈了,却没有成功,那对你没有什么损失;假如你成功了,那就是一个大收获。

只要你不断地去大胆尝试,你一定会实现自己的目标。

美国最有名的直销员斯通20岁的时候搬到芝加哥,开了一家保险公司并把自己公司称作"联合登记保险公司"。尽管企业中只有他一个人,但他仍决心使这个公司办得跟公司名称一样堂皇。

开业的第一天,他便到热闹的北克拉街,销出了54份保险。虽然在开业第一天取得了一个开门红,但除了斯通自己以外,没有人相信这个"联合登记保险公司"能办下去。斯通并没有被别人的消极言论吓倒,他渴望每天都能完成更高的目标,多售出几份保险。在他不懈的努力下,公司也一天天兴旺起来,不仅在芝加哥站稳了脚跟,还在伊利诺伊州的其他地区直销保险。

显然,斯通的自我激励、自我期盼的成效卓著的。经过了四年的自我提升、自我成长以后,他达到了在别人看来几乎是不可能达到的目标。从本质上说,自我成长、自我提升源于期望。当人们有了某种需要,就会引发人们用行动去实现目标,以满足某种需要。当目标还没有实现的时候,这种需要就成为一种期望。期望就是一种激励力量,推动其行为向满足这种需要的目标努力。

一个直销员,要不断地给自己以鼓励,每天都给自己一个正面的期盼,让自己看到希望,并坚持做下去,成功就不会太遥远了。

只要你拥有积极的个性,就没有解决不了的难题,就没有做不成的事情。仔细观察比较一下成功者与失败者的个性,尤其是关键时候的个性,我们就会发现"一念之差"会导致惊人的不同结果。在直销员中,广泛流传着一个这样的故事:

两个欧洲人到非洲去直销皮鞋。由于炎热，非洲人向来都是打赤脚。第一个直销员看到非洲人都打赤脚，立刻失望起来："这些人都打赤脚，怎么会要我的鞋呢？"于是放弃努力，失败沮丧而回。另一个直销员看到非洲人都打赤脚，惊喜万分："这些人都没有皮鞋穿，这皮鞋市场大得很呢！"于是想方设法，引导非洲人购买皮鞋，结果发大财而回。

同样的一个市场，让不同的人去开拓，最后会有不同的结果。

下面我们来看一下卡耐基曾给人们讲过的一个故事：塞尔玛陪伴丈夫驻扎在一个沙漠的陆军基地里，她丈夫奉命到沙漠里去演习，她一人留在陆军的小铁皮房子里，天气热得受不了——在仙人掌的阴影下也是华氏一百二十五度。她没有人可谈天，只有墨西哥人和印第安人，而他们不会说英语。她太难过了，就写信给父母，说要丢开一切回家去。她父亲的回信只有两行，这两行信却永远留在她心中，完全改变了她的生活：

"两个人从牢中的铁窗望出去，

一个看到泥土，一个却看到星星。"

塞尔玛一再读这封信，觉得非常惭愧。她决定要在沙漠中找到星星。于是塞尔玛开始和当地人交朋友，他们的反应使她非常惊奇，她对他们的纺织、陶器表示兴趣，他们就把最喜欢舍不得卖给观光客人的纺织品和陶器送给了她。塞尔玛研究那些引人入迷的仙人掌和各种沙漠植物，又学习有关土拨鼠的常识。她观看沙漠日落，还寻找海螺壳。慢慢地，此处难以忍受的环境变成了令她兴奋、流连忘返的奇景。

是什么使这位女士内心有了这么大的转变？

很明显，周围沙漠依旧是老样子，只是她的心态改变了。一念之差，使她把原先认为恶劣的情况变为一生中最有意义的冒险。她为发现新世界而兴奋不已，并为此写了一本书，以《快乐的城堡》为书名出版了。她从自己造的牢房里看出去，终于看到了星星。

从这则故事中，我们可看出：成功的个性来自于积极的心态。

直销员每天要面对许多次打击，这时必需要靠积极的思想来武装你的头脑才行。

长期受多种消极个性影响的人，从里到外都表现出"我不能""我不行""我不要"等无能的症状。

我们往往不知道，我们常常是消极个性的受害者。那么，你可能会问：为什么会有这么多消极个性呢？有没有对策对付这些消极个性呢？

当我们能较清醒地思考上面两个问题的时候，消极个性就开始害怕我们了，它要准备逃遁了。只要我们找出造成消极个性的原因，就不难找出对策。有了对策，消极个性就会被我们控制而不是控制我们，就会被我们清除消灭而不是侵害消灭我们。

当积极的思想占据你的头脑的时候，你就能发掘潜力，克服困难，从一个成功走向另一个成功。

5.有了目标还需全力以赴

有这样一个故事：

有一位父亲带着三个孩子，到沙漠去猎杀骆驼。

他们到达了目的地。父亲问老大："你看到了什么？"

老大回答："我看到了猎枪、骆驼，还有一望无际的沙漠。"

父亲摇摇头说："不对。"父亲以同样的问题问老二。

老二回答："我看到了爸爸、大哥、弟弟、猎枪，还有沙漠。"父亲又摇摇头说："不对。"父亲又以同样的问题问老三。

老三回答："我只看到了骆驼。"父亲高兴地说："答对了。"

这个故事告诉我们，目标确立之后，就必须心无旁骛，集中全部的精力，注视目标，并朝着目标勇敢地迈进，这是迈向成功的第一步。

表现杰出的人士都遵循着一条类似的途径以达到成功的，美国学者称这条途径为"必定成功公式"。这一途径的第一步是要知道你所追求的，也就是要有明确的目标；第二步就是要知道该怎么去做，否则你只是在做梦，应立即采取最有可能达成目标的做法。

如果你仔细留意成功者的做法，会发现他们就遵循这些步骤。一开始先有目标，明确前进的方向，然后采取行动，因为坐着等是不行的；接着是拥有判断和选择的能力，知道该如何去做；然后不断修正、调整、改变它们的做法，直到成功为止。

你必须有目标，为你的目标而努力。辛勤工作并不表示你真正投入工作了。同样砌砖墙，有的人默默埋头苦干，觉得工作很无聊，但还是认命地做下去；有的人却一面砌，一面想象这座墙砌成后的面貌，上面也许会爬满玫瑰花，孩子们也许会攀在墙头看风景等，他努力砌墙的同时，眼睛已经看到努力的成果了。

前一个砌墙人虽然卖力，其实跟牛马差不多，在既有的工作上打转，生活对他而言是一种苦刑。后者却能陶醉在工作中，同时他很可能一面工作，一面思考改善，因此技术会不断进步，工作不仅不让他觉得无聊，还让他有机会成为这一行的高手。

一个叫泰莉的空中小姐，喜欢环游世界；另一个空中小姐宝玲也一样，但她还希望有自己的事业，最好与旅游有关。宝玲每到一个地方，就不停地记下她经历的一切，尤其是当地的旅馆及餐厅状况，并不时把自己的经验提供给乘客。

终于，宝玲被调到旅游行程安排的部门，因为她就像一本活百科全书，掌握的旅游知识非常丰富。她在那个部门如鱼得水，更掌握了世界各大城市的旅游动态，几年之后，她已拥有一家自己的旅行社。

泰莉呢？她还是一个空中小姐，还是努力工作，但显然并没有什么升迁机会，唯一能改变现状的，大概只有结婚。事实上，泰莉和宝玲一样卖力工作，但泰莉没有目标，只是随兴地到世界各地玩，不把旅行看作发展潜力的活动。没有特定目标的人，往往终生在原地打转。

人都有惰性，即使一心想成功的人，一样有提不起劲的时候。不过，只要你承认这点，并坚持不向惰性屈服，你的成功便指日可待。

平心而论，美国前总统克林顿算不上天才人物，他能登上美国总统的宝座，与他中学时代的一次活动有一定关系。

克林顿的童年很不幸。他出生前4个月，父亲就死于车祸。他母亲因无力养家，只好把出生不久的克林顿托给自己的父母抚养。童年的克林顿受到外公和舅舅的深刻影响。他从外公那里学会了忍耐和平等待人，从舅舅那里学到了说到做到的男子汉气概。他7岁随母亲和继父迁往温泉城，不幸的是，双亲之间因意见和脾性不合而发生激烈冲突。继父嗜酒成性，酒后经常虐待克林顿的母亲，小克林顿也经常遭其斥骂。这给从小就寄养在亲戚家的小克林顿的心灵蒙上了一层阴影。

不幸的童年生活，使克林顿形成了尽力表现自己、争取别人喜欢的性格。

克林顿在中学时代非常活跃，一直积极参与班级和学生会活动，并且有较强的组织和社会活动能力。他是学校合唱队的主要成员，而且被乐队指挥定为首席吹奏手。

1963年夏，他在"中学模拟政府"的竞选中被选为"参议员"，应邀参观了首都华盛顿；这使他有机会看到了"真正的政治"。参观白宫时，他受到了肯尼迪总统的接见，并同总统握手而且合影留念。

此次华盛顿之行是克林顿人生的转折点，使他的理想由当牧师、音乐家、记者或教师转向了从政，梦想成为肯尼迪第二。

有了目标和坚强的意志，克林顿此后30年的全部努力，都紧紧围绕这个目标。上大学时，他先读外交，后读法律——这些都是政治家必须具备的知识。离开学校后，他一步一个脚印：律师、议员、州长，最后是政治家的巅峰：总统。

要达成伟大的成就，最重要的秘诀在于确定你的目标，然后开始干，采取行动，并为之全力以赴，这样才能赢得辉煌的人生。

目标不是单纯用加减乘除的方法来做，而是要具有规范性。所以直销人员的目标制定一定要遵循以下五个原则进行：

①销售目标要明确，要有具体的数字进行量化。

②制定的目标是可预测和预知现有客户的状况，甚至是未来开发新客户的情况和行业竞争分析。

③制定的目标一定是可达成的，并插接到每季、每月、每周、每日当中。

④要具有实务性，每一个季度都有一个重点的方向，并围绕这个方向开展工作。

⑤要有时间性，针对每个具体的规划都要依据时间的紧迫性做一个时间限制。

6.拓展资源，积极地去赢得客户

直销工作的内涵是十分丰富的，直销人员做事情，不能局限于一时一地，不能总是受到固有思想和传统规范的限制，要善于利用一切机会，利用一切资源，想方设法地拓展自己的发展范围，用自己的拓展力，开辟出一片新的天地来让自己纵情发挥。

一个小伙子去应聘纽约市最大的百货公司的直销员。老板问他："你以前做过直销员吗？"他回答说："我以前是村里挨家挨户推销的小贩。"老板见他很机灵，就对他说："你明天可以来上班了。下班的时候，我会来检查你的工作。"小伙子高兴地说："谢谢老板。"

第二天，小伙子准时到百货公司上班，忙活了一天，傍晚5点的时候，老板真的来检查工作了，老板问小伙子："你今天做了几单买卖？"

"一单。"年轻人回答说。

"只有一单？"老板很吃惊，甚至有些生气，"我们这儿的售货员一天基本上可以完成20单到30单生意呢！这单生意你做了多少钱？"

"30万美元。"年轻人回答道。

这让老板难以反应过来，又问："多少？"

"30万美元！"

"你怎么卖到那么多钱的？"目瞪口呆的老板问道。

"是这样的，"小伙子回答说，"一位男士进来买东西，我先卖给他一个小号的鱼钩，然后中号的鱼钩，最后大号的鱼钩。接着，我卖给他小号的鱼线，中号的鱼线，最后是大号的鱼线。我问他上哪儿钓鱼，他说海边。我建议他买条船，所以我带他到卖船的专柜，卖给他一艘长20英尺、有两个发动机的帆船。他说他现在的汽车可能拖不动这么大的船。我于是带他去汽车直销区，卖给他一辆新款豪华型'巡洋舰'汽车。"

老板难以置信地问道："一个顾客仅仅来买个鱼钩，你就能卖给他这么多东西？"

"不是的，"年轻的小伙子回答道，"他是来给他妻子买卫生棉的。我就告诉他：'你的周末算是毁了，干吗不去钓鱼呢？'"

从买卫生棉到购买鱼竿、船、汽车，故事中的直销人员居然能够把业务延伸到这么广的范围，从单一直销发展为多项直销。没有超强的直销拓展力是很难做到的。

在这个故事的启示下，我们应该思考一下直销人员到底怎样才能做好自己的直销工作。现代营销正在向着精细化的方向发展，直销人员应该更多地关注顾客的占有率，重视保持对顾客的忠诚度，挖掘顾客的终生价值。同时，对潜在的客户绝不能放弃，不能轻易放弃某一群体，而要抓住机会，做百分之百的努力，发掘一切有可能的资源。

当然发掘潜在的客户并不是简单的事情，需要直销人员有敏锐的洞察力、准确的判断力，以及坚持不懈的毅力。这样才能把潜在的资源都挖掘出来，成为自己的财富。

有一个做人寿保险业务的直销人员，他发现公司所有的同事推销的客户基本上都是一些中产阶级，而对那些大公司、大企业的老总、经理等成功人士却无人问津。他觉得很奇怪，就问同事为什么不向这些成功人士推销保险，这可是一批大客户，如果谈成，会给自己带来很大的收益。而同事却对他的想法嗤之以鼻："你真够幼稚的，人家都那么有钱，不管是什么保险，早已经买过了，难道还都留着等你去推销啊？"但这个执着的直销员却不这么认为："你怎么知道他们都已经买过了呢？"同事呵呵一笑说："说你傻你还真傻啊！用脚指头想想都知道是这么一种情况，虽然我没有确切的市场资料，但是我敢保证，99.9%的这样的客户都已经买过了。不要白费时间了。"

这名直销人员还是坚持自己的想法。既然没有确切的数据证明，就说明这是一块潜在的巨大的市场；即使他们都买过了，自己也要去试一试。于是在其他同事都朝着中产阶级的方向拥挤的时候，他却单独去跑这些高层人士的业务。在他的努力下，最终成功说服了几个公司的董事长购买保单，并且这些大客户又把这个直销员介绍给自己的朋友，当然也都是一些成功人士。这些成功人士买了以后觉得不错，又介绍给自己其他的朋友。就这样，这名保险直销员逐渐在这些成功人士中签了很多保单，取得了很好的业绩，并赢得了很大一笔收入。

在别人都认为他们已经买过保险，或者根本就不敢去推销的时候，上面案例中的那名直销人员并没有放弃，而是主动出击，努力去争取，结果开发出了很广阔的一个市场。因为实际情况并不是同事们想象的那样，这些成功人士虽然有钱，但是也不是所有的都买了保险，反而有很多并没有买，就等着有人去向他们推销。而只有那名洞察力强的直销人员想到了，并努力争取了，所以他成功了。

直销人员就是要有这样的洞察力和拓展力，毕竟直销工作不是每天都按部就班，等待客户送钱过来。在你饿的时候，天上不可能掉下一个大馅饼给你吃，只有你去努力地寻找，才能够获得。做直销其实也是这样的，"馅饼"是需要自己努力去发掘和寻找的，当你一直在傻傻地等待的时候，就已经错过了很多潜在的机会。

在直销人员的心里永远不能有懈怠的情绪，不能鼠目寸光，要重视客户的发掘和维护，发掘更多的新客户，同时把更多的商品推销给每一个客户，这样才能实现利益最大化。没有眼光的直销人员看不到这一点，自然也就不会努力去做，而善于开拓创新的直销人员则会拥有更多成功的机会。对于直销人员来说，消极等待是其成功的最大障碍。不管什么时候，都要抓紧时间，积极地去赢得客户，不等待，不拖延，努力为自己创造更多的机会和价值。

7.养成良好的工作习惯

  细节决定成败，工作习惯是直销员最应该讲究的细节。养成一种好的工作习惯对直销员是否能够取得直销的成功起着举足轻重的作用。有这样一句名言："有什么样的思想，就有什么样的行为；有什么样的行为，就有什么样的习惯；有什么样的习惯，就有什么样的性格；有什么样的性格，就有什么样的命运。"好习惯不仅是一种良好的行为，更是一种高尚的思想，同时也反映出人们对待工作、生活以及他人的一种认真负责的态度。

  成功往往是从一个好习惯开始的，而失败也往往是因为一个坏习惯导致的。直销是一项复杂的工作，需要处理很多的信息，同时需要与很多的人打交道，因此直销员需要有一个好的习惯，使自己的工作有序地、顺利地进行。比如，跟客户见面一定要守时而不能迟到；仪表要整洁，精神饱满，不能萎靡不振；客户的信息和见面记录要及时保存；打电话和见面前先了解一下对方的背景；不管生意是否成交，要时刻对客户保持礼貌和微笑，不因客户拒绝而恼怒或悲伤……这些习惯看似细微，但是对直销员来说却是很重要的。可能直销员某一个地方做得不好，就会导致整个交易的失败。所以直销员要学会在实践中积累并养成好的工作习惯。

既然选择了直销这份工作，就应该认真对待，付出自己的热情和努力，而不是敷衍应付或轻视懈怠。既然要做工作，就要努力做到最好，全力以赴、尽职尽责地去完成，养成良好的职业素养。直销员应该善于在工作中进行思考，进行反省，不断改善自己的态度，端正自己的言行，从而养成良好的习惯，获得更多的收获。

汤姆·霍普金斯被誉为"世界上最伟大的直销大师"，他是世界上一年内直销最多房屋的地产直销员，平均每天卖一幢房子，3年赚到3000万美元，27岁就成了千万富翁。

然而他在踏入直销界之前却是个落魄的青年。但是自从从事直销工作以后，他的命运就发生了转变。从参加直销培训班，到潜心学习，钻研心理学、公关学、市场学等理论和现代直销技巧，进入美国房地产界的汤姆·霍普金斯3年内居然赚到了3000万美元，此后又成功参与了可口可乐、迪士尼、宝洁公司等杰出企业的直销策划。

当他获得如此的成功之后，有人问他成功的秘诀是什么？汤姆·霍普金斯回答说，多年的工作中，他一直保持着这样的一种好的习惯，那就是遇到事情总会马上行动，并坚持到底，绝不中途放弃。

不管多么艰巨的任务，汤姆·霍普金斯从来没有知难而退，而是坚定地接受并采取行动，在他的思想中从来没有"放弃""不可能""办不到""行不通""没希望"等字眼。他认为只要坚持就有成功的可能。即使直销失败，也只会增加下次成功的概率。每一次客户皱眉的表情，都是他下次微笑的征兆；每一次的不顺利，都将会为明天的幸运带来希望。

汤姆·霍普金斯用自己的行动挑战着一个又一个艰巨的任务。他坚信只要自己坚持到底，马上行动绝不放弃，就一定会成功。马上行动！马上行动！马上行动！汤姆·霍普金斯会一遍一遍地重复这句话，直到它成为习惯和行为本能。

当自己早上一睁开眼睛就要说这句话：马上行动！免得睡过头耽误工作。

当自己出门直销时，他还会告诉自己：马上行动！免得晚一步客户就会拒绝。当自己站在客户的门口，还会催促自己：马上行动！免得犹豫不决，让自己失去斗志和信心。

成功是不会等人的，就在此时此刻，马上行动，绝不放弃，全力以赴！

汤姆·霍普金斯正是以这样的信念来不断地追求，让"马上行动"成为自己的习惯，从而成就了巨大的成功。

伟大的直销员都有着自己良好的工作习惯，并把它当作自己的信念来坚持和实践，从而在平凡的工作中做出令世人赞叹的成就，受到人们的敬仰和尊重。

因此，想要成为优秀的杰出的直销员一定要养成良好的工作习惯。

首先要善于学习，做个有心人。

直销员在进行直销的过程中，会遇到各种意想不到的状况，会遇到很多不同特点的客户，这就需要直销员善于观察和学习，做个有心人，增加自己的见识和经验，从而能从容地应对各种状况。一个新的直销员最初接触直销行业时，就像一张白纸，没有经验和能力，但是却有着很大的发展潜力，需要努力地学习。这里的学习不仅仅是学习业务知识，学习公司的流程，还要向领导和同事学习，向客户学习，学会总结和消化，使之变成自己在今后工作中应用的资源。此外，要做一个优秀直销员，一定要有广博的知识，对什么都要有些了解，以便在与客户的交流中拉近彼此之间的距离。他们的知识要涉及天文、地理、旅游、时事新闻、文学、美术、音乐、体育、养花、钓鱼等各个方面。因此很多直销员都有一种习惯，在每天出门、候车时，都会带着报纸杂志，及时地给自己充电，以使自己直销时能够适应各类人群的共同话题。

其次，要培养自己敬业的工作态度，在细节行动上能够表现出自己的认真和负责。

树立敬业的工作态度，不仅是对公司负责，对客户负责，更是对自己负责。因此直销员在工作中要改变拖沓的习惯，做事应该毫不拖延，立即行动。不学习就会落后，不争取就会失去，要想做出成绩，要想获得客户就必须不断地去学习知识，不断地去拜访客户。在市场竞争如此激烈的今天，馅饼是抢来的，而不是天上掉下来的。对工作负责就要认真、细致、严谨地处理工作中的大小事情。工作无小事，只有干好了小事，才可能干好大事。把一件件平凡的小事做好就是不平凡。可能你不会花言巧语，但是你态度认真，同样是可以打动客户，赢得客户的信任的。成功往往属于脚踏实地的耕耘者，在平凡的工作岗位上你把自己的事做得比别人更好、更有质量、更有效率，那么叩响成功之门的日子就为期不远了。

最后，还要对自己拥有足够的自信，养成自我激励的习惯。

自信是一名好的直销员应该具备的基本素质。试想，如果直销员在客户面前说话吞吞吐吐，声音含糊不清，客户不曾为难直销员，他自己却先乱了阵脚，那么肯定是无法赢得客户信任的。优秀的直销员必须要有坚定的信心。信心包括三个方面：第一，对自己有信心，相信自己能干好，相信自己是一位敬业的、优秀的直销员，那么你就能克服一切困难，干好你的工作。第二，对企业有信心，相信企业能够为你提供优质的产品，给你发挥才干和实现自身价值的机会，为自己能成为该企业的员工而骄傲,建立强烈的企业自豪感,并忠诚于企业。第三,对产品有信心,相信你所直销的是最好的产品,你是在用该产品向你的消费者、你的朋友提供最好的服务,并且会给他们带来方便和幸福。直销员要时刻给自己传输信心,从而减少自己恐惧、胆怯的情绪,以自信的心态去面对客户。

好习惯可以改变人的一生。直销员养成好的工作习惯是自己走向成功的基础,因此直销员需要不断地改善自己,使自己向着成功的直销大师的方向努力。

第四章
克服惰性，激情成就直销事业

1.找到自己的激情

　　激情无疑是我们最重要的秉性和财富之一。不管我们是3岁或30岁，6岁或60岁，9岁或90岁，激情使我们青春永驻。这意味着任何年龄的人只要具有自我完善的强烈愿望，他都可以找到永不衰老的源泉。不管你是否意识到，每个人都具备着火热的激情，只是这种激情深埋在人们的心灵之中，等待着被开发利用。激情可为建设性的业绩和有意义的目标服务。

　　你要找到自己的激情，正如信心和机遇那样。激情全靠自己创造，而不要等他人来点燃你的激情火焰。缺少自身的努力，任何人都无法使你满腔激情；没有自身的努力，任何人都无法使你渴望去达到目标。

激情应该是一种能转变为行动的思想，一种动能，像螺旋桨一样帮助你达到成功的彼岸，但首先你得有一个决心要达到目标。激情意味着对自己充满信心，能望见遥远之巅的胜利景色。你能集中自己的全部精力，勇气百倍；你也能够自律自制；你运用自己的想象力，修身养性，日臻完善；在你渴求悔过时能快速回到现实中来，那你就能获得成功了。

试问，我们能在激情中找到迷惑、失望、惧怕、颓废、担忧和猜疑吗？当然不能！这些消极情绪使你未老先衰。恰恰相反，激情为你终生带来年轻和成功。

美国哲学家、散文家及诗人拉尔夫·沃尔德·爱默生说："没有激情，任何伟大的业绩都不可能成功。"

不管是什么样的事业，要想获得成功，首先需要的就是激情。直销事业尤为如此。因为直销员整日、整月，甚至整年到处奔波，辛苦直销商品，其所遭遇的失败不用说了，就是直销工作所耗费的精力和体力，也不是一般人能吃得消的，再加上失败甚至连连失败的打击，可想而知，服务人员是多么需要激情和活力。可以说，没有诚挚的激情和蓬勃的朝气，服务人员将一事无成。所以，服务人员不仅要锻炼健康的体魄，更重要的是具有诚挚激情的性格。激情就是服务成功与否的首要条件，只有诚挚的激情才能融化客户的冷漠拒绝，使直销员"克敌制胜"，可见，激情的确是直销员成功的一种天赋神力。

当一群人都处在沉闷的气氛中，只要有一位激情的人加入，立即就能使每个人笑逐颜开，并且大家能唱起歌，跳起舞，简直有如神助一般。所以，激情可以使你结交很多朋友，也可以使不认识的人对你微笑。激情也是自信的创造者，甚至是胜利和成功的必需工具。激情可使每一个人都爱自己的事业，爱自己的工作，甚至爱一起工作的伙伴们。

激情也是一种振奋剂。在每天清晨醒来，可以使你充满了希望，好像脚下有了弹性，心里有了温暖，而且眼睛也炯炯有神了。

要想成为一个成功的直销员，必须先要具有这种激情的态度。

客户也是有血有肉的人，也是一样有感情的，他也有种种需要。因此，你如果一心只想着增加直销额，赚取直销利润，而没有一丝激情，那就不必奢谈成交了。你首先应该用激情去打动客户，唤起客户对你的信任和好感，这样，交易才能顺利完成。

你的激情要让客户感到你在帮助他，而不是仅仅想赚他的钱。你应该帮助他说出他真正的需要，你应该做他的热心参谋，帮他算账，帮他决策，时时让他切身体会到你的激情，从而感到可以相信你，便与你签约成交。这样你的直销额怎能不成倍上升呢？

身体健康是产生激情的基础。一个人如果行动充满了活力，他的精神和情感也会充满了活力。很多直销人员每天一早起来就做些体能活动，像柔软操、慢跑或骑脚踏车等，这不但可以增进他们的健康，而且可以提高他们一天活动的精力和保持激情。

提高激情的另一个方法是，在做一件工作前，先给自己来一段精神讲话；或说些鼓舞的话。当然，精神讲话常由业务经理来进行。自己对自己来一段精神讲话也极为有效，其效果就像教练对球员讲话一样。直销人员去见一个客户之前给自己来一段精神讲话，直销的时候就会讲得更好，也会更为成功。

下面是一个"使激情增加五倍"的妙法：

①强迫自己采取激情的行动，你就会逐渐变得激情；

②深入发掘你的题目，研究它，学习它，和它生活在一起，尽量搜集有关它的资料。这样做常会使你在不知不觉中变得更有激情。

激情是世界上最大的财富，它的价值远远超过金钱与权势。激情摧毁偏见和敌意，摒弃懒惰，扫除障碍。

一时的激情容易做到，但一个成功的直销人员要把激情变成一种习惯。"我们养成习惯，然后习惯成就我们。"拥有激情的人，无论处于什么环境都可能有所作为。

2.激情是直销成功的保证

激情是成功直销的保证，否则你可能一事无成。这个道理极其简单，下面的例子足以证明。

职业棒球生涯开始不久，弗兰克·贝塔哥先生就受到一次沉重打击。那是1907年，他在宾州的约翰斯顿打球，参加三州联赛，他当时年轻力壮并渴望出人头地，却被莫名其妙地解雇了。弗兰克觉得，如果当时不找球队老板问个究竟，整个生活可能完全是另一种样子，也就不可能有后来的成就。

弗兰克问老板为什么解雇他。老板说，因为他懒惰，打球时蔫头耷脑，像是一个打烦打腻了的老球员。弗兰克争辩说，打球时太紧张，以至于想在人群中躲起来。弗兰克还补充说保证会努力消除这种紧张，但是老板说："没有用的，那只会拖别人的后腿。弗兰克，离开这儿后，无论你到哪里，都要振作起来，工作时要充满激情与生气。"

离开了每月能挣175美元的约翰斯顿队，弗兰克来到宾州的切斯特队参加大西洋联赛，每月只有25美元。这么一点报酬实在无法让人有激情，但他还得努力奋斗。三天后，队里的老球员丹尼尔对弗兰克说：

"弗兰克，你怎么参加这么低级的联赛呢？"弗兰克说："谁愿意啊！如果我知道更好的活儿，才不待在这儿呢。"

一周之后，康州的纽黑文队答应让他试一试。到队的第一天，他决定重新开始。联赛中没有一个人认识他，也无人责怪他懒惰。他告诉自己：在这次联赛中一定要成为最有激情的队员，不达目的誓不罢休。

从一上场，他就成为充足了电的人。掷球快得出奇，而且非常有力，几乎震落了内场接球的同伴的手套。在一次比赛中，烈日当头，气温高达40℃，他为了夺得至关重要的一分，抓住对手接球失误之机奋力跑向主垒。事后他说："倘若我因为担心中暑而不去奋力拼搏的话，恐怕就不能得到这一分。"

"啊，激情！它神奇般的在我身上产生了三种作用："彻底消除了我在打球时的恐惧心理和紧张情绪，以至于发挥得比自己想象中还要好；我的激情就像一把火，点燃了其他队员，他们也变得和我一样激情澎湃；在烈日当头的酷热中比赛，我的感觉真是好极了，比以往任何时候都好。"

让人难以置信的是第二天早晨的报纸上竟赫然印着他的名字。报纸对他大加赞扬："这个新手充满激情并且感染了我们的小伙子们。他们不仅赢得了比赛，而且看上去比任何时候都好。"

这家报纸给他起了个绰号叫"锐气"，还夸他是整个球队的"灵魂"。他剪了一份报纸寄给那个开除他的约翰斯顿球队的老板。你可以想象他看到报纸的表情。

他的月薪从25美元一下子涨到185美元。实际上，他的球技并不出众，能力也一般，而且在投入打球之前，他对棒球所知甚少。那么，是什么使得他的月薪在10日内上升700%呢？激情，"完全是凭着激情"。三年间，他的月薪涨了30倍。除了"激情"，没有什么能使他获得如此巨大的成功。

两年之后，他在芝加哥比赛时受了伤，他在用力掷球时，胳膊上突然产生一阵钻心剧痛——胳膊骨折了。他不得不放弃蒸蒸日上的棒球事业。他当时以为自己完了，但现在回想往事，正是这件事成了他人生旅途的转折点。

挥挥手，告别了职业棒球生涯，他只身一人回到了老家费城，成为一名卖分期付款家具的收款员。他每天骑车在街上转悠，辛辛苦苦，只挣1美元。就这样，他过了两年沉闷的生活。之后，他决定受聘于一家人寿保险公司，从事直销业务。最初的10个月是他一生当中最漫长、最无望的10个月。经过10个月沉闷的挣扎，他认定自己不适合干直销。

该走向何方？他开始翻找招聘广告。因屡屡失败，无论做什么都被一种莫名其妙的、复杂难言的恐惧感控制着。

抱着一线希望，他听了戴尔·卡耐基先生的演讲。有一次该他发言，卡耐基先生打断了他，毫不客气地说："等一等，等一等，贝塔哥先生，你的发言何以毫无激情？你死气沉沉的发言怎能让大家产生兴趣呢？"当时，卡耐基先生就大讲"激情"理论，滔滔不绝，生动有力。讲到忘形处，他竟拎起一把椅子狠狠地摔到地上，当时便折了一条椅子腿。

当天晚上，他躺在床上左思右想，辗转难眠。他的思绪回到在约翰斯顿和纽黑文打棒球的日子。他终于明白：毁了他棒球生涯的恶习正在吞食他的直销员生涯。他决定以初入纽黑文队时的激情来从事直销工作。正是这一决定，改变了他一生的命运。

第二天，旭日高升。他一辈子也忘不了那天打的第一个电话。当时，他下定决心要在工作中充满激情。那真是一次速战速决的电话，他的激情很快征服了接电话的人，他答应与弗兰克面谈。

在后来的面谈中，那人挺直了身子，睁大眼睛，向他询问有关人寿保险的事。他充满激情地宣讲，一直没有被打断。最后，那人买了一份保险。此人就是艾尔·安蒙思，费城的谷物商。安蒙思先生在买了寿险之后很快成了他的好朋友和最有力的支持者。从此以后，他真正开始了直销生涯。"激情"，一如在他的棒球生涯中一样，在他的直销工作中神奇般的发生作用。

弗兰克·贝塔哥的经历告诉我们，当你强迫自己具有激情时，你很快就可以感到激情已至。而且，在他12年的直销生涯中，他亲见许多直销员凭借激情成倍地增加了收入，同时也看到更多的人因为缺乏激情而一事无成。

无论如何，他都认为激情是促使直销成功的最重要的因素。他认识一个保险方面的权威，他学识渊博，可以以保险为题著书立说，但却无法依靠卖书而体面地生活。这是什么原因呢？最根本的原因在于他缺乏激情。而他所认识的另一个人，虽然对保险知之甚少，干直销却极为成功。工作20年后，他退休了，现在住在佛罗里达州的迈阿密海滨，过着优哉游哉的生活。这人之所以成功，显然不是靠保险方面的知识，而是靠直销时的激情。

激情是与生俱来的还是得诸后天？当然是得诸后天。那位成功人士便是一个典型的例子。每一天，他都要求自己充满激情地投身工作。在他长达20年的直销生涯中，几乎每天早晨都要默诵一首诗。事实上，这已成为他日常生活的一部分。

激情绝不仅是大喊大叫等外在表现。当你充满了激情，你的每个细胞都会跃跃欲试。即使静坐家中，脑子里也会产生新想法。这个想法会逐渐完善、成熟，最后你被激情点燃，便可勇往直前。

激情可使你克服恐惧，能使你事业成功，让你赚更多的钱，享受更健康、更富裕、更快乐的生活。

每一天充满激情地投入工作！要对自己说："我什么都能做！"充满激情，表现激情，就请从现在开始！

3.把激情变成习惯

不论是哪一种行业，只要想获得成功就必须有工作的激情。直销行业更是如此。这是因为激情可以使悲观的人变得积极向上，变得豁达乐观；可以使懒惰的人变得勤奋，变得有朝气；激情还能够传递，可以感染别人，影响别人，甚至激励别人；激情可以使不认识的人对自己微笑，可以融化顾客的疑虑、冷漠、拒绝，换取顾客对自己的信任和好感；激情还会像发动机一样推动直销员勇往直前，直至达到成功的彼岸。

直销员的工作性质，决定了直销员需要整日整年地到处奔波，其遭遇的辛苦和挫折是会很多的，既有体力上的，也有精神上的。因此，没有饱满的激情和足够的活力是肯定做不好直销的。同时，直销员要面对的是大批，各种各样的顾客，这些顾客都是有血有肉、有丰富感情的，如果直销员在工作过程中没有足够的激情，不能够用自己的满腔激情去面对顾客，感染顾客，打动顾客，唤起顾客对自己的信任和好感，而一心只是想着如何出售产品，增加收入，一副我卖你买的样子，其结果将会适得其反。

中国有句古话说得好：欲取之必先予之。一个成功的直销员，必须学会用满腔的激情和细心周到的服务对待你的每一位顾客，用你的激情对顾客说话，用你的激情表达对顾客的敬意，帮助顾客说出他的需要，做他的热心参谋，帮他算账，帮他决策，让顾客时时体会到你对他的激情，感觉到你不仅仅是在直销产品，想赚他的钱，而是想帮助他，满足他的需求，提高他的生活质量，为他的健康幸福着想。这样，签约成交才会瓜熟蒂落，顺理成章。

还有一点需要特别注意，这也是最为核心的问题，就是要把自己的激情变成经常性的习惯。和顾客打交道的每时每刻都要充满激情，千万不能忽冷忽热，尤其要注意当签约成交后，绝不能一改前态，温度随之降了下来，这是大忌。先做人再做事是直销员的一个准则，应当自觉遵守。另外，一人、一次的直销成功后面，很可能就是随之而来的多人、多次的直销成功，"回头客"非常重要，口碑更重要。口碑好了，名气出去了，客源才会越来越多，直销事业才会越做越好，越做越大，才能实现自己的人生目标。

那么，直销员应如何培养自己的激情呢？

首先，要保持对直销事业的自豪感。要充分认识到，直销是21世纪一个充满生机与活力的明星产业，是一个收益稳定且充满保障的致富行业，是一个充满家庭温暖和团队友爱的快乐职业，是一个可以不断超越自我实现人生价值的完美事业，有了这种认识，并保持对这一美好事业的憧憬，你才会为自己成为一个直销人而感到自豪，才会有源源不断的精神动力，才会以极大的激情去投入直销事业。

其次，要把不断克服困难和挫折作为一种乐趣。人生本来就是在不断克服困难和挫折中逐步走向成熟、走向成功的。直销中的困难、艰苦、挫折是每一个直销人所必须面对的。正因为如此，直销才更具挑战性，更具有无穷魅力，才会吸引大批的仁人志士加入这个行业并一展身手。因此，要始终以乐观的精神、积极的态度对待直销工作，在工作中寻找乐趣，丰富人生，这样你的激情才能得到更好的激发。而实际情况是，不少直销员在开始做直销工作时，激情满怀，不畏困难，取得了一个又一个成功，但随着时间的推移，学到的东西越来越多了，经验也越来越丰富了，原先的激情就降低了，接受挑战的斗志也衰退了，随之而来的必然是业绩的滑落，令人为之惋惜。

再次，要经常总结、运用一些自我鞭策的方法，要经常自我鼓励。

自我激励对调动和激发直销员的工作激情来讲也是非常重要的。实践证明这个办法很有效。比如，直销员在去访问客户之前先自己对自己说一些鼓励的话，就像教练员在运动员上场之前鼓励运动员那样，效果会非常好，成功的概率会更大。当一次直销面临困难和失败的时候，回来后一边总结一边给自己加油鼓劲："拒绝是成功的开始，我行，我一定能成！"下次再去的时候就会激情不减，笑容满面，在笑谈中完成产品直销，从而不断走向成功。

"岁月使你皮肤起皱，但是失去了激情，就损伤了灵魂。"这是对激情最好的赞美。培养并发挥激情的特性，就可以对我们所做的每件事情加上火花和趣味。

一个充满激情的人，无论是在挖土，或者经营大公司，都会认为自己的工作是神圣的，并怀着浓厚的兴趣。对自己的工作充满激情的人，不论工作有多少困难，或需要多复杂的训练，始终会用不急不躁的态度去进行。只要抱着这种态度，任何人都会成功，都会达到目标。爱默生说过："有史以来，没有任何一项伟大的事业不是因为激情而成功的。"事实上，这不是一段单纯而美丽的话语，而是迈向成功之路的路标。

激情不是自发的，尤其是在你刚刚开始做直销工作时，有时候充满激情地去工作很容易，有时却根本没有激情。不过你还是可以培养和保持激情，并充满激情地工作。一旦拥有激情，你将正确地走过直销的整个过程！如果我们认为某些搞直销的人是博学多才的，那是因为他们的激情。回想一下你个人的经历，我们很容易想起某位激情的直销人员为了直销他们的产品所作的陈述。就像笑声具有感染力一样，激情也能感染人。从以前的经历我们知道，如果我们不相信或不重视某个东西我们就不可能为之激动。

在某种情况下，你表现得越有激情结果就会越好。所以在做直销工作时你遇到的问题是"我应该如何表现我对产品或服务的激情""我应该如何以一种真实可信的态度表现激情"。

很难描述激情在直销过程中的真正价值，因为它是无形的，很难量化。但不可否认激情造就了直销，所以许多人才持之以恒地使用这一武器。

当你做直销工作时，没有什么能像培养激情的风格一样能为你带来好的结果。

每天你都应该努力地表现出你对工作的激情。你不必为你没有最好的产品而抑制你的激情。恰恰相反，想想它们的优点，会给客户带来的利益，然后你就会在每天开始时或每次见面时以一种十分肯定的态度面对客户。不要后退，由于你的激情，工作会充满乐趣。

在直销工作中，你不可避免地要培养对工作的激情。清楚地认识到直销的目的是帮助客户解决问题，是开始每天工作的好方法，也会使你在工作时感到快乐。建立伙伴关系，避免高压策略，找出你的产品或服务的真正价值，都有利于保持你对工作的激情。因为有了激情，你会感到你的工作很伟大。

激情固然很重要，但同时要知道过犹不及。在直销的不同时间，面对不同的客户、市场时，你要把握自己的激情程度。

例如说，面对一个直销机会时，在你对公司能力进行了极为激情的介绍之后，在考虑到直销机会的特点和范围的时候，应该有时间进行冷静的提问和倾听。在客户说话时突然插入一句"太好了，我们正好可以解决你的问题"实在很糟糕。在陈述结束后，总结客户的问题以及陈述你的观点时，充满激情地向客户传达你对自己产品或服务的信心才是最合时宜的。

你也许还会发现，在面对不同的客户与场合时要表现不同程度的激情。面对一个人或一个小团体时传达的信息与你面对一个有500人的工人，听众挤满了大厅的情形是不同的。当你客气地打电话时，你应该把重点放在与你合作的人身上。因为在这一天当中你所处的环境以及面对的客户都是不同的，你必须很谨慎地考虑并调整你要传达的信息。

在直销时，激情应该以自然的方式表现出来。记住，如果你太过激情，或者好像是被强迫的，那它就失去了可信性。最好是通过日常的交谈表现出来。说一些能表现出你的可信性的事情，你的客户有足够的智慧来读懂你的那些激情的表示，你也会发现你无须通过提高声音来传递信息。

4.克服惰性心理

众所周知，直销是一项非常辛苦的工作，同时也是锻炼人的好机会。天将降大任于斯人也，必先苦其心志，劳其筋骨，饿其体肤。世上没有无缘无故的成功，吃得苦中苦，方为人上人，要想干成一番事业，必须经过磨炼，必须经过一个艰苦的过程。直销员在做业务初期吃苦受累在所难免，这时，直销员要有钉子的品格，一旦准确定位，就全身心投入，永不回头，勇于承受压力，变压力为快速突破的动力，穿墙破壁，直达目标。也只有肯吃苦的直销员才能在这个行业中占得一席之地。但是有这样一些直销员，他们害怕四处奔走，害怕风吹雨淋，害怕日晒雪寒，总之怕吃苦，经不起磨难。

这样的直销员有着很强的惰性心理。他们不愿意把时间花在和职业有关的事情上，而是能偷懒就偷懒，能不做就不做。他们总是希望不付出努力也能获得收获。当别的直销员四处奔走寻找客户的时候，他们却懒洋洋地躲在家里，打几个电话联系客户，不愿意走出家门为顾客展示产品或者提供服务。遇到风吹雨淋的日子，他们就更有理由躲在家里偷懒了。当别的直销员努力学习行业及产品知识时，他们却不屑一顾，认为那是笨人才做的事情，而他们自己不用学习也能跟上行业的发展。

很明显，有这些不良思想的人势必会在直销行业的发展过程中遇到阻力。一分耕耘一分收获。虽然一般人常希望自己能用最简单、最省力、最少的时间赚到最多的钱并且获得成功，然而，我们发现，全世界成功的人，通常都是极其努力的人。

记得有一次，某位公司职员在凯悦饭店遇到了超级巨星成龙，他就当面问成龙："成功的秘诀是什么？"成龙当场愣了一下，因为大部分跑去找他的都是要他签名、拍照的影迷，怎么会有人跑去问他成功的秘诀？成龙想了一下，立刻告诉他说："努力！"就是这么一句话，这么简单。

直销员也要明白，无论是谁，想要取得成功，都要付出努力，懒惰思想万万要不得。

人都有惰性。睡在阳光下，暖洋洋地不想起来；坐在树阴下聊天不愿工作或在娱乐厅中流连忘返，致使好多应该做的事情没有做，也使好多本应成功的人流于平庸。其罪恶之首就是懒惰。懒惰是一种习惯，是人长期养成的恶习。这种恶习只有一种后果，那就是使人躺在原地而不是奋勇前进。直销员也是普通人，也会有这样的惰性，但这种惰性在直销事业中是万万要不得的。因此，要想有一定成就就要改掉这种恶习。

那么，如何才能克服惰性心理呢？

首先，要为自己安排足够饱满的工作量。直销员之所以能够偷懒，是因为他有许多空闲时间可以懒惰，但是，如果直销员把自己一天的时间安排得满满的，让工作压得自己喘不过气来，迫使自己尽最大努力投身到工作中去，就会在忘我的工作中改掉懒惰的毛病。

其次，要克服依赖心理。在家靠父母，出外靠朋友，这是很多人养成的依赖心理，这种心理在一定程度上也是懒惰的根源。很多时候直销员会希望自己的亲人、朋友可以帮助自己，他们会在向朋友介绍产品时要求其帮助他介绍一些客户。这样做本来无可厚非，但关键的是，有的直销员在要求朋友帮他介绍客户后，便会一味地依赖别人，自己不再去努力寻找新客户。如果把直销员放在一个遥远的地方，让他在陌生的环境中生活，那么直销员就会自食其力，改掉懒惰的习惯。所以，直销员可以选择一个相对陌生的环境发展自己的事业，这样可以减轻自己的依赖心理，为自己创造更多的机会。

总之，直销员想要获得成功，就必须克服懒惰的习惯，付出辛苦的努力。直销员要多跑，多说，多动脑，要铭记：天道酬勤，机遇总是青睐有准备的人。

5.激情不等于狂妄，盲目自大要不得

人们在控制自己的情绪方面，总是容易走上极端，要么消极悲观、妄自菲薄，要么盲目自大、自以为是。这些情绪在直销工作中都是要不得的。妄自菲薄只能让人陷入沉沦的泥潭，盲目自大则会使人走向失败的深渊。

自大是一种脱离实际的盲目自信的表现。这样的人总是觉得自己什么都可以做得比别人好,自己不需要任何人的帮助。他们虽然有一定的才华和能力,但是却把这仅有的才华和能力无限地放大,言过其实、出言不逊。而在真正做事的时候却是眼高手低,勉强为之,甚至根本就做不了,不得不失败而归。

自大的人,往往会缺少应有的礼貌,没有谦逊的品质,在人前只会一味地吹嘘自己,看不出大家风范,反倒是透着一股小家子气。盲目自大,一味吹嘘,可能会换回别人一时的赞叹,最终还是会因为名不副实而使自己的荣誉受损、成就减半。工作中盲目自大的情绪是要不得的:从近处来说,盲目自大会限制发展;从长远来看,盲目自大则会断送自己的前程。

总以为自己了不起的人,反之是最没有本事和能力的人,因为有本事的人只用实际行动来说明问题,而不是靠一张嘴来炫耀的。盲目自大往往与无知连在一起,俗话说:"鼓空声高,人狂话大。"凡是盲目自大的人,因为看不见别人的优点,便过高地估计自己,而过低地估计别人。这样的人口头上无所不能,评人论事谁也看不起,总是这个不行,那个也不行,只有自己最行。就像是刚学了几套拳脚的人,稍微比别人强一点,就觉得自己已经身怀绝技、武功盖世,所以便到处称雄,颇有打遍天下无敌手的气势;当真正碰上行家,才知道自己是多么的不堪一击。

有的直销员在取得一点点成绩之后,就开始飘飘然,觉得自己已经无人能及了,于是学会了自我吹嘘,以大师自居,随意指教别人。遇到什么难题便盲目地冲上前去,说自己能行,目的只为炫耀自己,可是到真正去解决的时候,就傻眼了,客户问的问题他不懂,客户提的要求他不能满足,又缺少巧妙的应对技巧,最终尴尬退场,狼狈而逃,被众人耻笑。

人生在世，总是应该谦虚一些、谨慎一些的，人贵有自知之明，正确地认识自己，把自己放在合适的位置上，才能更好地发挥自身的价值。人们常说"天不言自高，地不言自厚"，一个人有没有本事，本事有多大，别人都看得很清楚，不是你几句吹嘘的话就能够夸大的。

小郭是个积极上进的青年，当初他以优异的表现进入了某保险公司。由于他热情大方，和同事们相处得也很愉快，工作上更是很快就上手，成绩比较突出，不到一年时间，小郭就从普通的业务员升职到直销经理。

刚刚取得一点成就的他，就被自己的虚荣心所蒙蔽，变得自高自大、自以为是。一开始一些新的业务员向他请教的时候，他还比较客气，渐渐地就开始摆起了架子，爱理不理的；要么就是趾高气扬地指责批评。在下属面前总是炫耀自己当时如何出色，如何轻松地应对客户，致使下属对他很不满。

一次一位下属接到一笔订单，但是客户要求比较苛刻，于是下属就请小郭亲自出马去谈判，小郭欣然接受。在批评下属的同时，夸下海口说自己一个小时就能促成交易。结果在与客户谈判的过程中，小郭丑态百出，令客户很不满意，最后不得不尴尬地离开，灰溜溜地跑回公司。此事传开，小郭受到了很多人的嘲笑，在其他同事升职的时候，他却被降了级。

直销工作不比其他，是需要直销员一步一个脚印，脚踏实地，日积月累的。天上不会掉馅饼，没有努力就不会有收获。即使有了一定的成绩也不能够骄傲自满。当你洋洋自得、居功自傲的时候，别人早已超过了你。盲目自大的结局是自毁、失败，只有虚心谨慎、求真务实的人，才能在事业上有所成就。

盲目自大就像麻醉品一样使人麻痹大意，找不准自己的位置，看不清自己前进的方向，陶醉在虚无的优越感中。总是自我感觉良好，甚至趾高气扬、目中无人，不懂得学习和提高自己，反而会不断退步，进而渐渐地滑向失败的深渊。

有自大心理的直销员，应该及时地对自己进行一番全新的评估，实事求是地评价自己的能力、知识水平，重新确立自己的位置，将自己从"自以为是"的陷阱中拉出来，激发自己的上进心，不要只满足现在的一点点儿成绩，要知道自己和世界级的直销大师相差甚远，自己还需要加倍努力。此外直销员应该让自己冷静下来，保持一颗谦虚的心，虚心地向更加优秀的人学习，取人之长，补己之短。毕竟在这个世界上，谁都不可能是无所不能、万事皆通的全才，只能通过向别人学习，从而使自己更加聪明，不断进步。

直销员在工作中应该努力避免狂妄自大的心理，加强自我约束，清楚地认识到自己的真实能力和水平，谨慎小心地面对现实。同时做直销要有归零心态，即当新的一个月开始以后，上个月的直销成绩就已经成了历史。不管你做得好或不好，都应该从零开始，并把心态调整过来，重新投入到当前的工作中。这种心态的调整不仅能够使那些遇到阻力、业绩不理想的人重新树立信心，也可以让那些因成绩优秀而产生自大心理和盲目乐观情绪的直销员正确认识自己，向更高的目标努力。

一个好的直销员必须善于调整自己的心态，既要有百折不挠、不怕失败的精神，又要保持平衡心，不骄傲自大，保持应有的谦虚。以前的业绩只是一种参照，直销员可以从中学习到经验，但决不能让它成为束缚自己手脚的阻力，这才是一个优秀的直销员所应该具有的心态。

自大心理与人的自我意识发展有关。心理学家认为，一个过分注重自我的人，往往会失去对周围人的关注，自我认识和评价的客观性与正确性不够,于是就会产生一定程度的盲目和自负。因此直销员要善于观察别人,并进行对比和自省,保持谦虚的心态,学会把业绩归零,让自己重新开始、不断提高。冷静而理智地对待自己的工作,不因一点成绩就妄自尊大、止步不前。

6.敷衍客户,就是敷衍自己

敷衍就是指人们在办事时,责任心不强,采取将就应付的态度,这是一种消极的心理;表现在工作中,就是一种不负责任的应付和凑合。怀有敷衍心理的直销员往往会在工作中缺乏上进心,不追求完美,往往退而求其次,觉得凑合一下就行了,或者认为没有必要做得那么好,从而在行动上消极应付,蒙混过关。

直销员一旦产生"事不关己,高高挂起"的念头,就会对自己的工作、对客户产生敷衍的态度。这样的心态是成功的蛀虫,必然会遭受失败。

敷衍的心理一方面是由直销员的工作环境造成的。如果直销员所处的公司不能够及时地对业绩突出的直销员给予必要的奖励和提拔,使直销员得不到肯定和重用,必然会打击直销员的积极性。直销员看不到奋斗的希望,久而久之,就会产生敷衍心理,反正努力和不努力都是一样的结果,直销员就不再愿意付出太多的心思和力气。人们在工作的过程中总是渴望得到必要的心理安慰和激励,如果直销员付出了努力而得不到物质上和心理上的回报,无法获取成就感和归属感,就会失去应有的责任心,以消极的态度来对待工作。

另一方面敷衍心理源自直销员不思上进的消极心态。态度决定一切，积极的态度能够激发人们的热情，使人充满动力地努力工作，而消极的态度则会让人失去自信，缺少责任心。人性中有很多的缺点，一旦有了适合它生长的土壤，就会迅速地暴露出来。敷衍就是其中的一种，是一种对工作不负责任的松懈的态度。

"我有必要这样拼命吗？又不是我的公司，卖了产品钱也都是归他们，我只分得很少的一点，不值得啊！""公司这么多人，我只是微不足道的一颗小棋子，有我没我都一样，凑合一下就行了，何必那么努力？"这样的想法就使得直销员把自己游离到了工作之外，觉得自己不属于公司，产品不属于自己，工资发不了太多，于是便抱着一种旁观者的心态，反正不关自己的事，对工作便开始应付凑合。一副"事不关己，高高挂起"的姿态，对于超出自己职责的事一概不理不睬，访问客户时也是马马虎虎，应付差事。对工作不负责任，工作对你也就会不负责任。最终直销员会因为自己的消极表现而影响自己和公司的形象，不但无法提高自己的业绩，也不利于自身长远的发展。

小纪是某保险公司的直销员，刚刚参加工作，对工作没有树立起正确的观念。刚开始工作还有几分热情，但是渐渐地就失去耐心，开始抱怨。他总是觉得公司给的工资太低，而且领导对员工也不够重视，无法实现自身的价值。于是对工作开始产生敷衍心理。他总是对别人说："只给我发那么一点工资，不值得我那么卖命，又不是我的公司，产品也不是我自己的，卖好卖坏关我什么事？"他总是抱着"能躲一时就躲一时，能享受一会儿就享受一会儿"的心态，对工作马马虎虎，草草了事。拜访客户的时候也是态度极不认真，听不见客户的意见，给客户留下了不好的印象。不久以后，其他的同事因为业绩突出而得到提升，小纪却因为表现不好被公司辞退。

以敷衍的心理去对待工作，既是对公司、对客户的不负责任，更是对自己的不负责任。不要把自己放在旁观者的位置上，只有深入其中，以公司骄傲的一分子去努力工作，才会获得应有的回报。因此直销员一定要摆脱不负责任的敷衍心理。面对公司不合理的体制，如果自己真的努力了并且成绩突出，但却没有得到相应的奖励，可以找相关领导反映自己的意见；如果公司不重视人才，不给自己发展的机会，那么大可以另谋栖身之处，而不应该以敷衍来进行报复，这样既耽误了自己的时间，又损坏自己的品性，最终让消极的情绪把自己毁了，最后会得不偿失。

直销员不是在为别人工作，而是在实现自己、证明自己。以主人翁的态度来对待直销工作，才不会消极懈怠，敷衍了事，而是注重细节，凡事做到尽善尽美。

外部条件是一方面，而改变自己的内心才是真正治本的方式。直销员一定要克服自己人性上的弱点，不轻易抱怨，不轻易放弃，更不以旁观者的心态来对待自己的工作和客户。公司的发展是靠一个个员工的共同努力来实现的，因此自己与公司不是彼此独立，而是息息相关的，而且彼此之间相互影响，相互制约。直销员要树立起主人翁精神，建立强烈的责任心，懂得与公司荣辱与共，共同进退。以敷衍的态度对待工作，可能会一时蒙混过关，但是却会亲手葬送自己的发展前途。只有当直销员尽心尽力地去追求完美，注重每一个细节的时候，公司得到了发展，自己不仅会获得更多的利润，也为自己创造了更大的发展空间。

要摆脱敷衍心理，直销员一定要明白自己工作的目的和价值，工作不仅仅是为了获得升职和赚到更多的钱。人的心理需求的层次是不断提升的，从基本的生存需要到安全需要，到社会的需要、尊重的需要以及自我实现的需要。人们需要解决温饱、获得安全、挣取收入、获得尊重，更需要建立良好的人际关系，获得认可和尊重。在社会中找到自己的位置，进而在自己能够胜任的岗位上，最大限度地发挥自己的能力，实现自身的价值。要实现这些，靠敷衍的态度是无法达到的，因此直销员要树立正确的价值观，找到自己前进的方向，并为之努力奋斗，才会最终实现自己的梦想和价值。

直销员不能把自己的工作看作是苦役，将自己游离于工作之外。对客户不负责任，不仅会影响自己的业绩，也会制约自己的发展前途。自己不是旁观者，不应该去消极敷衍工作，消极应付是无法满足精神上自我实现的心理需要的。直销员应该在自己的岗位上尽情施展自己的才华，使工作变得有意义，进而积极地、尽心尽力地做好自己应该做的事，出色地做好工作才是对自己最大的肯定和实现。

7.保持一颗平常心

平常心并不是一种平常的心理，它可以把汹涌的波涛化成平静的湖面，也可以把纷扰的境遇变得静谧而安详。这就是笑对风雨、宠辱不惊的境界。当我们能够对世间的悲喜、得失、折磨、不幸、苦难等看得很平常、很自然的时候，我们才真正拥有了平常心，而这是需要很大的心理定力的。它是一种经历过磨难之后的笃定和释然，更是从容面对一切世事的智慧和心态。

直销员的工作并不是一帆风顺、无波无浪的，而是有得有失、有起有伏的。这就需要直销员永远保持一颗平常心，做到"不以物喜，不以己悲",只有如此,才能应对直销中的各种状况和遭遇,提高自己的适应力,让自己变得更加优秀。如果总是为一点困难和挫折就心神不宁,被痛苦和烦恼缠住,那么只会给自己带来很大的心理压力,也就很难在直销上做出什么成绩。作为一名直销员要永远铭记:保持一颗平常心是做好直销工作的根本。

刘明是一名直销员,负责直销家电产品。别的同事看他整天乐呵呵的,觉得很奇怪,因为照理说,直销员的工作是很不好做的,可能会碰到各种各样刁难的顾客,可能会碰到意想不到的难题。于是就问他:"你怎么能每天都这么开心呢?难道你在直销的过程中从来没有碰到过任何令你不开心的事情吗?"刘明回答:"怎么可能?常常碰到,昨天就有一次,我费了半天的时间,说得口干舌燥,可是最后那位客户还是没有买我的商品。"同事就问:"那你怎么还能这么快乐?"刘明笑道:"保持一颗平常心吧!不顺心的事时时刻刻都可能碰到,要是一直耿耿于怀,还不把自己气死啊!"

保持一颗平常心,让你免于受到任何不好事情的影响,让你无论何时都能拥有愉快的心情,让你永远都以最佳的状态去面对任何一位顾客。总之,让你在直销的道路上,成功地跨越任何艰难险阻,最终登上成功的巅峰。

直销员需要保持一颗平常心,那么什么是平常心呢?平常心的具体表现主要有以下两个方面:

一方面是心静如水。

保持平常心就是要心静如水,具体来说就是遇到开心的事情不会过于兴奋,遇到痛苦的事情不会过于悲伤,心情永远像平静的湖面一样,不起任何涟漪。

一位老太太一共有两个女儿，大女儿嫁到了黑龙江，小女儿不久前出车祸死了。老太太非常想念女儿。于是就乘飞机到黑龙江看望大女儿。飞机在半路上突然遭遇了寒流，形势非常危急，飞机上的乘客感到大难临头，顿时慌作一团，只有老太太安静地坐在自己的座位上，好像没有发生任何事情一样。过了一会儿，飞机度过了危险，大家都如同死里逃生一样，欢呼起来，老太太依然非常平静。有人觉得很奇怪，就问老太太："刚才我们差点死掉，别人都非常惊慌，而你却镇定自如；现在我们死里逃生，别人都兴奋不已，而你依旧非常淡定，你为什么能这样呢？"老太太回答："如果飞机出了事故，我就可以见到我的小女儿；如果飞机安全到达，我就可以见到我的大女儿，我怎么样都无所谓。"

老太太就有一颗平常心，遇喜不喜，遇悲不悲，真可以说是心静如水。

另一方面是不急不躁。

有些直销员往往心浮气躁，他们总希望自己能在一夜之间让直销成绩突飞猛进，可结果往往适得其反。俗话说："一口吃不成个胖子。"做直销员一定要有一颗平常心，做一个平常人，凡事不急不慢，不温不火，只有这样才能做好直销的工作。直销员应该明白：只有甘于做平常人，才能创造出真正的奇迹。

有个人听说做直销员很有前途，结果就去应聘做了一个直销员。可是他还没有掌握好直销的基本技巧，就急急忙忙地去向客户直销商品，结果凡事不得要领，纰漏百出，连一件商品都没有卖出去。他不但没有意识到自己所犯的错误，反而抱怨别人说的都是谎话："什么做直销员有前途，一点前途都没有。"

既然保持一颗平常心对直销员来说是至关重要的，那么直销员怎样才能获得平常心呢？

其一，不要庸人自扰。

有些人常常喜欢为生活琐事而烦恼，担心明天天气不好，害怕自己上班路上会碰上堵车。其实这根本没有必要，完全是庸人自扰，天气好不好不是你能决定的，堵不堵车也不是你能控制的，所以你根本就没有必要去操这份闲心，以平常心对待就好了。作为一名直销员不庸人自扰就是不要去担心自己不能控制的事情，比如客户对你的态度、直销的结果等。

其二，不要为打翻的牛奶哭泣。

西方有句谚语："不要为打翻的牛奶哭泣。"它的意思是说当我们遭遇失败和不幸时，要保持一颗平常心，不要沉浸在痛苦和烦恼里无法自拔。作为一名直销员，不可能每次直销都成功，遭遇失败是常有的事情。失败之后，不要一直自怨自艾、追悔莫及，这样不但徒劳无益，反而会影响到下次直销的心情。不管是什么原因，失败了就失败了，最重要的是要接受现实，然后调整自己的心态，扔掉包袱、轻装上阵，争取下一次成功。

其三，不要被他人的言论所左右。

作为一名直销员，肯定会听到各种各样的言论，比如客户的抱怨、领导的训斥、同事的嘲笑，对此你应该怎么做呢？如果你被这些言论所影响，毫无疑问，你会承受巨大的心理压力，最终导致直销的失败。如果你不为这些言论所左右，那么它们就无法对你造成任何伤害，这样就会增加你成功的概率。直销员要勇敢走自己的路，不要为他人的言论所左右，就像但丁所说的："走自己的路，让别人说去吧"。

心灵的笃定，可以使我们从容地面对一切突变和遭遇，不以物喜，不以己悲的豁达心态，是减轻心理压力的最好方法。管理好自己的心灵，才能更好地管理自己、实现自己。

　　总之，作为一名直销员，不管遭遇什么挫折和失败，不管听到什么嘲笑和讽刺，都要以一颗平常心去对待。如果你能这样做，那么终有一日，你会获得成功。直销员应该永远记住：你的心是你自己的，不要让它为任何人、任何事而烦恼。

第五章
这样说顾客才肯听，这样听顾客才肯说

1.用第一句话消除陌生感

第一句话是留给对方的第一印象，这第一句话说好说坏，关系重大。说好第一句话的关键是：亲热、贴心、消除陌生感。常见的有这样3种方式：

真诚地问候

"您好"是向对方问候致意的常用语。如能因对象、时间的不同而使用不同的问候语，效果则更好。

对德高望重的长者，宜说"老人家您好"，以示敬意；对方是医生、教师，说"李医师，您好""王老师，您好"，有尊重意味。节日期间，说"节日好""新年好",给人以祝贺节日之感;早晨说"您早""早上好"则比"您好"更得体。

攀亲附友

赤壁之战中,鲁肃见诸葛亮的第一句话是:"我,子瑜友也。"子瑜,就是诸葛亮的哥哥诸葛瑾。他是鲁肃的同事和挚友。短短的一句话就定下了鲁肃跟诸葛亮之间的交情。其实,任何两个人,只要彼此留意,就不难发现双方有着这样或那样的"亲""友"关系。例如:

你是清华大学毕业生,我曾在清华大学进修过两年。说起来,我们还是校友呢!

您是书法界老前辈了,我爱人可是个书法迷;您我真是"近亲"啊。

您来自青岛,我出生在烟台,两地近在咫尺。今天得遇同乡,令人欣慰!

表达仰慕之情

对初次见面者表示敬重、仰慕,这是热情有礼的表现。用这种方式必须注意:要掌握分寸,恰到好处,不能乱吹捧,不说"久闻大名,如雷贯耳"一类的过头话。表示敬慕的内容应因时因地而异。例如:

您的大作我读过多遍,受益匪浅。想不到今天竟能在这里一睹作者风采!

今天是教师节,在这光辉的节日里,我能见到您这位颇有名望的教师,不胜荣幸。

桂林山水甲天下,我很高兴能在这里见到您——尊敬的山水画家!

说好第一句话,仅仅是良好的开始。要谈得有味,谈得投机,谈得其乐融融,有两点还要引起注意:

第一,双方必须确立共同感兴趣的话题。有人以为,素昧平生,初次见面,何来共同感兴趣的话题?其实不然。生活在同一时代、同一国土,只要善于寻找,何愁没有共同语言?一名小学教师和一名泥水匠,似乎两者是话不投机的。但是，如果这个泥水匠是一名小学生的家长，那么，两者可以就如何教育孩子各抒己见，交流看法；如果这个小学教师正在盖房或修房，那么，两者可就如何购买建筑材料、选择修造方案沟通信息，切磋探讨。

只要双方留意、试探，就不难发现彼此有对某一问题的相同观点，某一方面共同的兴趣爱好，某一类大家关心的事情。有些人在初识者面前感到拘谨难堪，只是没有发掘共同感兴趣的话题而已。

第二，注意了解对方的现状。要使对方对你产生好感，留下不可磨灭的深刻印象，还必须通过察言观色，了解对方近期内最关心的问题，掌握其心理。

例如，知道对方的子女今年高考落榜，因而举家不欢，你就应劝慰、开导对方，说说"榜上无名，脚下有路"的道理，举些自学成才的实例。如果对方子女决定明年再考，而你又有自学、高考的经验，则可现身说法，谈谈高考复习需注意的地方，还可表示能提供一些较有价值的参考书。在这种场合，切忌大谈榜上有名的光荣。即使你的子女考入名牌大学，也不宜宣扬，不能津津乐道、喜形于色，以免对方感到脸上无光。

2.记住客户的名字

名字的魅力非常奇妙，每个人都希望别人重视自己，重视自己的名字，就如同看重他一样。传说有一位聪明的城堡主人，想要整修他的城堡以迎接贵客，但由于当时的各项物质资源相当匮乏，聪明的主人想出了一个好办法：凡是能提供对整修城堡有用东西的人，他就把他的名字刻在城堡入口的圆柱和磐石上。指令发出不久，木材、花卉、怪石……捐者络绎不绝。

记住别人的名字，是对别人的一种尊重和重视，也是一种文明的体现。所以，在我们和别人交谈的时候，如果能够在恰当的时机称呼一下别人的名字，那无疑就会迅速拉近彼此之间的距离，这在和并不是很熟悉的人打交道时，尤其有效。

推销员李维曾经遇到一个名字非常难念的顾客。他叫尼古玛斯·帕帕都拉斯，别人因为记不住他的名字，通常都只叫他"尼古"。而李维在拜访他之前，特别用心地反复练习了几遍他的名字。

当李维见了这位先生以后，面带微笑地说："早安，尼古玛斯·帕帕都拉斯先生。"

"尼古"简直是目瞪口呆了。过了几分钟，他都没有答话。最后，他热泪盈眶地说："李维先生，我在这个小镇生活了35年，从来没有一个人用我的真名来称呼我。"

当然，从此以后，尼古玛斯·帕帕都拉斯成了李维的顾客。

每个人对自己的名字都非常感兴趣：科学家爱用自己的名字为自己的发明取名，名人爱用自己的名字为商品命名，就连强盗也希望自己的名字被别人记住。

在与不太熟悉的人交往时，如果能够记住对方的名字并轻松地叫出来，就等于巧妙而有效地给予了对方恭维。如果忘记或者叫错了人家的名字，你便把自己放到了十分不利的位置。

事实证明，能够记牢对方的姓名，不仅是现在处世的基本礼仪，也是使对方产生良好印象的最好方法，这种本领，在交际场中大有用处。如果在和别人交谈的时候，别人对你十分熟悉、热情如火，而你偏叫不出对方的姓名，碰到这种情况，不仅会让你十分尴尬，更会让别人感到失望。虽然你可以用含糊的方法敷衍过去，但心里终究觉得不安。而有时因为地位的关系，你应该先招呼他，这个时候，你如果记不起他的姓名，不去招呼他，他会误认你是自大傲慢、目中无人，这就不妙了！

所以你要想在交际场中赢得主动，就要熟记对方的姓名。但是，每天都要面对很多的新面孔，要想记住别人的名字，委实有点困难。

这里面是有一定的技巧和方法的。

拿破仑三世曾经说过，他可以记住他所见过的每个人的名字。是他的记忆力超群吗？不是。那他用了什么神奇的方法，让他记住了他见过的不计其数的人的名字呢？其实很简单。如果他没有听清那个名字，会立即说："十分抱歉，我没有听清您的名字。"如果对方的名字很生僻的话，他又会向别人请教名字的拼写方法。还有，他在谈话的过程中，会不断重复着对方的名字，并结合对方的外貌、言谈等特征，在心里做一个轮廓式的记忆。

拿破仑使用"以特征来记忆对方名字"的方法。每个人身上都有特征，比如身材特别高，是个彪形大汉；或者身体细长，像个电线杆；又或者双目明亮，熠熠生辉；或细如鼠目，游离不定等。

除了相貌上的特征，你还可以找出他在其他方面的特征，比如说话的速度和语调，以及手势动作等。你把他的特征记下来，同时与他的姓名连在一起，回去之后再花一点时间去强化一下，就自然会记得很熟了。还有一个窍门，就是在和对方分开后，马上用笔把他的名字和特征写下来，放在你的"档案"里，可以写在笔记本上，也可以记在手机里，这样就不怕忘记了。

当然，你和别人交谈的时候，不应该将你企图想找别人特征的想法表现出来，更不要因为急于记住对方而忽视了你们之间的交谈，这是得不偿失的做法。所以，在你做这项"工作"的时候，态度要自然，不要露出失态之举，所有的动作，只保留在你心里就可以了。

此外，我们之所以容易忘记别人的名字，多数情况下是因为没有集中精力听他们自我介绍。所以，当他人作自我介绍的时候，你应当全神贯注，让对方觉得他的名字对你很重要。

在你记住了别人的姓名之后，就要学会应用。下次再和他见面交谈的时候，抓住时机，喊一次他的名字，试试看，看他是不是被感动了。当然，在什么时候称呼别人的名字，也要注意，不能不分时间场合地去叫，这样反倒会产生相反的效果。

卡耐基曾经说过："一个人的姓名是他自己最熟悉、最甜美、最妙不可言的声音，在交际中最明显、最简单、最重要、最能得到好感的方法，就是记住人家的名字。"

所以，记住别人的名字是你走向成功的第一步。可能会有人认为这是小题大做，但不可否认的是现代社会中人们希望被尊重、被承认的心态越来越强。

你所要做的，只不过是记住一个名字——天底下没有比这更简单的事了！

了解名字的魔力，能让你轻松获得别人的好感，千万不要忽视它。

直销员在面对客户时，若能经常、流利、不断地以尊重的方式称呼客户的名字，客户对你的好感也将越来越浓。专业的直销员会密切注意潜在客户的名字有没有被杂志报道，若是你能带着有报道潜在客户名字的剪报一同拜访你初次见面的客户，客户能不被你感动吗？能不对你心怀好感吗？

3.多谈对方感兴趣的事

戴尔·卡耐基说过这样一句话:"让他人接受你的营销,办法只有一种,那就是仔细考虑别人的需要,舍此别无他法。"

路易斯·霍尔登出任伍斯特大学校长的时候,还是个很年轻的小伙子,没有经验,愣头愣脑。一天半夜里,学校的主楼突然被烧毁了。望着那些残垣断壁,年轻的路易斯·霍尔登没有了主意,如何去修复这样一座大楼,成了他的心头大事。

这么巨大的投资只能去求助有钱的大亨。在经历了几次碰壁之后,霍尔登想到了美国著名的钢铁大王——热爱教育事业的安德鲁·卡内基先生。霍尔登相信卡内基一定会资助他们学校修复主楼的。

霍尔登找到卡内基先生之后,开门见山地提出了他的要求:"卡耐基先生,我知道您忙,我也忙。您的时间我不会多占。我们学校的主楼前天被烧毁了,我想您一定能赞助10万美元,帮我们再建一座新的。"

卡内基想都没想就说:"我不想出这笔钱!"

霍尔登愣在那里,一时不能相信自己的耳朵。

霍尔登这时改了策略,他向卡内基先生提起了他一向关心的教育问题,他说:"您一向喜欢资助年轻人,全国各地都有您资助的图书馆、教学楼,还有以您的名义设置的奖学金,年轻人对你的恩德都感激不尽。这次我们学校的主楼被烧了,学生们没有地方上课,没有办法学习,这是年轻人遇到的最大的困难,我们迫切希望你能够在我们最需要的时候帮我们一把。"

接着,霍尔登又向卡内基先生倾诉了两天来,他四处寻求帮助,却屡屡碰壁的事情。

霍尔登最后用类比的办法对卡内基说："卡内基先生，如果您的生意正当红火的时候，主工厂却毁了，您感觉怎样？"

卡内基终于被说动了，不过他却提出了很苛刻的条件："那好，年轻人，只要你在30天内筹到10万，我就再给你10万。"

霍尔登觉得时间太短，他向卡内基说："如果您能把时间延长为60天，我一定会来找您。"

卡内基慢慢地说："成交！"

霍尔登校长拿起帽子就走了，他迫不及待地要去筹集到这10万美元。

卡内基先生在后面喊："记住了，只有60天！"

霍尔登回头应道："明白。"整个见面过程只有4分钟。

还没有到预定的期限，50天之后，霍尔登拿着10万美元的支票站在卡内基面前。卡内基给了他另外10万美元，并打趣说："好小子，下次来可别待太久。我和你每说一分钟，就得花费25000美元。"霍尔登笑了起来。

路易斯·霍尔登深知卡内基爱护青年、扶助后进之心，他做到了"准确出击"，因此只花了4分钟，就获得成功。卡内基先生怎么样呢？他似乎浪费了4分钟，每分钟价值25000美元，但因为给那10万美元找到了他认可的价值——资助教育，所以他也很高兴。他们的谈话，价值又何止10万美元？

开始的时候，路易斯·霍尔登犯了一个错误，那就是：只说自己想要的，而不考虑别人的需要。结果他的要求遭到了卡内基的拒绝。后来，他话锋一转，才说到了卡内基感兴趣的有关教育的话题，找到了卡内基认可的价值——资助教育，这样才获得了自己想要的东西。

人总是喜欢被赞美的。现实生活中，无论是与朋友还是客户交谈，不妨多谈谈对方的得意之事，这样容易赢得对方的认同。如果恰到好处，他肯定会高兴，并对你有好感。

美国著名的柯达公司创始人伊斯曼，捐赠巨款在罗彻斯特建造一座音乐堂、一座纪念馆和一座戏院。为承接这批建筑物内的座椅，许多制造商展开了激烈的竞争。但是，找伊斯曼谈生意的商人无不乘兴而来，败兴而归，一无所获。正是在这样的情况下，优美座位公司的经理亚当森，前来会见伊斯曼，希望能够得到这笔价值9万美元的生意。

伊斯曼的秘书在引见亚当森前，就对亚当森说："我知道您急于得到这批订货，但我现在可以告诉您，如果您占用了伊斯曼先生5分钟以上的时间，您就完了。他是一个很严厉的大忙人，所以您进去后要快快地讲。"亚当森微笑着点头称是。

亚当森被引进伊斯曼的办公室后，看见伊斯曼正埋头于桌上的一堆文件，于是静静地站在那里仔细地打量起这间办公室来。

过了一会儿，伊斯曼抬起头来，发现了亚当森，便问道："先生有何见教？"

秘书为亚当森作了简单的介绍后，便退了出去。这时，亚当森没有谈生意，而是说："伊斯曼先生，在我等您的时候，我仔细地观察了您这间办公室。我本人长期从事室内的木工装修，但从来没见过装修得这么精致的办公室。"

伊斯曼回答说："哎呀！您提醒了我差不多忘记了的事情。这间办公室是我亲自设计的，当初刚建好的时候，我喜欢极了。但是后来一忙，一连几个星期我都没有机会仔细欣赏一下这个房间。"

亚当森走到墙边，用手在木板上一擦，说："我想这是英国橡木，是不是？意大利的橡木质地不是这样的。"

"是的，"伊斯曼高兴地站起身来回答说，"那是从英国进口的橡木，是我的一位专门研究室内橡木的朋友专程去英国为我订的货。"

伊斯曼心情极好，便带着亚当森仔细地参观起办公室来了。

他把办公室内所有的装饰一件件向亚当森作介绍，从木质谈到比例，又从比例扯到颜色，从手艺谈到价格，然后又详细介绍了他设计的经过。

此时，亚当森微笑着聆听，饶有兴致。他看到伊斯曼谈兴正浓，便好奇地询问起他的经历。伊斯曼便向他讲述了自己苦难的青少年时代的生活，母子俩如何在贫困中挣扎的情景，自己发明柯达相机的经过，以及自己打算为社会所作的巨额的捐赠……

亚当森由衷地赞扬他的功德心。

本来秘书警告过亚当森，谈话不要超过5分钟。结果，亚当森和伊斯曼谈了一个小时，又一个小时，一直谈到中午。

最后伊斯曼对亚当森说："上次我在日本买了几张椅子，放在我家的走廊里，由于日晒，都脱了漆。昨天我上街买了油漆，打算由我自己把它们重新油好。您有兴趣看看我的油漆表演吗？好了，到我家里和我一起吃午饭，再看看我的手艺。"

午饭以后，伊斯曼便动手，把椅子一一漆好，并深感自豪。直到亚当森告别的时候，两人都未谈及生意。

最后，亚当森不但得到了大批的订单，而且和伊斯曼结下了终身的友谊。

为什么伊斯曼把这笔大生意给了亚当森，而没给别人？这与亚当森的口才有很大关系。如果他一进办公室就谈生意，十有八九要被赶出来。亚当森成功的诀窍，就在于他了解谈判对象。他从伊斯曼的办公室入手，巧妙地赞扬了伊斯曼的成就，谈得更多的是伊斯曼的得意之事，这样，就使伊斯曼的自尊心得到了极大的满足，把他视为知己。这笔生意当然非亚当森莫属了。

4.恰到好处地取悦对方

许多老板和经销人员,在洽谈生意的实践中,都发现"客套"与"敦促"是好办法。但是,由于他们不是从公关角度去熟练掌握,灵活运用,而是盲目尝试,到处滥用,反而使效果适得其反。这些经销人员的习惯程序是:洽谈双方初见面时互相赞美和取悦,待到进入实质性谈判就收敛笑容,并咄咄逼人地讨价还价。所以不少人认为这是经销人员的"俗套",或者不加信任,或者进行抨击,使经销人员名誉不佳。倘若从公关心理学角度分析,"客套"与"敦促"都是能打动对方心理的妙方,关键看运用的人是否能够运用得好。人人都有自尊心,适当赞美对方可赢得好感。人人都有责任心,适当敦促对方可得到承诺。所以,交替使用这两种方法会带来预期效果。

海南某县属公司与另一个县的工厂签订购物合同,定于一个月内交货。可两星期后,该工厂见物价暴涨,就想撕毁合同,将货物高价转卖。于是,某县公司的经销人员马上前往谈判,力争对方履行合同。

早就准备舌战一场,然而,某县公司代表的一席话,使对方改变了想法。

公司代表说:"这次和贵厂打交道,我们都感到你们做生意确实非常精明,特别是领导经营有术,更令人钦佩,值得我们学习。这次我公司向贵厂订购的货物,是同另一家大公司合作经营的。若我们不能按期交货给那家公司,就可能闹出麻烦,也许到时要请贵工厂出面解释一番。我们的困难,想必你们是可以理解的。另外,我们是老主顾了,这次虽发生了些矛盾,但将来还要打交道的。如果贵厂无意间让我公司蒙受损失,不仅中断了我们的生意交往,也会使想同贵厂做生意的新客户退而三思。再说,目前贵工厂客户众多,业务兴旺,倘若他们知道贵厂单方面撕毁这项合同,就会觉得你们不守信用,不可信赖,难以合作。极可能减少或中断业务,那样,贵工厂就得不偿失了……"

在这个实例中,公司代表交替运用"客套"与"敦促",自然而不庸俗,巧妙而不诡辩,深得公关艺术之真谛,使谈判对方为之惊动,愿意合作。此例启发我们:许多传统的经验和方法经过改革更新,与公关理论知识相结合,就会产生新奇的良好效果,各个企业的经销人员都应借此而发展自己的能力。

吸引顾客方案很多,其核心就是投其所好,从满足客人的需要出发,将自己摆在客人的位置上,设身处地地想一想,该采取些什么措施,用这种思维去寻求创意,灵感就会产生。

无论是语言上取悦,还是营造小小的情趣环境,以此引招客人,都会达到好的效果。

人往往喜欢听好听的话,即使明知对方讲的是奉承话,心里还是免不了会沾沾自喜,这是人性的弱点。一个人听到别人说自己的好话时,绝不会感到厌恶,除非对方说得太离谱了。

以下是两个最简单的赞美方法。

夸人减龄

芸芸众生每一个人都希望自己永远年轻。因此成年人对自己的年龄非常敏感。

由于成年人普遍存在怕老心理,所以"夸人减龄"就成了讨人喜欢的说话技巧。这种技巧在于把对方的年龄尽量往小了说,从而使对方觉得自己年轻、养生有术等,产生一种心理上的满足。比如一个三十多岁的人,你说他看上去只有二十多岁;一个六十多岁的人,你说他看上去只有四五十岁,这种说法对方是不会认为你缺乏眼力,对你反感的,相反,他会对你产生好感,形成心理相容。

"夸人减龄"这种方法只适用于成年人(特别是中老年人),相反,对于幼儿、少年,用"逢人长命"(年龄往大了说)的方法效果较好,因为他们有一种渴望成长的心理。

遇货添钱

货,就是购买物品。买东西是再平常不过的日常行为。在我们的心中,能用"廉价"购得"美物",那是善于购物者所具有的特质,那是精明人的一种象征,虽然我们不会,也不可能都是精明购物者,但我们还是希望我们的购物能力得到别人的认可。因此,当我们买了一件物品之后,如果花了50元,别人认为只需30元时,我们就会有一种失落感,觉得自己不会买东西。但当我们花了30元,别人认为需要50元时,我们则有一种兴奋感,觉得自己很会买东西。由于这种购物心态的存在,"遇货添钱"这种说话方式也就能打动人心。

甲买了一套款式不错的西服,乙知道市场行情,这种衣服两三百元完全可以买下。于是乙在品评时说:"这套西服不错,恐怕得六七百元吧?"甲一听笑了,高兴地说:"老兄说错了,我160元就买下啦!"

这里乙的说法就很有技巧性,在他不知道甲花了多少钱买下这套衣服的情况下故意说高衣服的价格,使对方产生成就感,当然也就使得对方高兴。

遇货添钱法能讨得对方欢心,操作起来也简单,对其价格高估就行了。当然"价格高估"也需要注意,一要对物价心里有底,二不能过分高估,否则会收不到好的效果。

5.帮对方说话，好处多多

利之所在，趋之若鹜。都想自己不吃亏，都想占别人的便宜，哪有这么好的事？对方是任人宰割的羔羊？是十足的傻瓜？所以你有必要认为对方是聪明人，这样帮对方说话比只为自己说话要有利得多。

某单位原考虑向一家汽车制造厂购买一辆4吨车，后来为了节省开支，又打消了主意，准备购买另一家的2吨小卡车。汽车制造厂得知这一消息后，立刻派出有经验的直销代表走访该单位的主管，了解情况并争取说服该单位仍旧购买该厂的产品。这位直销代表果然不负众望，马到成功。谈话是这样开始的：

直销代表："您需要运输的货物平均重是多少？"

主管："那很难说，2吨左右吧。"

直销代表："有时多，有时少，对吗？"

主管："对！"

直销代表："究竟需要哪种型号的卡车，一方面要根据货物的数量，另一方面也要看在什么公路上行驶。您说对吗？"

主管："对。不过……"

直销代表："假如您在丘陵地区行驶，而且在冬天，这时汽车的机器和本身所承受的压力是不是比平时的情况下要大一些？"

主管："是的。"

直销代表："据我所知，您单位在冬天出车比夏天多，是吗？"

主管："是的。"

直销代表："那么，您的意思就是这样，您单位的卡车一般情况下运载货物为2吨，有时会超过2吨。冬天在丘陵地区行驶，汽车就会处于超负荷的状态。"

主管："是的。"

直销代表："而这种情况也正是在您生意最忙的时候。对吗？"

主管："是的，正好在冬天。"

直销代表："在您决定购买多大马力的汽车时，是否应该留有一定的余地比较好呢？"

主管："您的意思是……"

直销代表："从长远的观点来说，是什么因素决定一辆车值得买还是不值得买呢？"

主管："那当然要看它能正常使用多长时间。"

直销代表："您说得完全正确。现在让我们比较一下。有两辆卡车，一辆马力相当大，从不超载；另一辆总是满负荷甚至经常超负荷，您认为哪辆卡车的寿命会长呢？"

主管："当然是马力大的那辆车了！"

直销代表："您在决定购买什么样的卡车时，显然看卡车的使用寿命。对吗？"

主管："对，使用寿命和价格都要加以考虑。"

直销代表："我这里有些关于这两种卡车的数据资料。通过这些数字您可以看出使用寿命和价格的比例关系。"

主管："让我看看。"（主管埋头于资料中）

直销代表："哎，怎么样，您有什么想法？"

主管自己动手进行了核算。这场谈话是这样结尾的：

主管："如果我多花5000元，我就可以买到一辆能多使用3年的汽车。"

直销代表："一部车每年可盈利多少？"

主管："少说有五六万吧！"

直销代表："多花了5000元，3年盈利10来万，还是值得的，您说是吗？"

主管："是的。"

上述的例子中，一件濒于绝境的生意，被这位直销代表的缜密分析挽救了。假如这位直销代表不是先帮对方说话，再让顾客自己来否定自己的意见，而是针锋相对与顾客进行辩论，逐一批驳顾客的看法，那会导致什么样的结果呢？生意肯定告吹。因此，直销代表不但要会说，而且要讲究说的艺术，帮对方说话。

某保险公司的一位小姐在电话联系的约定时间，对李先生进行访问。

她一进门便开门见山说明来意："李先生，我这次是特地来请您和太太及孩子投人寿保险。"

不料李先生一句顶回来："保险是骗人的勾当！"

小姐并未生气，仍微笑着问道："噢，这还是第一次听说。您能给我说说吗？"

李先生说："假如我和太太投保3000元，3000元现在可买一部兼容电脑，20年后再领回的3000元，恐怕连部彩色电视机都买不到了。"

小姐又好奇地问："那又是什么呢？"

李先生很快地回答："一旦通货膨胀，物价上涨，即会造成货币贬值，钱就不经花了。"

小姐又问："依您之见，10年20年后一定是通货膨胀吗？"

李先生又迟疑了一会儿说："我不敢断定，依最近两年的情形看，会有这种可能的。"

小姐再问:"还有其他因素吗?"

李先生支吾了一下说:"比如受国际市场的波动影响,说不定……"

接着小姐又问:"还有没有别的因素?"

李先生终于无言以对。通过这样的问话,小姐对李先生内心的忧虑已基本了解。

于是小姐首先维护李先生的立场:"您的见解有一定的道理。假如物价急剧上涨20年,3000元不要说台式电脑都买不了,怕只够买两本小人书了。"

李先生听到这里,心里很高兴,但接着这位精明的小姐给李先生解释了这几年物价改革的必要事件及影响当前物价的各因素,进一步分析我国政府绝对不会允许旧中国那样的通货膨胀的事情发生的道理,并指出以李先生的才能和实力,收入可望大幅度增加。

对于这些话,虽然李先生也不止一次听别人说过,但总没有今天感觉那样亲切。最后小姐又补充一句:"即使物价有稍许上升,有保险总比没有保险好。况且我们公司早已考虑了这些因素,顾客的保险金是有利息的。当然,我这么年轻在您面前讲这些,实在有点班门弄斧,还望您多多指教……"

说也奇怪,经她这么一说,李先生开始面带笑容,相谈甚欢,当然,这位直销小姐此行的目的也达到了。

这位小姐成功的秘密在什么地方呢?就在于站在对方的立场上来思考。设身处地,投其所好,发现对方的兴趣、要求,而后再进行引导,晓之以理,动之以情,从而与对方的想法同调,最后使之接受。

如果首先不是与顾客步调取得一致,而是针对李先生的"保险是骗人的勾当"观点,开展一场"革命大批判",那么,劝李先生投保就没有指望了。

据说，墨西哥的大企业家办公室中常有两只椅子并行排列，"商谈"时并肩而坐。这样，格外能使"商谈"顺利完成，因为这时由于双方的步调一致、立场一致，给人们的就不是"你我"的感觉，而是"我们"的感觉。

6.问题提得好，打开"话匣子"

伏尔泰说："判断一个人凭的是他的问题，而不是他的回答。"确实，问题提得好，是高明说客的一项标志。这类提问，有助于人们整理自己的思想和感受。

我们要善于提出一些问题，然后用心地倾听他的答复。除了用心倾听之外，还要不时地插入一些问题进一步询问。掌握主导权，一步一步借题发挥。

一位靓丽的"摩登女郎"在一个首饰店的柜台前看了很久。售货员问了一句："这位女士，您需要买什么？""随便看看。"女郎的回答明显缺乏足够的热情。可她仍然在仔细观看柜台里的陈列品。此时售货员如果找不到和顾客共同的话题，就很难营造买卖的良好气氛，可能会使到手的生意溜走。细心的售货员忽然间发现了女郎的上衣别具特色："您这件上衣好漂亮呀！"

"啊？"女郎的视线从陈列品上移开了。

"这种上衣的款式很少见，是在隔壁的百货大楼买的吗？"售货员满脸热情，笑呵呵地继续问道。

"当然不是，这是从国外买来的。"女郎终于开口了，并对自己的回答颇为得意。

"原来是这样，我说在国内从来没有看到这样的上衣呢。说真的，您穿这件上衣，确实很吸引人。"

"您过奖了。"女郎有些不好意思了。

"只是……对了，可能您已经想到了这一点，要是再配一条合适的项链，效果可能就更好了。"聪明的售货员终于顺势转向了主题。

"是呀，我也这么想，只是项链这种昂贵商品，怕自己选得不合适……"

"没关系，来，我来帮您参谋一下……"

……

聪明的售货员正是巧妙运用了提问的艺术，"您这件上衣好漂亮呀……这种上衣的款式很少见，是在隔壁的百货大楼买的吗？"搭起相识的桥梁。然后顺势引导那位陌生的女郎，最终成功地推销了自己的商品。

如果你有足够的信心和超人的勇气，主动、热情地同他人说话、聊天，通过提出适当的问题，让对方有话可说，乐意开心地说，并在话语中逐渐摸索、试探，成功肯定属于你。

这就需要我们找对那把"钥匙"，来打开对方的"话匣子"！

首先，在询问的过程中，我们要渐渐了解对方关心的内容，而且以此为重点，让话题继续进行。

比如，你要和一名医生谈话，而你对医学完全是门外汉。这时，你就可以用提问的方式来打开局面。"近来食品添加剂的事情越来越让人揪心，不知道这些食品添加剂会对我们的身体有什么不好的影响？"一个和时令或新闻有关的问题，同时又切近对方的工作，这样一来，就可以和对方谈下去。可以往下谈的内容很多，从食品添加剂谈到对身体的影响，谈到日常饮食的注意事项和保健……只要他不厌烦，就可以一直引他谈下去。

如果我们碰到的是一个房地产经纪人，就可以问他"近来国家宏观调控下的房价走向如何？"

如果碰到家电业的人，则可以请教他"国产电器和日本电器、欧美电器相比，性价比如何？"

如果我们碰到的是教师，我们可以问他"学校的情况怎么样？"

……

假若你的一个话题使对方产生了浓厚的兴趣，那么无论他是一个如何沉默的人，他都会发表一些言论的。因此你在谈话的停滞之中，一定要想法寻找并且不断地激起对方的兴趣，使谈话能够一直持续下去。

当你对做父母的人称赞他们的孩子，甚至表示你对那孩子感兴趣时，那么孩子的父母很快便会成为你的朋友了。给他们一个谈论其孩子的机会，则他们就会很自然而又无所顾忌地滔滔不绝了。

其次，问题共分为两种：封闭式和开放式。

我们在生活中、在工作中会接触到很多不同类型的人，如果你想和对方快速建立起友好的关系，获得你想得到的信息，就要找话题拉近彼此的距离。提问是最常用的方式。但是很多人的提问因语言组织不当，反而引起别人的反感或警惕，先了解问题的本质，更有利于我们做出恰当的提问。

问题共分为两种：封闭式和开放式。

封闭式问题

封闭式问题有点像对错判断或多项选择题，回答只需要一两个词。例如：

"你是哪里人？"

"你经常跑步吗?"

"我们今晚什么时间出去吃饭，5：30，6：00还是6：30?"

"你是否认为应该关闭所有的核电站?"

封闭式问题可以让对方提供一些关于他们自己的信息，供你做进一步的了解（"我在北京出生，但是在上海长大。""是的，我每天跑3公里。"）；也能够让他们表明自己的态度（"我6点有空。""我觉得没必要关闭已有的核电站，但是也不希望再建造新的。"）。

尽管它们有着明确的作用，但是如果单纯地使用封闭式问题，会导致谈话枯燥，产生令人尴尬的沉默。

开放式问题

要想让谈话继续下去，并且有一定的深度和趣味，就要继封闭式问题之后提出开放式问题。

开放式问题就像问答题一样，不是一两个词就可以回答的。这种问题需要解释和说明，同时向对方表示（他们也很高兴你这样做!）你对他们说的话很感兴趣，还想了解更多的内容。

例如，在获知女孩的母亲不上班，全职在家带孩子的时候，你不应该急于问下一个封闭式问题，而可以问一些相关的开放式问题：

"带孩子是一件挺辛苦的事情吧?"

"你给孩子报了什么兴趣班吗?"

从以上的例子可以看出，大多数的开放式问题和封闭式问题使用的疑问词是不同的。你可能注意到，一些人会以开放的方式来回答封闭式问题。尽管如此，与你交谈的人还是喜欢在回答开放式问题时给出更长的回答，因为这类问题鼓励他们自由地谈话。在你提出开放式问题时，别人会感到放松，因为他们知道你希望他们参与进来，充分表达自己的想法。

当你开口提问题的时候，你在很大程度上控制着话题的选择权。

假定有朋友告诉你："我刚从法国回来。"你可以根据自己的喜好，从以下例子中选择你的问题：

"那里气候怎么样？"

"你是怎样做到和法国人交谈的？"

"告诉我最让你难忘的事情。"

"你是怎样订到宾馆房间的？"

"法国食品和我们的有些什么不同？"

如果有人向你自我介绍，说她是中学的辅导员，下面这些问题可供你选择：

"你为什么想做辅导员呢？"

"要从事这项工作，需要具备哪些条件？"

"告诉我一些孩子们经常向你求助的问题。"

"在今天的校园中，早恋的情况怎么样？"

"每天倾听别人诉说苦恼，对你的人生态度有什么样的影响？"

或者，如果你不想谈论她的工作，你也可以问一些宽泛的问题，例如："工作之余你有些什么娱乐活动？"

最后，要牢记以下两条：

第一，提问题的时候要持愿意倾听的态度。无论你多么善于交际，如果你只是冷冷地流于形式，对方最终会感觉到你只不过是在设法让他对你产生好感。

第二，尽量保持双重视角。不仅考虑到自己想听什么、想说什么，还要考虑到对方的需要。最令人讨厌的就是毫不顾及别人的想法和需求。在一次鸡尾酒会上，一位看上去挺高贵的绅士对一位女士说："说了这么半天都在谈论我，现在谈谈你吧！你觉得我这个人怎么样？"这样的提问，让女士对这场谈话顿失兴趣，也在内心对这位绅士有了自大、无礼的坏印象。

①问题过于宽泛。

敏儿是一位大学行政人员的妻子,最近在一次聚会上,她说自己对生活感到厌烦。

为什么呢?"因为一整天,陪伴我的就只有三岁的孩子。丈夫一回来,我就问:'今天怎么样?'我真的是想得到他的回答。但是他说什么呢?'没什么,就跟平常一样。'然后他就打开电视看起来了。"

敏儿犯了几个简单的错误:

第一,她的询问范围太广。提问题就像开水龙头一样,范围放得越开,得到的回应就越多——直至最后的极限。敏儿这样宽泛的问题(像"有什么新的消息?""最近忙些什么?""说说你自己的情况!")往往需要很多的精力和时间来回答,所以多数人都会选择放弃。

第二,"今天怎么样?"这样的问题听起来更像是一句套话,随口说说而已,而不是真想了解什么情况。回答往往也是套话,例如"很好"或者"还行"。

第三,敏儿每天都问同样的问题。这不仅让对方更认准为套话,而且每天都要回答这样毫无创意的问题,很可能也会让她的丈夫感到厌烦。

我建议敏儿每天读学校和当地的报纸,然后在让她的丈夫休息片刻之后,就他比较熟悉的话题提出一些具体的开放式问题。以下就是她的成果:

那天晚上,我告诉丈夫我听说学校要重新设定对文科学生的外语要求。我问他对此有什么看法。接着我们就开始讨论学习外语是否有助于学生更好地去了解别的国家。我们还谈论了各自学外语的经历。结果俩人开始用中学时学的蹩脚英语交谈,开心得不行。最后,我们都谈得很累了,但是很开心,他吻了我一下,小声对我说:"亲爱的,你太棒了!"

这不是一次非常成功的尝试吗?

②开始的问题太难。

南京的一位叫李杰的4S店老板跟我们分享了他的诀窍：

顾客一走进来，我并不问他有什么需要。这个问题太难了点，他会因为紧张而放弃。如果我追问得太紧，他很可能会马上离开。因此，我问他现在住在什么地方。这个问题让他很轻松，感到自然。一段时间之后，他或我就会把话题转到他的需要上去。

李杰的建议也适用于社交场合。通常情况下，最好是以简单的问题开始，谈论一些对方感兴趣并且熟悉的话题。

③问引导性的问题。

引导性问题可能是最封闭式的问题，往往只需要得到对方的同意。例如：

"已经8:30了。今晚就待在家里好吗？"

"你不认为他们是对的，是吗？"

"每天晚上看两个小时的电视就足够了，你说呢？"

……

法庭上的引导性问题会使发问的律师受到训斥。在社交场合中，这样的问题也不会给你的人际关系带来好处。

④提问之前就已经表示不赞同。

当对方的观点和你不一致，你想讨论彼此的不同之处时，应在问明对方理由之后再表达不赞同的意见。例如，我曾在东北林场碰见一个人，他对我说他最大的爱好就是打猎。我不喜欢打猎，但是嘴上没说，而是以询问的口吻接着问他，他认为打猎最大的好处是什么。从谈论中，我了解到他能在打猎中体验到很大的挑战，而且他认为像他这种猎人在生态循环中起着重要的作用。

⑤找不到提问的内容。

如果有机会事先准备一些问题，会比完全依靠自己的临场发挥容易很多。

露露是上海师范大学的学生,她发现事先的准备非常有用,不过方式与上面的故事有些不同:

"以前打电话的时候,尤其是跟班主任通话时,我常常会紧张到忘记谈及重要的内容,或者问一些很急的问题。因此我经常是羞愧地重新拨过去,或者干脆把这件事忘得一干二净。最近,我开始写一个清单。现在我可以完全放松了,因为清单上的内容没有说完我是不会挂电话的。"

另外,有意识地记住一些备用问题,也很实用而且有趣,它们可以随时有效地打开尴尬的局面。比较实用的有:

如果你能够成为历史上的某个人物,你会选择谁?(对方回答。)为什么?

给你印象最深的老师是谁?为什么?

如果要你另选一个行业(或者专业),你会如何选择?(对方回答。)为什么?

如果你能够在地球上的任意一个地方待一星期,你会选择哪里?做些什么?

最后需要注意的一点是:刚开始学习提出开放式问题时,需要有意去努力。但是如同走路和书写等技能一样,一段时间之后你就会做得很自然了。

7.这样听，顾客才肯说

我们知道教育家、口才训练家、成功学专家都非常强调倾听的重要性。的确，聆听在沟通中有着十分重要的作用，作为直销员更需运用好这门艺术。

想成功就要认真倾听，不放过任何一个有用的信息

人的能力毕竟有限，肯定有许多东西是我们个人所无法了解的，通过倾听别人的谈话，我们可以获取许多有用的信息，可以分享他们的知识和经验，为我们的思考提供帮助。

1951年，威尔逊带着母亲、妻子和5个孩子，开车到华盛顿旅行，一路所住的汽车旅馆，房间矮小，设施破烂不堪，有的甚至阴暗潮湿，又脏又乱。几天下来，威尔逊的老母亲抱怨地说："这样的旅行度假，简直是花钱买罪受。"善于思考问题的威尔逊听到母亲的抱怨，又通过这次旅行的亲身体验，得到了启发。他想：我为什么不能建立一些便利汽车旅行者的旅馆呢？他经过反复琢磨，暗自给汽车旅馆起了一个名字叫"假日酒店"。

想法虽好，但没有资金，这对威尔逊来说，确是最大的难题。拉募股份，但别人没搞清楚假日酒店的模式，不敢入股。威尔逊没有退缩，心中只有一个念头，必须想尽办法，首先建造一家假日酒店，让有意入股者看到模式后，放心大胆地参与募股。远见卓识、敢想敢干的威尔逊，冒着失败的风险，果断地将自己的住房和准备建旅馆的地皮作为抵押，向银行借了30万美元的贷款。1952年，也就是他旅行的第二年，终于在美国田纳西州孟菲斯市夏日大街旁的一片土地上，建起了第一座假日酒店。5年以后，他将假日旅馆开到了国外。

倾听别人说话，是处世中必不可少的内容。能够耐心听别人说话的人，必定是一个富于思想的人。威尔逊就是一个有思想的人。他的成功，在于他能注意倾听别人的谈话。

我们在吸取他人有益的思想时，必须做的事就是要像威尔逊那样，学会倾听，听别人说什么，从他人的语言中提炼有价值的信息，便于自己思考时使用。

我们的听觉不仅仅是一种感觉，它是由4种不同层面的感觉组成的：生理层、情绪层、智力层和心灵层。眼睛和耳朵是思维的助手，通过它们我们可以感觉到真正的意味。当它们"动作"协调时，我们就能够真正听到别人在说些什么，而不是草率地听。

做一个耐心的倾听者要注意6个规则：

规则一：对讲话的人表示称赞。这样做会造成良好的交往气氛。对方听到你的称赞越多，他就越能准确表达自己的思想。相反，如果你在听话中表现出消极态度，就会引起对方的警惕，对你产生不信任感。

规则二：全身注意倾听。你可以这样做：面向说话者，同他保持目光的亲密接触，同时配合标准的姿势和手势。无论你是坐着还是站着，与对方要保持在对于双方都最适宜的距离上。我们亲身的经历是，只愿意与认真倾听、举止活泼的人交往，而不愿意与推一下转一下的石磨打交道。

规则三：以相应的行动回答对方的问题。对方和你交谈的目的，是想得到某种可感觉到的信息，或者迫使你做某件事情，或者使你改变观点等。这时，你采取适当的行动就是对对方最好的回答方式。

规则四：别逃避交谈的责任。作为一个听话者，不管在什么情况下，如果你不明白对方说出的话是什么意思，你就应该用各种方法使他知道这一点。比如，你可以向他提出问题，或者积极地表达出你听到了什么，或者让对方纠正你听错之处。如果你什么都不说，谁又能知道你是否听懂了？

规则五：对对方表示理解。这包括理解对方的语言和情感。有个工作人员这样说："谢天谢地，我终于把这些信件处理完了！"这就比他简单说一句"我把这些信件处理完了"充满情感。

规则六：要观察对方的表情。交谈很多时候是通过非语言方式进行的。那么，就不仅要听对方的语言，而且要注意对方的表情，比如看对方如何同你保持目光接触、说话的语气及音调和语速等，同时还要注意对方站着或坐着时与你的距离，从中发现对方的言外之意。

在倾听对方说话的同时，还有几个方面需要努力避免：

第一，提太多的问题。问题提得太多，容易造成对方思维混乱，谈话精力难以集中。

第二，走神。有的人听别人说话时，习惯考虑与谈话无关的事情，对方的话其实一句也没有听进去，这样做不利于交往。

第三，匆忙下结论。不少人喜欢对谈话的主题作出判断和评价，表示赞许和反对。这些判断和评价，容易让对方陷入防御地位，造成交际的障碍。

再列举5点令人满意的听话态度：

①适时反问。

②及时点头。

③提出不清楚之处并加以确认。

④能听出说话者对自己的期望。

⑤辅助说话的人或加以补充说明。

倾听中的插话技巧

一个倾听高手在倾听过程中如何插话，才有助于达到最佳的倾听效果呢？

根据不同对象可采取不同的方法：

第一，当对方在同你谈某事，因担心你可能对此不感兴趣，显露出犹豫、为难的神情时，你可以趁机说一两句安慰的话。

"你能谈谈那件事吗？我不十分了解。"

"请你继续说。"

"我对此也是十分有兴趣的。"

此时你说的话是为了表明一个意思：我很愿意听你的叙说，不论你说得怎样，说的是什么。这样可以消除对方的犹豫，坚定他倾诉的信心。

第二，当对方由于心烦、愤怒等原因，在叙述中不能控制自己的感情时，你可用一两句话来疏导。

"你一定感到很气愤。"

"你似乎有些心烦。"

"你心里很难受吗？"

说这些话后，对方可能会发泄一番，或哭或骂都不足为奇。因为，这些话的目的就是把对方心中郁结的一股异常情感"诱导"出来，当对方发泄一番后，会感到轻松、解脱，从而能够从容地完成对问题的叙述。

值得注意的是，说这些话时不要陷入盲目安慰的误区。不应对他人的话作出判断、评价，说一些诸如"你是对的""他不是这样"一类的话。你的责任不过是顺应对方的情绪，为他架设一条"输导管"，而不应该"火上浇油"，强化他的抑郁情绪。

第三，当对方在叙述时急切地想让你理解他的谈话内容时，你可以用一两句话来"综述"对方话中的含义。

"你是说……"

"你的意思是……"

"你想说的是这个意思吧……"

这样的综述既能及时地验证你对对方谈话内容的理解程度，加深对其的印象，又能让对方感到你的诚意，并能帮助你随时纠正理解中的偏差。

以上三种倾听中的谈话方法都有一个共同的特点，即不对对方的谈话内容发表判断、评论，不对对方的情感做出是与否的表示，始终处于一种中性的态度上。切记，有时在非语言传递的信息中你可以流露出你的立场，但在语言中切不可流露，这是最重要的。如果你试图超越这个界限，就有陷入倾听误区的危险，从而使一场谈话失去了方向和意义。

谁想要从另一方那里得到更多的东西，谁就必须做到一点：多听少说。谁说得越多，谁获得的东西就越少。

在沟通中，让对方说得越多，我们了解对方真正意图的机会就越多。所谓知己知彼，百战不殆。当你掌握的对方的情况，远比对方知道的你的情况还要多，你自然就把握住了先机。

乱插嘴的人令人讨厌

在社交场上，你时常可以看到你的一个朋友和另外一个不认识的人聊得起劲，此时，你可能就会有加进去的想法。

因为你不知道他们的话题是什么，而你突然加入，可能会令他们觉得不自然，也许因此话题接不下去。更糟的是，也许他们正在进行着一项重大的谈判，却由于你的加入使他们无法再集中思想而无意中失去了这笔交易；或许他们正在热烈讨论，苦苦思索解决一个难题，正当这个关键时刻，也许由于你的插话，会导致对他们有利的解决办法告吹，到后来场面气氛就会转为尴尬而无法收拾。此时，大家一定会觉得你没有礼貌，进而人家都厌恶你，导致社交失败。

假设一个人正讲得兴致勃勃时，你突然插嘴："喂，这是你在昨天看到的事吧？"说话的那个人因为你打断他说话，绝对不会对你有好感，很可能其他人也不会对你有好感。许多不懂礼貌的人总是在别人谈着某件事的时候，在说到高兴处时，冷不防半路杀进来，让别人猝不及防，不得不偃旗息鼓。这种人不会预先告诉你，说他要插话了。他插话时有时会不管你说的是什么，而将话题转移到自己感兴趣的方面去，有时是把你的结论代为说出，以此得意洋洋地炫耀自己的口才。无论是哪种情况，都会让说话的人顿生厌恶之感，因为随便打断别人说话的人根本就不知道尊重别人。

培根曾说："打断别人，乱插嘴的人，甚至比发言者更令人讨厌。"打断别人说话是一种最无礼的行为。

有一个老板正与几个客户谈生意，谈得差不多的时候，老板的一位朋友来了。这位朋友插进来了，说："哇，我刚才在大街上看了一个大热闹……"接着就说开了。老板示意他不要说，而他却说得津津有味。客户见谈生意的话题被打乱，就对老板说："你先跟你的朋友谈吧，我们改天再来。"客户说完就走了。

老板的这位朋友乱插话，搅了老板的一笔大生意，让老板很恼火。随便打断别人说话或中途插话，是有失礼貌的行为，但有些人却存在着这样的陋习，结果往往在不经意之间就破坏了自己的人际关系。

每个人都会有情不自禁地想表达自己想法的愿望，但如果不去了解别人的感受，不分场合与时机，就去打断别人说话或抢接别人的话头，这样会扰乱别人的思路，引起对方的不快，有时甚至会产生误会。

要获得好人缘，要想让别人喜欢你，接纳你，就必须根除随便打断别人说话的陋习，在别人说话时千万不要插嘴，并做到：

不要用不相关的话题打断别人说话；

不要用无意义的评论打乱别人说话；

不要抢着替别人说话；

不要急于帮助别人讲完事情；

不要为争论鸡毛蒜皮的事情而打断别人的话题。

第六章
以商会友，先做朋友再做生意

1.在感情上引发客户共鸣

在直销中，如果直销员能够与客户达成情感共鸣，那么距离成功实现直销，就已经迈出了很大的一步。剩下的工作只是和客户签单、成交了。所以说，情感共鸣在直销过程中起着极为重要的作用。

所谓共鸣，在物理学上的解释是当发生器件的频率与外来声音的频率相同时，由于共振作用而发生的一种声学现象。而在心理学中则是指人与人之间在进行沟通时，他们在思想感情、理想愿望、审美趣味等方面，形成的一种强烈的心灵感应状态。如果直销员能够与客户实现情感共鸣，就会拉近彼此之间的距离，为直销创造出好的氛围。

其实，在直销员与客户进行交流的过程中，很多时候是在交流彼此的想法和感情，诸如彼此对所直销的商品，以及一些看起来与商品毫不相干的其他事情。客户如果能够在某一点上与直销员产生共鸣，那么，就会因为"爱屋及乌"的心理效应，对你整个人以及你所直销的商品充满好感。此时，把你的商品成功直销出去，则不再是一件非常困难的事情。

那么怎么才能够与客户达到情感上的共鸣呢？这是每一个直销员都非常关心的问题。

从心理学的角度来讲，要想达到情感上的共鸣最重要的一点就是要让客户认可自己的情感、观点、创意、想法等，从而诱发客户的心理共鸣，最终让客户接受自己的商品。

而想让客户认可自己，首先就需要想办法来吸引客户的目光，引起客户的注意。比如，运用一些让客户感觉耳目一新的广告语，在店面内画一些让消费者感觉很温馨的画，或者是一些简简单单的装饰，抑或是直销员的一个动作、一个表情……很多意味深长的文学作品正是因为能够引发读者的共鸣，所以才会得到很多读者的喜欢。直销员也是一样的，只有引发客户的共鸣，才能够让客户接受你，进而喜欢你，喜欢你的商品。

利普顿是美国无人不晓的著名企业家，早年的时候他曾经经营一家食品店，为了更好地经营，他特意邀请了著名的漫画大师罗宾哈特为他的食品店画漫画，而且每周都要更新一次。但是这一切好像都无济于事，几个星期过去了，他的食品店生意依旧很糟糕，而且好像没有人发现利普顿橱窗里的变化。

利普顿为此苦恼不已，因为如果照这样下去，用不了多久，食品店就得关门。漫画大师罗宾哈特知道情况后，灵机一动，决定画一幅别出心裁的漫画。他是这样设计这幅漫画的：一个爱尔兰人背着一只痛哭流涕的小猪，对旁边的人说："这头可怜的小猪成了孤儿，因为他的所有亲属都被送到利普顿食品店加工成火腿了。"

这幅漫画画成之后，不断有人在橱窗旁驻足观看，而且最重要的是已经有人开始进店里买各种各样的食品了。

利普顿知道机会来了，他告诉自己一定要趁这个机会大做文章。于是他立即去市场上买了两只又肥又壮的小猪，用各色各样鲜艳的彩带装饰起来放进橱窗里，而且上面还挂有一条非常醒目的横幅——"利普顿孤儿"。此时，大活猪与漫画上的小猪形成了鲜明的对比。

这幅生动而奇特的风景让很多人驻足观看，甚至流连忘返，而他店里的生意也一天比一天红火。从此以后，利普顿声名鹊起，蜚声于美国内外。

归结利普顿成功的原因，从很大程度上来说，是因为他诱发了人们的情感。他赋予了动物强烈的感情色彩，以此诱发人的感情，在很大程度上"利用"了人们的同情心，引发了消费者的感情共鸣，最终使自己走上了成功的经营之路。

在商品越来越丰富的今天，客户的选择余地越来越广泛，同时他们的眼界也越来越开阔，他们对产品的期望值也越来越高，选择能力越来越强，也越来越挑剔。然而产品质量的提升和价格的降低已经不能够过多引起消费者的注意，也不再是让他们产生购买决策的决定性因素。现在的他们，开始越来越多地关注自己的感情世界，需要一种安全感、归属感，以及爱与被爱的感觉。如果直销员能够抓住客户的这种心理，引发他们的感情共鸣，则定能使直销成功。

所以，在直销员与客户进行交流的过程中，直销员一定要注意把握客户的感情倾向，不要把话题仅仅局限在自己所直销的商品上面。可以从与商品有关的一些话题谈起，如关于商品生产设计、生产过程中的人和事；或者是自己的一些直销经历；还可以坐下来，安静地做一个忠实的听众；也可以与客户谈一些在生活和工作中遇到的麻烦，或者是一些时事；还可以就一部正在流行的电影发表你们彼此的感受……

关键是把握住客户的感情，随着客户的感情线索来进行谈话内容。也就是说，你应该时时把握住客户的感情脉动，他喜你应该随之喜，他忧你应该随他忧；要悲伤着他的悲伤，快乐着他的快乐。最重要的是要把客户当作你的朋友，而不是只局限于金钱关系。

直销，不仅仅是直销你的商品，它更是一个联络感情、交流感想的舞台。而客户就是你在这个舞台上的朋友，是你的伙伴、你的合作者。在这个舞台上，不管对方承担的是什么角色，不管缺少了谁，合作都将不能再进行下去。如果真是如此，那你才是其中受损失最大的人。但如果能引发对方的感情共鸣，你们的合作才将取得最大成功，也才能够达到双赢。

2.真诚地为客户着想

在直销过程中，很多直销员内心都有这么一个原则，即"以盈利为唯一目标"。于是，在这一原则的指导下，许多直销员为了使自己获得最多的利益，总是不惜去损害客户的利益。他们或者诱导客户购买一些质量差但价格高的商品，或者是买完之后就感觉事情已经与自己无关，不管客户在使用商品的过程中会出现什么问题……其实，这样做可能会在短期内获得不菲的收益，但从长远的角度看，对直销员的发展却是不利的。因为如果客户的利益受到损害，对直销员的信赖度就会降低。长此以往，就会导致直销员的客户不断流失，从而使自身的利益受到巨大的损失。

在直销的过程中，直销员要注意的是，只有把顾客的问题当作自己的问题来解决时，才能取得客户的信赖。因为适当地为客户着想，会使直销员与客户之间的关系更趋稳定，也会使他们的合作更加长久。

所以，在直销的过程中，直销员应该把客户当作与自己合作的长久伙伴，而不是与他进行"一锤子买卖"。只有当直销员把关注的焦点放在为客户着想这一事情本身上，而不是时刻关注怎么最快地把商品卖给客户，才能将生意做得更加长久。

而为客户着想，最适用的一点就是为客户提供能够为他们增加价值和省钱的建议，这样直销员才能够得到客户的欢迎。时时刻刻为客户着想，站在客户的立场上来看待问题，直销员就要先不考虑将从中得到多少的利润，而帮客户想一下，怎么样才能够让他省钱。其实这也是你在为客户赚钱，帮助他们以最少的投入获得最大的回报。

其实，先为客户省钱，然后自己再从中赚钱，这并不矛盾。因为当客户充分信任你之后，才会继续与你合作，多次合作之后，你从中获取的利益要远远超过"一锤子买卖"。

直销员李奇就是一个时刻为客户着想的人，但这并没有妨碍他的业绩，而且他每个月的提成要远远高于其他同事。在直销的过程中，他所坚持的原则就是要做生意人先要做好人，要时时刻刻为客户着想，站在客户的角度来真诚地替他们解决问题。也正是因为他的这个原则，为他的事业带来了多次意想不到的好运。

一次，身在湖北的李奇接到一个来自吉林的电话，对方询问一些他们想要购买的机器的价格等情况。李奇就按照一般的情况报价给对方。但是他仔细听了对方的要求之后，觉得他们的配置机型并不合理。但如果价格适合成交的话，他的直销额会很高。可是，他还是给询问者提供了这么一个建议，他把电话重拨了过去，说道："我仔细看了您刚才的数据，觉得机器的数量跟机型配置有点不太合理，当然，正常使用是没有任何问题的，只是机器数量可以减少一些，机型容量也可以小一些，这样您投入也将会降低。"

对方很惊奇地回答道："是吗？是厂里让我负责采购这些类型的机器的，而且好像是几个工程师严密计算出来的，应该不会出什么错误吧？"李奇听到这里，心里突然一震，想到一桩生意可能会砸了，因为对方可能会认为自己的专业水准不高。但他还是不甘心，挂完电话之后，又与公司的工程师一起做了一份详细的技术说明及可行性分析报告，证明自己的判断是正确的，并发邮件到了对方的邮箱里。

一个星期将要过去了，李奇仍旧没有得到对方的任何消息。最后，他认为这次的生意肯定是成不了了，可能对方还认为他如此热心，肯定能从中得到很大的利益。但意想不到的是，周日的晚上他接到一个电话，对方是上次打电话的那个吉林人，他声称现在在湖北了，明天去公司谈合作的事情。这让李奇喜出望外。

周一那天，对方告诉李奇说："其实，我向很多公司询问价格情况，可是没一个人像你一样给我讲得这么详细，而且不忘为我们着想，我这次来也是详细询问了一些懂行的人。我认定你们的机器了，我们现在就签合同落实吧，而且我决定你们就是我的长期供货商了！"

可见，正是他所坚持的"为客户着想"的原则，才使他的事业不断取得成功。其实，在与客户进行交往的过程中，你并不是在向客户传授某些知识或者是说教，你是在为其提供服务和帮助，也是在为他们解决问题和困难。当你在直销中把握到这一点时，为客户着想，将不再是一件困难的事情。

有这样一个故事，一个盲人在夜晚走路时，手里总是提着一个明亮的灯笼，人们很好奇，就问他："你自己看不见，为什么还要提着灯笼走路呢？"盲人说："我提着灯笼，既为别人照亮了路，同时别人也容易看到我，不会撞到我；这样既帮助了别人，也保护了我自己。"这个故事告诉我们：遇到事情，一定要肯替别人着想，替别人着想也就是为自己着想。

直销的过程也是如此，你在为客户着想的同时也是在为你自己着想，当客户从内心感觉到你是在为他服务，而不是要从他的口袋里掏钱时，他就会降低自己的心理防线，进而非常乐意地接受你。因为当你真诚地来帮助他人时，相信没有人会拒绝这种真诚。而且，客户最讨厌的就是那种既耽误他们的时间又没有提供给他们任何帮助的直销员。

3.永不和客户作无谓的争论

在直销的过程中，或许你会遇到一些凶神恶煞、蛮不讲理的客户，他们凡事喜欢与人争论，希望做到在气势上压倒对方，即便他们所提出的话题根本没有任何意义。但此时，作为直销员，你会怎么办呢？或许你也是一个争强好胜的人，喜欢争辩的人，但试想一下：如果你与客户发生争执，双方之间为一点儿小事争论不休，结果最后你赢了，取得了争执的胜利，可是你却为此失去了一个原本能够成交的客户。可见，受损失的还是你自己，而你的胜利也只是暂时的。

一位客户曾经这样说过："不要和我争辩，即使我错了，我也不需要一个自作聪明的直销人员来告诉我（或试着证明）；他或许是辩赢了，但是他却输掉了这笔交易。"

有这么一则故事：一个非常善跑的人家里在一天晚上遭到了小偷的盗窃，当这个人意识到有小偷的时候，小偷已经跑出了家门。于是这个人起身就去追，但小偷跑得也很快。这个人心想：哼，赛跑，这还不是我的长项？！于是，他就加快了自己的脚步，很快就超过了那个小偷。于是他心里很得意，可转念一想，自己真正的目的是为了捉住那个小偷。但是小偷已经从后面偷偷地溜走了。

直销也是如此，切忌捡了芝麻，丢了西瓜。

所以说，在直销的过程中，千万不要与客户进行争辩，不要错误地以为你在这场争执中取得了胜利，客户就会购买你的商品。在直销员的观念里，应该时刻记住客户就是你的上帝，你应该尽可能地满足他的一切要求，如果真的不能够满足他，那么就在你们的争执中满足他的虚荣心，这样他可能会比较青睐你，对你另眼相看。当你顺从客户的意思，不与他进行争执时，你输掉的仅仅是这场争执，但赢得的却是这个客户。因为成功直销出去你的商品，这才是你真正的目的所在。

张振是一家装修公司优秀的直销员，在他做直销的日子里，他坚持的原则就是：对客户凡事顺从，避免争论，做到让客户一百个满意。

一次，张振在一个朋友的介绍下，敲响了胡先生家的门，开门的是胡先生的太太，一个看起来很精明能干的女子。她看到张振，一脸的不友好，不耐烦地说道："我最不喜欢你们这些装修公司的直销员了，总是赚我们这些平民百姓的钱。其实我们的钱也不是那么好赚的，所以在装修的过程中，你们要是欺骗我，我会用法律手段来解决的。"

张振心里一震，知道这是一个不好应付的客户。于是就拿出了他的制胜法宝"凡事顺从"，请胡太太列出她的所有要求。胡太太立刻下达命令说："我要对这套房屋进行一次大的装修，地板砖重铺，窗户要装新的，还要外加墙壁板。对了，先把你的客户名单拿出来吧，我想打听一下你们的信誉，这个星期你不用出现了。"

客户打听商家的服务品质，这是无可厚非的，但是询问他们服务过的每一个客户，张振还是头一次遇到。不过第二次见面的时候，她很不好意思地对张震说："客户们对你们评价很高。"

"您要的地板砖需要2562元。"张振告诉胡太太，"这只是我们的成本价，除此之外，我们没有附加任何费用。但你需要先付这笔钱，然后才能订购地板砖。一个星期之内就可以交货。"胡太太将信将疑："你别想从我这里获取到其他任何费用。这个由我自己来进行订购。"

胡太太自己购买了地板砖，但却花费了2980元。其实，当初如果由张振进行订购，他只需花费2562元。但张振还是什么也没有说，不过接下来在选购窗户和外墙壁板的时候，胡太太很乐意张振来帮她这个忙。装修结束之后，胡太太很满意张振的优质服务，而且还向很多朋友进行推荐，这些人最后都成了张振的长期客户。

所以说，面对客户的责难或者不信任，你最好的办法就是顺从他们的意思，用事实来证明给他看，一定要避免与他进行正面冲突。这样你才能够博得别人的好感，获得真正意义上的胜利。如果你试图改变客户的想法，则可能会一无所得。

从心理学的角度来讲，这主要是指在直销的过程中要尊重对方的意思，满足对方的心理需求，客户只有感觉到自己的需求得到满足，才能够对你、对你的商品产生好感。

所以，在直销的过程中，不管客户的争辩有没有道理，符不符合事实依据，只要他提出自己的异议，你就要保持欢迎和尊重的姿态，顺从他们，而不是一味地争论出一个谁高谁低。

事实上，客户的争辩对你来说也是一个鼓舞、一次促进。因为，如果客户都把不快和异议藏在心底，不告诉你，这对你来说才是最为有害的。因为这样它更会像一颗炸弹，说不定什么时候就会爆发。

所以，直销员不要回避客户的争辩，更不要试图与他们去进行争辩，而是要想方设法引导客户去说，支持他去说，鼓励他去说，让客户公开发表自己不同的意见，这样对双方都有一定的好处。因为只有这样，他才会感觉自己受到了重视，而你也知道了他心底真正的想法，这对直销的成功是极为有利的。

4.帮助客户消除顾虑

在直销的过程中存在着这么一个问题，即客户对直销员大多存有一种不信任的心理，他们认为从直销员那里所获得的关于商品的各种信息，往往不同程度地包含着一些虚假的成分，甚至会存在着一种欺诈的行为。于是，很多客户在与直销员交谈的过程中，认为直销员的话可听可不听，往往不太在意，甚至是抱着逆反的心理与直销员进行争辩。

所以，在直销的过程中，如何迅速有效地消除顾客的顾虑心理，对直销员来说是十分必要的。因为聪明的直销员都知道，如果不能够从根本上消除客户的顾虑心理，交易就很难成功。

客户之所以会产生顾虑的心理，很可能是因为在他以往的生活经历中，曾经遭遇过欺骗，或者是买来的商品不能满足他的期望；也可能从新闻媒体上看到过一些有关客户利益受到伤害的案例。因此，他们往往对直销员心存芥蒂，尤其是一些上门直销的直销员，常常会被拒之门外。

事实上，这些顾虑也是有一定的道理的，因为新闻媒体经常报道一些客户购买到假冒伪劣商品的案例，尤其是一些伪劣家电用品，甚至会给客户的生命造成巨大的威胁。也有很多保健品和药物，不但不能起到预防疾病、治疗疾病的作用，反而会使客户的身体状况变得更加糟糕……类似的情况很多，使得客户不自觉地绷紧了心头的那根弦，在购买的过程中，他们会时时刻刻担心商品的质量不好，是否存在着某种安全隐患，以免自己的利益受到损失。

也有很多时候，顾客还怕损失金钱或者是花一些冤枉钱，他们担心直销员所直销的这种产品或者服务根本不值这个价钱。还有一些客户，往往会担心自己的看法与别人的不同，怕直销员会因此而嘲笑他、讥讽他，或是遭到自己在意的、尊重的人的蔑视。客户的心中总是存在着顾虑，必然导致直销活动进展不畅。

张杰是一家机械公司非常出色的直销员。有一次，与他进行过多次交易的客户突然打电话对他说："张先生，非常抱歉，但是我还是要告诉您，以后我不准备向你们公司购买发动机了。"

张杰很困惑，不知道为什么：这是怎么回事？一直以来，他和这位打电话的郑先生合作都很愉快。于是他镇静地问道："哦，为什么？郑先生是觉得我们的发动机质量不好，还是价格太高？"

郑先生答道："因为近来一段时间我发现你们的发动机温度太高，以至于我都不敢去碰了，我担心它会烫伤我的手。"

如果是在以前，张杰可能会和客户辩论一番，但是打电话的这位是他一直合作得很愉快的客户，所以这次他决定改变策略，采取"苏格拉底问答法"。

"郑先生，我非常赞同你的这个观点。如果这些发动机的温度过高，你完全没有必要购买它们，对吧？"张杰问道。

"我很高兴你赞同我的看法。"客户说。

"不过，郑先生可能也知道，全国电器制造商规定，合格的发动机可以比室内的温度高出72摄氏度，对吧？"张杰并没有刻意辩解，然后装作漫不经心地问了一句："你们厂房的温度大概有多高？"

"应该在70摄氏度左右。"郑先生答道。

"也就是说，如果你们厂房的温度是70摄氏度，试想一下，当你把手伸到142摄氏度的水里时会是什么感觉？你的手会不会被烫伤呢？"

对方沉默了一会儿说："张先生，我认为你的看法是正确的。那么我现在可否再向您订购200台发动机呢？"

可以看出，直销员张杰正是因为打破了客户的顾虑心理，才使得客户很愉快地决定与他继续进行合作。

所以说，直销员在直销的过程中，要尽自己最大能力来消除客户的顾虑心理，使他们觉得自己所购买的商品物有所值，而且极具品位。

其实，直销员要想在直销过程中消除客户的顾虑心理，首先需要做的就是向他们保证，他们决定购买的动机是非常明智的，钱会花得很值得；而且，购买你的产品是他们在价值、利益等方面做出的最好选择。

从某种意义上来说，消除客户顾虑的过程也是帮助客户恢复信心的过程。因为当他们犹豫是否购买你的商品时，他们的信心出现动摇也是非常正常的现象。这时候，直销员如果能及时地帮助他们消除顾虑，也就帮助他们强化了自己的信心和勇气。

另外，要想消除客户的顾虑心理，还需要直销员用自己的行动和语言来帮助客户。因为，直销员的沉稳和不经意间流露出来的自信往往可以重建顾客的信心。如果直销员对自己没有一点信心，就更无从帮助客户建立自信。

有了自信的态度还是不够的，另外还需要以言辞作后盾。一个客户想要购买一种计算机软件，但是因为之前没有接触过，而且目前市场上种类繁多，他不敢确定自己的选择是否正确。聪明的直销员发现了这一点，于是说："我很了解你的想法，你不是很确定这种软件是不是具有您想要的那种功能，对不对？"客户点了点头。

"既然这样，我建议您先试用一下，看看它的功能如何。现在我就帮你把这个软件装进您的电脑里，你可以使用一段时间，到时候你可以根据您试用的效果来确定到底要不要购买。你认为怎么样？"在关键时刻，这位直销员运用了他纯熟的言语技巧，使得客户的顾虑顿消。

人的思想是很复杂的，当接触一些新鲜事物的时候，往往会不理解，想不通，疑虑重重。但只要能把握脉络，层层递进，把理说透，就能够消除客户的顾虑，使直销成功进行。

5.重视客户的抱怨

在直销的过程中，直销员可能会遇到客户各种各样的抱怨。抱怨主要是指客户对商品的质量、性能或者服务品质不满意的一种表现。一般来讲，它可大可小，可有可无。

但是，如果在直销的过程中，直销员不能正确处理客户的抱怨，那么将会给自己的工作带来极大的负面影响。因为一个不满意的客户可能会把他的不满意告诉给他身边所有的亲朋好友,而他的亲朋好友也同样会把他的这种遭遇再告诉给自己的亲朋好友。照此类推,其破坏力是不可低估的。所以说,一定要学会积极回应客户的抱怨,努力做到让他们传播自己的好名声。

通常来讲,客户的抱怨主要有以下几个方面:一是客户对产品的质量和性能不满意,出现这种抱怨的原因很可能是因为广告夸大了产品的价值功能,结果当客户见到实际产品时,发现与广告不符,由此引发了客户的不满。

二是对直销员的服务态度不满意。例如,有一些直销员总是一味地介绍自己的产品,根本不去了解客户的偏好和需求,同时对客户所提出的问题也不能给予满意的回答;或者是在直销的过程中,直销员不能对所有的客户一视同仁,出现轻视客户、看不起客户、不信任客户的现象。

三是对产品的安全性能以及售后服务、价格等因素也都可能引发客户的抱怨和不满。其实,客户抱怨不管是对厂家还是对直销员本身来说,都是在提醒他们要不断完善自身,做到最优最好。而且抱怨很大程度上是来自期望,当顾客发现自己的期望值没有得到满足时,也会促使抱怨的爆发。如果能够妥善地处理这些抱怨,很有可能使坏事转变为好事,不仅不会影响直销,反而会使直销更上一个台阶。

晓琳在一家服装专卖店看到一件非常漂亮的韩版毛衣,但她喜欢的那种款式却正好卖完了。直销员王艳看到晓琳对那种款式十分喜爱,就告诉她说,店里过两天要去订货,只要她先预付一定的订金,就可以帮忙给她订一件。

这天,王艳通知晓琳来取毛衣。当晓琳拿起毛衣时,却抱怨说:"不是一个厂家的毛衣吗?怎么看起来没有其他款式的质量好呢?做工这么粗糙，到处都是线头。而且，颜色也比图片上所显示的要浅，我还是比较喜欢图片上的那种颜色。"

站在一旁的王艳看到这种情况，微笑着说："真是抱歉，不过我敢保证，这种款式的毛衣与其他款式的毛衣的质量绝对是相同的，而且它是刚出厂的货，称得上是原汁原味，我们还没有经过任何修剪，所以线头就多了一点。你要是不着急拿回去穿的话，我很乐意帮你把这些线头修得整整齐齐的，保证让你穿起来清清爽爽。颜色的差别多少会有一点，不过我现在知道了，你比较喜欢图片上的颜色，希望你没事常来逛逛，下次我一定给你介绍这种颜色的衣服。"

晓琳听到王艳真诚的解释，抱怨一下子就没有了，高高兴兴地拿起毛衣回家了。后来，她成了这家店的常客，而且还介绍了不少的朋友来光顾。

很多时候，直销员一定要具有面对顾客抱怨的心理准备。当顾客抱怨时，直销员首先需要做的是不能感情用事。可能在直销员看来，一些客户是鸡蛋里面挑骨头，商品的质量和性能明明很好，他们硬要挑出一些根本不是毛病的毛病。此时，直销员一定要注意自己说话的语气和态度，不能客户愤怒你比他还要愤怒。在他们抱怨时，直销员首先要做一个忠实的倾听者，一定要克制自己的情绪，让客户把话说完，然后尽可能冷静、缓慢地交谈，对客户提出的各种问题予以解决；如果实在解决不了，可以找自己的上司进行请教。这样可以在一定程度上缓解客户激动、愤怒的情绪，也能够为自己争取到思考的时间。而且，当客户意识到你的真诚以及你服务的周到，客户的怒气就会减少很多。此时，所有的问题可能就会迎刃而解。

另外，在直销过程中，你一定要做好接受压力的思想准备，才能够在客户抱怨时，顺利解决问题。此时，直销员可以站在旁观者的角度来了解客户的感受,这样就能够在一定程度上减轻因客户抱怨而给自己造成的愤怒。如果客户的误会较大,给你造成的伤害较大,你可以在闲暇时向自己的亲朋好友诉说整个事件以及所遭受的痛苦,以这种方法来安定自己的情绪,或者是向他们求助解决的办法。

另外直销员应该把客户的抱怨当作磨炼自己的机会。遭遇客户抱怨时,一定要保持一份平静、坦然的心态,把他们的抱怨当作历练自己的一次机会,因为只有在不断的解决问题中,你才能够不断进步,变得更加优秀、出色和卓越。而且抱怨不仅仅是一种不满、一种愤怒,还是一种期待、一种信息。通过客户的抱怨,你会明白在以后的工作中应该避免哪些问题的发生,或者是再发生这类问题时应该怎么进行解决。这样不仅能够赢得客户对自己的信赖,也能够提升自己成功应对各种挫折的能力。

当然,在应对客户抱怨的过程中,直销员最忌讳的就是回避和拖延解决问题的时间。要敢于正视发生的问题,并以最快的速度进行解决,把客户的事情当作自己的事情来做,站在他们的立场上来思考问题,并对他们的抱怨表示欢迎,而且对客户表示抱歉……那么,你就一定能够化干戈为玉帛,化抱怨为感谢,化怀疑为信赖。最重要的是,这个客户可能将会是你永远的客户。

6.开展良好的售后服务

现代人的生活水平越来越高,人们对消费的要求也越来越高。人们不仅会关注产品本身,而且也会对服务有很高的要求,而在服务中,售后服务又是最为重要的。

直销服务实际上分为售前服务、售中服务和售后服务，前两者被直销成功这个现象所掩盖。事实上，每一种产品的直销成功都是售前服务、售中服务的成功，但是，当产品直销出去后，售后服务就是留住顾客的法宝了。

售后服务的目的就在于巩固顾客群体，培育顾客的忠诚度。为了达到这样的目的，需要开展良好的售后服务，最大限度地实现顾客价值，让顾客满意。那么，要做到这一步，直销员应该采取什么样的措施呢？

建立顾客档案

建立顾客档案，是完成售后服务的良好手段。直销员要把购买自己产品的顾客进行整理、归类，建立顾客资料库。这样做有以下几个好处。

第一，直销员可以清楚地知道顾客何时将要再次购买产品。

顾客购买产品数天后，直销员可以再次与其联络，了解他使用产品后的效果。如果顾客使用后效果十分好，而且你还亲自去了解情况，顾客就会觉得你是真正关心他，而不是只为挣他的钱，由此对你产生好感，留下一个非常好的印象。此时可说服顾客做直销，发展直销员的事业。

数月后，你应再次拜访顾客，如果顾客已将产品用完，你又可以帮他购买产品。如顾客使用后反映质量不好，你可以为他解决问题，同样可以给人留下一个非常好的印象。这样的话，顾客很可能主动帮助你去宣传。

如果直销员不进行顾客档案的归类，必然不会清楚顾客的情况和何时再购买，这样也许会使直销员失去很多进行再直销的机会。

第二，直销员可以知道顾客喜欢什么产品。

当有新产品时，可以立刻向顾客提供信息，帮其购买，从而也有助于提高自己的直销额。而且对不同的顾客应介绍不同的产品。往往有些直销员直销产品给顾客后既没有留下联络地址也没有建立顾客档案，顾客想再找你买产品时找不到你，白白丧失了一次赚钱的机会。

只有通过建立顾客档案，直销员才能知道顾客的喜好，才能更有针对性地向顾客介绍产品。

第三，直销员可以知道顾客的一些其他信息。

直销员在对顾客进行直销时，很可能会和顾客聊到一些个人情况，例如顾客可能会说出自己的生日、爱好等。直销员如果建立一个顾客档案，就可以将这些信息记录下来。这样，直销员就可以在顾客的生日时送上一份礼物或卡片，虽然不一定会花很多钱，但却会给顾客一个惊喜。因为，在顾客心中，也许直销员只是一个想赚他钱的人，但当直销员在一些节日尤其是在顾客的生日时给他一些祝福，顾客就会慢慢改变这种印象。而且，直销员也可以在下次和顾客接触的时候多聊一些他感兴趣的话题，这样会有助于下一次的直销。

那么，新直销员应该怎样建立顾客档案呢？你可以利用"个人消费者卡片"对顾客进行登记，然后把所登记的卡片进行整理，形成资料库。通过认真分析顾客的购买力、购买意图、发展前途等，判断哪些顾客能发展成为长期顾客或重点顾客。了解顾客的意见和要求，以便及时采取对策和加强服务。当然，直销员也可以根据自己的具体需要来设计卡片。

通过各种方式与顾客经常联系

成功的直销员花大力气做的一切，几乎都是为了巩固与顾客的长期关系。因为，在市场景气时，这种关系能将生意推向高潮；在市场萧条时，它又能维持生存。美国著名直销大王乔·吉拉德每月给他的13000名顾客各寄去一封不同格式、颜色的信件，以沟通与顾客的联系。

事实上，直销员与顾客的联系方式有很多种，但是，无论采取何种联系方式，直销员都必须注意以下几点。

第一，直销员必须时刻不忘顾客的利益。把顾客的利益放在首位将是你成功的关键，否则，直销员的一切努力都将落空。因为，只有把顾客的利益当成最重要的事，真正为顾客着想，才能让顾客体会到直销员的诚意，继续和直销员保持联系。

第二，直销员必须有礼貌。礼貌是一个人优良品质的表现，是一种美德，也是你的顾客乐于接受的。一个有礼貌的直销员将给直销工作带来方便和无限的乐趣。如果不讲礼貌，会让顾客感到不满，感到自己没有受到尊重。所以，无论在哪种场合下，直销员都必须礼貌地对待顾客。

第三，直销员与顾客所谈论的话题要丰富而富有幽默感。无论直销员以何种方式联系都不应该陷入死板，不要客套了几句就无话可说，也不要只谈生意，而应就大家关心的问题作一些探讨，从而使顾客对直销员产生亲热感。话题对于谈话的双方都很重要，如果话不投机，那二者的谈话肯定不会成功。所以，直销员要选择好谈论的话题，让顾客感觉到轻松。

第四，直销员必须守约。不论直销员以何种方式与顾客联系，都必须守约。如果你失信于人，你就会失去顾客。中国人自古就很注重守时、守约，这代表着一个人的信用，而信用对大家来说本来就很重要。没有信用的人，不论是谁，都不会受到别人的信任的。所以，直销员一定要注意这个问题，千万不要因为失信而影响了自己的直销。

当然，在售后与顾客保持联系时，要注意的不仅仅是这些问题，还有很多其他方面，我们这里只是就一般情况而言。下面，我们将介绍几种具体的联系方式，可以使直销员在做售后服务时更好地与顾客联系。

（1）电话联系。

电话是直销员与顾客沟通的最简捷的途径，只需几分钟就可以建立起直销员与顾客的联系。在进行售后服务时，电话也是一种应用最广泛的工具。直销员通过电话可以将所要说的事直接告诉顾客并立即得到顾客的答复，而无须像书信那样等待很长时间才能得到对方的消息。这样不但可以节省直销员的时间，也可以节省顾客的时间，达到快速沟通的目的。

在为顾客进行售后服务时，如果直销员使用电话和顾客联系，可以很迅速地找到顾客，和顾客交流。但是，在通过电话对顾客进行售后服务时应注意以下几个问题：

①打电话时切勿啰唆。

②直销员和顾客打电话时不要时间太长。

③语言要简洁。

④注意打电话的时机。

⑤注意打电话的频率。

总之，电话是一种切实可行的联系方式。只要注意了以上各点再进行售后服务，电话将帮助直销员建立起与顾客之间巩固、亲密的关系。

（2）书信联系。

书信也是一种比较重要的联系方式，也可以被直销员巧妙地应用于对顾客进行的售后服务中。书信与电话相比虽然速度较慢，与顾客联系的周期较长，不如电话直接干脆，但是作为售后服务的一种方式来说却也有许多优点：

①书信的信息容量大。

②书信可长可短，灵活自如。

③直销员可以在信中长短句并用，语言可以更丰富多彩。

④直销员对顾客进行售后服务，使用书信不受限制。

⑤书信最能表达人与人之间的真诚，最能巧妙地拨动顾客的心弦。

由于书信有以上优点，所以这种方式在直销员与顾客的联系中尤其是对顾客进行售后服务时应用很广。但是，直销员在运用书信与顾客进行售后服务时要注意以下几个问题。

第一，要注意书信形式的区别。书信的目的不同，形式则不同。例如，问候信要规范，语言要精练；而邀请信内容要明确，语言要热情。当直销员要给顾客写售后服务书信时，则要推陈出新，出奇制胜，同时要把新直销的产品情况说清楚。可见，各种形式的书信都有其具体要求，直销员在与顾客联系时一定要注意各种书信形式的不同，运用要适当。

第二，直销员与顾客进行书信来往的时候也要抓住适当的时机，这一点和运用电话相同。如果直销员在顾客购买产品很久以后才写信给顾客，顾客也许已经将直销员忘记了，这样就不会达到预期的效果。所以直销员一定要掌握好写信的时期，让售后服务达到自己的目标。

第三，直销员在给顾客寄信时，可以经常换一换寄信的地点，这样可以给顾客以新奇感。而且，这样做不仅是对"有很多旅游机会"的一个证明，同时也会让顾客觉得直销员无论走到哪里都想着他，他在心中便会时常想起直销员，从而会使二者关系更加亲密。

第四，直销员给顾客的信要写得富于变化，不要总是一个口吻。单调划一的信会使你的顾客产生厌倦感，这不利于你和你的顾客关系的发展，同时也会给你的生意带来麻烦。

(3) 登门拜访。

俗话说得好："多一份心力就多一份收获。"的确，在直销行业中，只要直销员肯花时间和精力去做，就会获得大的成功。直销员进行售后服务，定期拜访是不可忽视的。

登门拜访可以和顾客面对面交谈，交流自己与顾客的各种想法，并可以随时变换话题，观察顾客兴趣所在。它的好处是灵活性较大，可以发挥随机应变的能力。

在对顾客进行有计划的、周期性的、长期的拜访时，一定要注意以下几点：

第一，在拜访顾客的方式上，直销员必须有所计划，周期性地、长期地拜访。也就是说，在确定拜访的目标之后。直销员便要展开一连串彻底而有计划的定期拜访，并且要有毅力和信心，直到顾客充分相信所直销的一切产品。周期的长短一般要视行业差异和个人能力而定，大致可以定为一年。直销员可以一年为一个周期，在这个周期内，无论是从哪个方面，无论是在直销时还是在进行售后服务时，都要有一个详细周密的计划。

第二，直销员为了对顾客售后服务而要登门拜访前，要做好必要的准备，估计各种可能出现的情况，制订相应的对策，以免在情况发生变化时陷入被动。事实上，直销员在进行售后服务时也不会遇到太多的问题，因为那个时候直销员的主要目的是为了了解顾客的产品使用情况。而且，顾客既然已经买了产品，就不会有更多的疑问。一般情况下，顶多会遇到一些使用方法上的问题，但是直销员也要做一些必要的准备。例如，可以给顾客准备一些公司产品的简介、使用方法介绍等。

第三，直销员登门拜访顾客要选择恰当的时间。一个合适的时间可能成为直销员拜访成功的关键。相反，如果时间安排得不好，顾客的大脑可能什么都接受不了，即使只是一些售后服务的问题，如果顾客不想接受，也会感到反感的。毕竟，每个人都有自己的时间安排，如果直销员在顾客十分忙的时候去拜访顾客，定会引起顾客的反感。所以，选择拜访的时间十分重要。

第四，拜访的次数不要太多，这是由拜访的性质决定的。不到不得已的时候直销员一般应尽量少去拜访顾客。顾客也有自己的时间安排，如果直销员的拜访过于频繁，不但会浪费直销员自己的时间和精力，也会使顾客感到厌烦。

（4）约会。

直销员对顾客进行售后服务，也可以采用约会的形式。即将顾客约出来在某一个地方见面，询问顾客一些产品的使用情况。

约会基本上与登门拜访相类似，但其地点的选择较之登门拜访有很大的灵活性。

当然，直销员想要通过与顾客约会的形式来进行售后服务也需要注意几个问题。

首先要"约"。约会首先要求直销员要预约其顾客。"约"可以给顾客以选择时间的自由。让他自己选择时间，这样可以调动顾客的积极性，主动来与你配合。"约"可以让顾客有一个充分的思想准备。顾客有了思想准备，加上你的准备，这样，一个有准备的会谈一定会取得好的结果。

其次要"会"。即要守约，在约定的时间到达约定的地点。如果你不失约，你的顾客会感觉到你是一个很守信用的人，从而对你产生信任感，并乐意与你打交道，和你做生意，会谈也就易于成功。

最后要选择好约会地点。选择一个好的约会地点是约会成功的一个主要条件。一般来说，这个地点应该选在比较舒适、轻松的地方，在必要的情况下，可以让顾客自己去选择。

以上介绍的四种直销员与顾客联系的方式各有利弊，在实践中要结合当时当地的具体情况灵活采用，充分发挥各种方式的作用。

7.先做朋友，再谈生意

世界上没有陌生的人，只有我们还来不及认识的人。有人总结直销成功的三部曲就是：生人变熟人，熟人变关系，关系变生意。做好每一部曲的关键是走进人群。

儒学的创始人孔子，在2500多年前就提出了类似的观念，《论语·学而》的开篇就讲道："有朋自远方来，不亦乐乎？"意思是说：有志同道合的朋友从远方来，不是一件很快乐的事情吗？或者也可以理解为：走入人群去认识志同道合的朋友，不是一件很快乐的事情吗？

为什么说有朋友就是一件快乐的事情呢？

俗话说得好，"多个朋友多条路，少个朋友多道墙"。朋友多了路好走，朋友多了好办事，走进人群之后，我们可以认识越来越多的朋友，财富的确不是永远的朋友，而朋友确实是永远的财富。

埃尔默莱特曼是美国直销界的传奇人物，在他生活的20世纪60年代，当时人寿保险公司的寿险直销人员只有很少的一部分人每年能直销100万美元，但他却连续3年直销的寿险额达到了2.5亿美元。

有人很好奇地问他："你是怎么做到的呢？"

埃尔默莱特曼总是坦率地向请教他的人说："我并不直销人寿保险，我所做的就是不断地走进人群，去认识各种各样的人，比如生意人、音乐人、作家、运动员、政治家……与他们聚集在一起，去建立各种各样的关系，然后，就不断有人来向我购买寿险。"看他说话的样子，一脸的轻松，直销在他看来真的非常简单。埃尔默莱特曼一再强调说，这就是他直销成功的秘诀。

有一次，埃尔默莱特曼被邀请参加一次全国性的大型寿险峰会，很多人都慕名而来，希望他能够向大家公开他成功的秘诀。他说："我成功的秘诀真的很简单，我可以毫不保留地告诉大家，如果你们愿意按照秘诀去做的话，我现在就可以立即告诉各位。"渴望成功的人们都表示愿意，会场随即响起了雷鸣般的掌声。

埃尔默莱特曼走上讲台，以非常流利的动作在黑板上写下了一个数字——20。

"这就是我成功的秘诀，也是你们成功的秘诀，请记住：每天走进人群，每天会见不同的20个人，你就可以像我一样成功。"埃尔默莱特曼再一次满怀激情地进行解说和强调。

无论是个人还是企业，人脉与钱脉具有因果关系。人旺气旺财旺，人脉就是钱脉，一个年收入100万元的人与年收入1万元的人相比，前者认识的人远远多于后者所认识的人。每天走入人群，认识不同的人，和他们成为朋友，再谈生意。成功其实就这么简单。

直销员在直销产品的时候，不光是要把产品卖给熟人，更多的是卖给陌生人。而怎样才能让陌生人购买自己的产品呢？那就是要和他们建立友好关系，进而成为朋友。朋友之间谈生意，中间少了隔膜和不信任，便会快速而有效。因此，直销员不能"守株待兔"，而应该走到人群中去，认识更多的人，结交更多的朋友，为自己的直销打通人脉。

在现代商业社会，要生存要发展就必须具有较强的竞争力。人与人间的竞争不仅包括才能、素质等方面的条件，还与人际关系有重要的关联。有好的人缘，做起生意来就会得到众人的支持，在与对手的竞争中就会处于优势地位。而人缘差的话，在你困难的时候就得不到帮助，甚至还会有人乘机跳出来踩你两脚。所以说，朋友就是评估一个人竞争力大小的标准。朋友好，在商场上的竞争力就越强。

温州的周航经营着一家服装厂，他主要是做出口生意，很少内销。周航常说，"眼睛只盯着钱的人做不成大买卖。买卖中也有人情在，抓住了这个人情，买卖也就成功了一半。"周航对此是深有体会的。

有一次，一个意大利客商订购了50套西装，周航按照对方的要求包装完毕后运到码头准备发货，就在这时，这个意大利客商却突然打来电话请求退货，原因是该客商对当地市场估计错误，这批货到意大利后将很难直销。退货的要求是毫无道理的，周航大可一口拒绝对方，反正合同都已经签了，但经过两天的考虑，周航却决定答应对方的退货请求，因为对方答应支付包装、运输等一切费用，这批西装由于是外贸产品，在国内市场上应该可以直销得出去，所以周航等于没有什么损失。而最大的好处是他这样做等于是帮助了意大利客商，双方将建立良好的合作关系。

事情果然正如周航所料，意大利客商非常感谢周航的大度，表示以后在同类产品中将优先考虑周航的产品，他还不断向自己的朋友夸奖周航，为周航介绍了很多的生意。就这样周航以他富有人情味的生意经验成功地在国际市场上站住了脚。两三年内，周航的工厂不断扩建，有六百多名工人为他工作，他的生意越做越大。

周航是非常聪明的，他清楚地认识到人缘对生意的重要性。如果当时他拒绝了意大利客商的退货，那么虽然他做成了一笔生意，但却会损失了这个客户。而答应了退货的要求表面上吃了点亏，但他却交到了一个朋友，孰轻孰重，明眼人一看就知道了。

当今社会，朋友对你的发展带来的影响越来越大，所以，我们除了要努力加强自己的才能外，还要注意搞好人际关系，让自己有个好人缘，这样才能适应日益激烈的市场竞争，并在竞争中取胜。

如果你希望在成功的道路上快马扬鞭，就必须拥有良好的朋友。实际上，所谓的"走运"多半是由畅通的朋友展开的。一个能认同你的做法、想法与才华的人，一定会在将来的某一天为你带来好运。

究竟谁会对你伸出援助之手，哪里才有这种人呢？这个问题没有人能够回答。只能这么说：任何人都有可能成为对你施予援手的友人，他可能是你工作上的伙伴或上司，可能是学校里的同学，甚至有可能是一位从不曾相识的陌生人，但一般来说，朋友的范围越广，则开创成功未来的概率越大。

就朋友这方面来看，机会往往是从你想不到的地方出现的，譬如你的顾客、同事、朋友的朋友等。

威尔可是从父亲的手中接过这家食品店的，这是一家古老的食品店，很早以前就在镇上很出名了。威尔可希望它在自己的手中能够发展壮大。

一天晚上，威尔可在店里收拾货物清点账款，第二天他将和妻子一起去度假。他打算早早的关上店门，以便为外出度假做准备。突然，他看到店门外站着一个面黄肌瘦的年轻人，他衣服褴褛、双眼深陷，一看就知道是一个典型的流浪汉。

威尔可是一个热心肠的人。他走了出去，对那个年轻人说道："小伙子，有什么需要帮忙的吗？"

年轻人略带点腼腆地问道："这里是威尔可食品店吗？"他说话时带着浓厚的墨西哥味。

"是的。"

年轻人更加腼腆了，他低着头小声地说："我是从墨西哥来找工作的，可是整整两个月了，我仍然没有找到一份合适的工作。我父亲年轻时也来过美国，他告诉我他在你的店里买过东西，喏，就是这顶帽子。"

威尔可看见小伙子的头上果然戴着一顶十分破旧的帽子，那个被污渍弄的模模糊糊的"V"字形符号正是他店里的标记。

"我现在没有钱回家了，也好久没有吃过一顿饱饭了。我想……"年轻人继续说道。

威尔可知道了眼前站着的人只不过是多年前一个顾客的儿子，但是，他觉得自己应该帮助这个小伙子。于是，他把小伙子请进了店内，好好地让他饱餐了一顿，并且还给了他一笔路费，让他回家。

不久，威尔可便将这件事情淡忘了。过了十几年，威尔可的食品店越来越兴旺，在美国开了许多家分店，他于是决定向海外扩展，可是由于他在海外没有根基，要想从头发展也是很困难的。为此，威尔可一直犹豫不决。

正在这时，他突然收到一位陌生人从墨西哥寄来的一封信。原来写信人正是他多年前曾经帮助过的那个流浪少年。

此时，那个年轻人已经成了墨西哥一家大公司的总经理，他在信中邀请威尔可来墨西哥发展，与他共创事业。这对于威尔可来说真是喜出望外，有了那个年轻人的帮助，威尔可很快在墨西哥建立了他的连锁店，而且经营发展的异常迅速。

很多人把威尔可的发迹简单的归功于"运气好"，这似乎也无可厚非，但我却更愿意将威尔可连锁店的发展归功于"朋友"——毕竟，他的运气是人给予的。

人生的路上，有些运气是拣来的，例如中彩票，但那不值得提倡；有些运气是时势造就的，但这需要有过人的眼光；而有些运气则是他人给的，这只需要你在日常生活中助人为乐，广结善缘！

第七章
把脉客户心理，掌握直销主动权

1.欲擒故纵，利用逆反心理诱导

我们在平常处理人际关系的时候，一方面要避免引起他人的逆反心理，以便避免人际关系中的"死穴"；另一方面，你还要学习刺激他人的逆反心理，引起别人的好奇心。

某公司经理的私家车已经用了很多年，经常发生故障，已经不能再用了，他决定换一辆新车。这一消息被某汽车销售公司的推销员得知，于是很多的推销员都跑到经理这里向他推销轿车。

每一个推销员来到经理这里都是在滔滔不绝地介绍自己公司的轿

车性能如何如何好，十分适合他这样的公司老板使用，甚至还诋毁说："你的那部老车已经破烂不堪，不能再使用了，否则有失你的身份。""想想你的老车的维修费已经花了多少吧，相比来说还是购买一部新车更划算。"这样的话让该公司经理心里特别反感和不悦，本来决定买车的，现在反而觉得还是自己的老车比较好。

推销员的不断登门，让经理感到十分烦躁，同时也增加了他的防御心理。他想，哼，这群家伙只是为了推销他们的汽车，还说些不堪入耳的话，我就是不买，才不会上当受骗呢！

不久又有一位汽车推销员登门造访，经理想，不管他怎么说，我就不买他的车，坚决不上当。可是这位推销员并没有特意兜售他的轿车，而是对经理说："我看您的这部老车还不错，起码还能再用上一年半载的，现在就换未免有点可惜，我看还是过一阵子再说吧！"说完给经理留了一张名片就主动离开了。

这位推销员的言行和经理所想象的完全不同，而自己之前的心理防御也一下子失去了意义，因此逆反心理也就消失了。他还是觉得应该给自己买一辆新车，于是一周以后，经理拨通了那位推销员的电话，并向他购买了一辆新车。

通常，人们在做任何事情都会有自己最初的欲望和想法，也会通过自己的分析、判断做出决定和选择，而不希望受到别人的指使或者限制。

当一个人想要改变另外一个人的想法和决定的时候，或者要把自己的意念强加给对方的时候，就会引起这个人强烈的逆反心理，进而采取和他相反的态度或者言行，以维护自己的自尊、信念以及自我安全。从某种意义上说，逆反心理其实是人们的一种自我保护，是为了避免自己受到不确定因素的威胁而树立的一种防范意识。

逆反心理是几乎人人都有的行为反应，差别只在于程度不同而已。

逆反心理会有以下几种表现形式：

（1）反驳。往往会故意针对你的说辞提出反对意见，让销售人员知难而退。

（2）不发表意见。在你苦口婆心地介绍和说服的过程中，他始终保持缄默，态度也很冷淡，不发表任何意见。

（3）高人一等的作风。不管你说什么，他都会以一句台词应对，那就是"我知道"，意思是说，我什么都知道，你不用再介绍。

（4）断然拒绝。比如在销售人员向客户推荐时，客户会坚决地说："这件商品不适合我，我不喜欢。"

逆反心理常常会使我们陷入尴尬的境地，但是对逆反心理的应用，却又可以激发对方的欲望。

一位客户正欲购买一套音响设备，但由于品种规格太多，加上经济能力有限，一时也难以决断。当他徘徊不定时，推销员看穿了他的心思，对他说："我看得出您很想买套音响，但不可否认这些东西的价格都很昂贵，必须经过慎重考虑后才能决定，您也不妨再到其他商城看看比较一下，这对您是有利的，俗话说货比三家不吃亏，所以还是慎重些为好。"

这名客户虽然真的去其商城进行了观察和比较，但最终还是回到这家商城，毫不犹豫地购买了一套音响。

有一天，一位推销员兜售一种炊具。他敲开了安徒生先生的门，安徒生的妻子开门请推销员进去，说："我先生和隔壁的史密斯先生正在后院，我和史密斯太太愿意看你的炊具。"

推销员说："还是请你们的丈夫也到屋子里来吧！我保证他们也

会喜欢我的产品。"于是，两位太太"硬逼"着他们的丈夫也进来了。推销员做了一次极其认真的烹调表演，然后又用安徒生太太家的炊具煮，以做比较。这给两位太太留下了深刻的印象，但男人们显然对这种表演毫无兴趣。

一般的推销员如果看到两位主妇有买的意思，一定会趁热打铁，鼓动她们买，但这样做还真不一定能推销出去，因为越是容易得到的东西，人们往往不觉得它珍贵，而得不到的才是好东西。这位聪明的推销员深知这个道理，他决定采用"欲擒故纵"诱导术。

他洗净炊具，包装起来，放回到样品盒里，然后对两对夫妇说："嗯，多谢你们让我做了这次表演。我很希望能够在今天向你们提供炊具，但今天我只带了样品，你们以后再买吧！"说着，推销员起身准备离去。

这时，两位丈夫立刻对那套餐具表现出了极大的兴趣，他们都站起来，想知道什么时候才能买到。

安徒生先生说："请问，现在能向你订货吗？我确实有点喜欢那套餐具了。"

史密斯先生也说道："是啊，你现在能提供货品吗？"

推销员真诚地说："两位先生，实在很抱歉，我今天确实只带了样品，而且什么时候发货，我也无法知道确切的日期。不过请你们放心，等能发货时，我一定尽力安排。"

安徒生先生坚持说："哦，也许你会把我们忘记了，谁知道啊？"

这时，推销员感到时机已到，就自然而然地提到了订货事宜，于是说："噢，也许……为保险起见，你们最好还是付一下定金吧，一旦公司能发货就给你们送来。"

"哦，那好吧。"两对夫妇很痛快地就答应了。

总之，直销员要从正反两个方面调动他人对你的积极性，使自己更受关注。不同于开门见山，直奔主题的推销方法，要根据客户的态度随机应变地运用欲擒故纵诱导营销术，掌握成交的主动权。

2.充分准备，做专家式的直销人员

一个人要是地位高，有威信，受人敬重，那他所说的话及所做的事就容易引起别人重视，并让他们相信其正确性，即"人微言轻、人贵言重"。

美国一位心理学家曾经做过一项实验：

在给某大学心理学系的学生们讲课时，心理学家向学生介绍了一位从外校请来的德语教师，说这位德语教师是从德国回来的著名化学家，而且说他还有很多著名的学术研究和科学发明，在化学界是相当出名的，很难得才请他来这里讲课，大家都对他表示了热烈欢迎。

在之后的化学课上，这位"化学家"煞有介事地拿出了一个装有蒸馏水的瓶子，他告诉学生，这是他新发明的一种化学物质，有一种特殊的气味，后来他让在座的学生闻到了气味请举起手来，结果多数学生都举起了手。

这样的结果是令人惊讶的，为什么明明无气味的蒸馏水，学生却可以闻出味道来呢？这是因为人们对权威的信任和遵从，使其对权威的"化学家"没有任何的怀疑，而认为蒸馏水确实有气味。

在权威面前，人们总是认为权威人物的思想、行为和语言是正确的，服从他们会使自己有安全感，增加不会出错的"保险系数"。同时，人们还有一种"认可心理"，即人们总认为权威人物的要求往往和社会要求相一致，只要按照权威人物的要求去做，就会得到各方面的认可。在这样的心理影响下，人们往往把权威说过的话、做过的事，当成命令、榜样，而不敢轻易地去违背。即使有独立思考能力的人，也会不由自主地受到权威的影响，甚至做出一些不理智的事情来。

人们对权威的深信不疑和无条件地遵从，会使权威形成一种强大的影响力，利用这种权威效应，可以在很大程度上影响和改变人们的行为。在现实生活中，权威效应的应用很广：如许多商家在做广告时，高薪聘请知名人物做形象代言人，或者以有影响的机构认证来突出自己的产品，以达到增加销量的目的。在辩论说理的时候，我们也经常会引经据典，引用权威人士的话作为论据，以增强自己的说服力。利用权威效应能够帮助我们比较容易达到引导或改变对方态度和行为的目的。

很多人为了获得安全感，为了减少损失，总是喜欢"跟着行家走"，因为行家很少会出错，行家会给我们一个比较正确的前进方向。在权威效应的影响下，行家的引导力是非常大的。在现实生活中，人们往往喜欢购买各种名牌产品，因为它有明星的代言，有权威机构的认证，有社会的广泛认同，这样可以给人们带来安全感。还有学生们在购买参考书和练习试题时，也是选择有名的出版社，著名的教授学者出版或推荐的，因为与其他的参考资料相比，从权威这里获得的提高和好处会更多。这就是在销售与消费中，权威效应起到的巨大影响力。因此，如果销售人员能够巧妙地应用权威的引导力，则能对销售起到很大的促进作用。

小张是做防盗门推销工作的，一次他打电话约见一位客户，客户要求小张9：00准时到自己家，并带上详细的资料。从电话中，小张感到客户要求比较严格，是一个难以应对的客户，所以做好了比较全面的准备。

有了一定的心理准备，小张到了客户的家里并没有太紧张。在向客户作商品介绍的时候，小张长了个心眼，说得特别详细，在客户询问时也回答得比较有条理，还把客户的意见用小本子记了下来。这一点让客户很满意，觉得小张是一个细心稳重的人。

但是在交谈中，小张还是发现客户对自己的产品有很多怀疑，不能够完全相信，于是，小张就向客户提供了一份关于产品的市场调查报告。使他了解自己产品的真实销量，这一点小张很自信，因为防盗门的销量确实很好，对客户也很有说服力。此外，为了让客户深信不疑，小张更是拿出产品的认证证书，以及很多在国际上获得的奖状，还有权威专家的推荐，这一套攻势下来，客户终于消除疑虑，放心地购买了他的产品，毕竟有那么多权威的推荐和认可，自己也没有什么不放心的。

在现实生活中，权威会对人们的言行产生很大的影响，而且权威代表着社会的认同，代表着绝大多数人的意见，这样，在其强大的影响力下，人们会变得很顺从，而不敢对权威发起挑战。在销售活动中，利用权威的威慑力和引导力，确实会对人们的消费选择产生很大的影响，销售人员要正确地、合理地应用这种优势，绝不能贪图利益，弄虚作假，以此来欺骗客户，否则必然会事与愿违。

顾问式营销，起源于20世纪的90年代，是指销售人员以专业的销售技巧，向客户进行产品介绍的同时，还要运用综合的分析能力、实践能力、说服能力完成客户的要求，并且预见到客户未来的需求，提出积极有益的建议。

生活中,我们需要形形色色的产品来满足自己的需求。但作为普通消费者来说,是没办法做到精通每一个行业、每一种产品的。这时,销售人员的专业程度就变得极为重要。

销售人员需要成为客户信赖的业务顾问,为他们排忧解难,提供一切咨询。比如,你卖香水,就要了解这瓶香水的制造过程、原材料、香味的作用、品位和寓意,要让消费者在使用香水的同时,得到很多受益匪浅的知识,提高自己的格调;你卖一台空调,就需要你能够根据客户的居住空间,提供最合适的空调机型,并且解决客户的一切技术需要。

消费者喜欢专家、顾问式的销售人员。对销售人员来讲,你所掌握的知识及信息,与客户对比起来,是极为不对等的,你的专业程度远远超过客户。所以,你需要向客户提供的帮助,并不仅仅是卖掉产品这么简单,而是应该让产品在客户的生活和工作中发挥最大限度的作用,并且让客户感觉到这笔付出是物超所值。

有一家手表公司,随着人们的生活水平逐渐提高,他们的业绩十多年来也飞速地发展。但是随着经营规模的扩大,公司发现以前屡试不爽的经营策略,好像一夜间就失灵了,产品销售越来越吃力,就像掉进了一张渔网。

症结出在哪里呢?新上任的销售部经理经过仔细的调查和分析,发现问题出在老化的销售方式上:

(1)销售人员的角色定位,依然停留在销售员和促销员的层次上,卖掉产品就当完成了任务;

(2)现场销售技能不足,言行不专业,没有统一的培训和产品讲解规范;

(3)销售人员的队伍不稳定,缺乏一个专业的能为客户服务到位的团队。

针对这三个问题，他提出了解决方案：为公司建立顾问式营销策略，让客户得到专家式的服务，提高产品满意度，进而推动销售，提升品牌形象。销售人员的专业水平提高了，在手表的形象设计上，加入了更多深层次的内涵，经过一系列的广告投放，用了两年的时间，该公司的手表就成为了全国知名品牌。

大多数客户购买手表的时候，并不仅仅是想拥有一个计时的工具，而是在寻求一种身份和地位的象征，想满足精神上的需求。如果销售人员只是针对手表的使用性能大加宣扬，效果往往不理想。顾问式的营销人员，则很擅长利用消费者的精神需求，对产品进行高层次的包装，影响客户的理性决策。

比如，男性适合戴什么样的手表，它的品牌选择包括外形、颜色、功能、质地、寓意；最适合女性的手表又是什么样的，今年的流行时尚与去年有什么不同，颜色有什么讲究。还有像装饰品、电脑、手机等各种产品，客户都需要销售人员给予全面而专业的讲解，让客户感觉到，自己不仅获得一件产品，更重要的是获得了一种品位，一种全方位的服务。

顾问式销售的好处：

（1）最直接的益处，就是让客户在收集信息、评估选择和购买决定这三个过程中，得到顾问与专家式的帮助，减少了购买支出，少走弯路；

（2）由于可以面对面地交流，体贴入微，服务周到，给客户带来了情感收入，留下良好的服务印象；

（3）为企业带来无穷的利益，最大限度地引起消费需求，增加企业的消费机会，树立优秀的品牌形象；

（4）让客户产生好的购后反应，企业与客户之间建立双赢的销售关系。

一个满意的客户，是企业最好的广告。专家、顾问式销售的目的，就是让客户成为企业的最佳宣传员；通过一种全方位的专业化服务，无形中让客户与企业建立了一种情感关系，将产品形象深植于客户的心中。像惠普电脑公司的"金牌服务"，让用户得到专家品质的免费的售后服务，这在很大程度上提高了公司的品牌，赢得了消费者的信赖。

怎样让自己成为顾问式销售人员呢？

第一，深入了解产品和技术，可以随时为客户提供正确的支持，这是基本素质；

第二，了解你的目标客户，具备甄选与分析客户的能力，根据不同的客户类型，自如地提供合适的服务方案；

第三，增加与客户的亲近感，消除陌生客户的抗拒心理，把握最适当的时机，说服客户主动购买；

第四，销售时，做到有效的开场、有条理的询问、真诚的倾听、专业的介绍、策略性的谈判，能够与客户坦诚相对；

第五，不仅能成为客户的顾问，还能成为客户的朋友。

如果你能领会这些，并掌握相关的销售服务技能，你就会无往不胜。

3.善于发现顾客的兴趣

客户是因为需求而产生购买行为的。要想让你的客户购买你的商品，你必须了解他的需求，并能投其所好，让他知道你的产品为什么能够满足他的需求，这样才能打动客户。

具体到不同的人身上，人们的需求可能会因为社会地位、职业特点而有所不同。这就需要销售人员懂得观察和分析客户，了解他对这个产品的具体需求是什么，然后再有的放矢地告诉客户，你的产品恰恰能满足他的这种需求。

有一位汽车销售人员为客户推荐一辆豪华轿车，他引导客户从不同的角度观看车的款式，让客户看到汽车造型是多么气派，他请客户坐在车上感受车子的宽敞、舒适及豪华，他还拿出几位商场知名人士签下的订购合约，给这位客户过目。

就这样，他们很快开始谈到车子的价格及交车的手续。不一会儿，客户就签下了一辆近120万元车子的合约。

这么大的一笔交易，为什么销售人员这么快就说服了客户呢？因为他知道，具有如此高收入的客户，一般自己并不亲自开车，往往备有专职的私人司机，客户本人对车子并不是很了解，他需求的重点只有两个字——"气派"。因此，销售员只针对"气派"这个诉求进行说服，结果很快与客户成交。

同样是汽车，如果是销售价位不高的普通家用型轿车，在对客户进行推销时，用这个策略就可能不会成功了。

因为购买家庭经济型轿车的人，首先重视的是经济、实用，此外根据各人爱好不同，对外形或附加功能也有不同的需求。这时，销售人员就要把重点放在经济和实用的特征上面，然后根据客户的个人特点，突出自己产品的某种特色，从而打动客户。

也就是说，销售人员在推销的时候，要根据客户身份、背景、特点的不同，分析他们可能的需求重点，然后把自己的产品能够满足他需求的特性重点强调出来，这样才能有效地打动客户，使之产生兴趣和决定购买。

销售人员在向企业推销的时候，也要根据拜访的对象不同，分析他们各自不同的需求，从而采取不同的说服策略。

比如，一位销售人员拜访一位老板，试图卖给他一些电脑和软件以改善他们公司的会计职能，这位老板很可能缺乏兴致。因为老板一般最关心的是盈利，而他的思维往往不会将会计和盈利直接联系起来。卖这种东西，销售人员可能找错了对象。

你要了解公司里不同部门的人关心的是什么。如果你和公司老板讲话，那么他想要的则是改进盈亏平衡点。如果你和一位行政负责人谈，他最关心的不是别的，而是降低成本。如果你和一个搞市场或销售的人谈，他们最感兴趣的是增加销售和随之带来的收入。

假设你在推销一套销售培训系统，并在与一位销售经理谈此事，你的介绍应该全部放在改善销售业绩，而不是改善盈利上。因为销售经理不是靠利润，而是靠全体销售人员的业绩而受到好评。

总之，向企业里的人员销售产品或服务，关键是提出的问题要与这个人做什么和对什么后果负责有关。你需要知道，他的工作的主要绩效指标是什么？他因为什么而领到工资？他应为公司谋取什么样的成果？他的上级对他的评价方式是什么？就是说，你的推介应该集中在这位客户自身能享受到的"特定"的好处上，而不是一些"笼统"的好处上。

关于客户的需求，作为销售人员还要知道：不同种类的产品，其客户往往具有不同的需求。

每一个行业销售的商品，都有一些最能打动客户的诉求重点，销售人员顺着这些重点去介绍，才能收到事半功倍的效果。例如，客户选择货品运输服务时，最关心的是货品能否安全、准确无误地到达目的地，因此运输业的销售人员向客户展示时应该朝着安全、准确无误的方向去说服。

下面我们针对生活中几种常见的产品，分析一下它们各自的客户都有哪些需求。

（1）房产购买需求。

①投资：购买房屋可以保值、增值。

②方便：上班、上学、购物的方便性。

③居住品质：空气新鲜、环境安静。

④安全：保安设施、大楼管理员配置、住户都有一定水准。

⑤社会地位：附近大都是政界、商界名流居住，能代表个人的社会地位。

具体到个人，购买房子的动机也许不一定一样，例如，有的因为上班方便，必须居住在都市；有的只想有一间房屋能住就好，不在乎地点；有的追求较有品位的居家环境；有的想显示身份地位，等等。对这些需求都要区别对待。

（2）生产设备购买需求。

①生产率：生产设备的购置是理性的行为，生产率的高低是选购的关键。

②投资报酬率：生产率再高，如果市场需求没那么大，也会影响投资报酬率。因此投资报酬的高低及风险也是一项重要的指标。

③稳定性：生产线上的主管最关心生产设备的稳定性，因为他们要对每日的产量负责，生产设备不稳定会直接影响他们的绩效。

（3）办公机器购买需求。

①操作性：操作起来是否方便，是否需要专人，都是影响办公效率的重点。

②体积大小：目前办公室的租金都非常贵，几乎各个办公室都缺乏足够的空间，因此体积过大的办公机器不太受欢迎。

③办公合理化：办公机器就是要提升公务处理的效率及促进合理

化，因此效率及合理性是办公机器的诉求重点。

④功能、价格及实用性：功能多固然是卖点，但功能过多却往往大部分用不到，只会增加成本，这样卖点就成了弱点。因此，功能要实用，而不一定要多。

（4）玩具购买需求。

①教育性：即要具有某种启发教育意义。

②安全性：不会让小朋友受到意外伤害。

③好玩：要好玩才能玩得久。

一般来说，比较"理性"的产品，如建材、电脑、测量仪器、模具等产品，展示的大方向在于能否充分地提供咨询服务，解决客户的问题；而其他如化妆品、保健食品、美容健身等，是比较"感性"的产品，其诉求的大方向，往往是要描绘一个充满希望的愿景，以打动客户。

只有那些能引起客户兴趣的话题才可能使整个销售沟通充满生机。客户一般情况下是不会马上就对你的产品或企业产生兴趣的，这需要销售人员在最短时间之内找到客户感兴趣的话题，然后再伺机引出自己的销售目的。比如，销售人员可以首先从客户的工作、孩子和家庭以及重大新闻时事等谈起，以此活跃沟通气氛、增加客户对你的好感。

通常情况下，销售人员可以通过以下话题引起客户的兴趣：

（1）提起客户的主要爱好，如体育运动、娱乐休闲方式等。

（2）谈论客户的工作，如客户在工作上曾经取得的成就或将来的美好前途等。

（3）谈论时事新闻，如每天早上迅速浏览一遍报纸，等与客户沟通时首先把刚刚通过报纸了解到的重大新闻拿来与客户谈论。

（4）询问客户的孩子或父母的信息，如孩子几岁了、上学的情况、父母的身体是否健康等。

（5）谈论时下大众比较关心的焦点问题，如房地产是否涨价、如何节约能源等。

（6）和客户一起怀旧，比如提起客户的故乡或者最令其回味的往事等。

（7）谈论客户的身体，如提醒客户注意自己和家人身体的保养等。

对于客户十分感兴趣的话题，销售人员可以通过巧妙地询问和认真地观察与分析进行了解，然后引入共同话题。因此，在与客户进行销售沟通之前，销售人员十分有必要花费一定的时间和精力对客户的特殊喜好和品位等进行研究，这样在沟通过程中才能有的放矢。例如：

某公司的汽车销售人员小马在一次大型汽车展示会上结识了一位潜在客户。通过对潜在客户言行举止的观察，小马分析这位客户对越野型汽车十分感兴趣，而且其品位极高。虽然小马将本公司的产品手册交到了客户手中，可是这位潜在客户一直没给小马任何回复，小马曾经有两次试着打电话联系，客户都说自己工作很忙，周末则要和朋友一起到郊外的射击场射击。

后来又经过多方打听，小马得知这位客户酷爱射击。于是，小马上网查找了大量有关射击的资料，一个星期之后，小马不仅对周边地区所有著名的射击场了如指掌，而且还掌握了一些射击的基本功。再一次打电话时，小马对销售汽车的事情只字不提，只是告诉客户自己"无意中发现了一家设施特别齐全、环境十分优美的射击场"。下一个周末，小马很顺利地在那家射击场见到了客户。小马对射击知识的了解让那位客户迅速对其刮目相看，他大叹自己"找到了知音"。在返回市里的路上，客户主动表示自己喜欢驾驶装饰豪华的越野型汽车，小马告诉客户："我们公司正好刚刚上市一款新型豪华型越野汽车，这是目前市场上最有个性和最能体现品位的汽车。"

一场有着良好开端的销售沟通就这样形成了。

在寻找客户感兴趣的话题时，销售人员要特别注意一点：要想使客户对某种话题感兴趣，你最好对这种话题同样感兴趣。因为整个沟通过程必须是互动的，否则就无法实现具体的销售目标。

如果只有客户一方对某种话题感兴趣，而你却表现得兴趣索然，或者内心排斥却故意表现出喜欢的样子，那客户的谈话热情和积极性马上就会被冷却，这是很难达到良好沟通效果的。客户兴趣的激发，源于平时的积累，将平时的积累作为话题，引起客户兴趣，然后采用提问的方式，对客户进行心理攻势，这样的推销，才能达到一锤定音的效果。

所以，销售人员应该在平时多培养一些兴趣，多积累一些各方面的知识，至少应该培养一些比较符合大众口味的兴趣，比如体育运动和一些积极的娱乐方式等。这样，等到与客户沟通时就不至于捉襟见肘，也不至于使客户感到与你的沟通淡而无味了。

4.把客户的利益放在第一位

客户都有极强的自我重视心理，这种心理包含两层含义：一层是对自己的关心和保护；另一层是希望得到别人的重视。在销售中，客户关心的总是自己的利益，这就是自我重视心理的具体表现。

曾经有一位推销专家说过："推销是一种压抑自己的意愿去满足他人欲望的工作。毕竟销售人员不是卖自己喜欢卖的产品，而是卖客户喜欢买的产品，销售人员是在为客户服务，并从中获取利益。"我们也可以从另一个角度来说，客户关心的总是自己的利益，他是因为自己的需求而去购买产品，而不是因为销售员的要求去购买的。销售这场战役永远应该以客户为中心，以客户的利益为出发点。

张小姐和她的老公正在一起手挽手逛家电商场，他们刚刚结婚没多久，家里的电器基本上也没什么可买的，但是，由于老公对一些新款的家电很感兴趣，所以两个人自然也成了家电商场的常客。他们走到微波炉专卖区，一位销售人员热情地迎了上来……

销售人员："小姐，您好，看一下我们新款的微波炉吧，无辐射的！"

"无辐射的？"微波炉辐射大，这是大家都知道的，也正是因为这个原因，张小姐家里一直没有买微波炉，现在听说有无辐射的微波炉，夫妇俩的兴趣立刻被提了起来。

"是的，我们这款微波炉是采取最新的光波技术设计，无辐射，而且能自动旋转加热食物。"销售人员热情、专业地介绍着。"小姐，您平时在用微波炉时是不是能明显感觉到辐射呢？"

"是的，我妈家的微波炉辐射就很大。"

"恩，我们公司的微波炉辐射也能感觉得到。"刘小姐和老公分别说道。

销售人员："是呀，但是这款微波炉就不一样，它不但无辐射，而且采用的光波技术还减少了食物在加热的过程中的水分流失，非常适合现代家庭的需要。"

刘小姐："就怕用起来效果没你说得那么好，而且好像有点贵呀。"

销售人员："小姐，一分价钱一分货，这款微波炉绝对物超所值……您想选个什么价位的呢？"

"我就觉得这款无辐射的比较好，但是价位还是有点高，况且也超出了我的预算，这款真的是无辐射的吗？"刘小姐说道。

"是的，的确没有辐射，我来给您试一下。如果您真的特别喜欢，

185

我也可以和经理请示一下,给您附带赠送一套微波炉专用厨具。"

"真的啊?能让我看看是什么样的厨具吗?"

……

接下来,销售人员拿来了赠品,并为这两位客户边演示产品,边就微波炉的新功能做了更详细的介绍。半个小时之后,刘小姐和老公高高兴兴地拎着微波炉走出了家电商场。

销售员让客户满意的根本,是让客户感觉到他们是在为客户谋利益,而不是为了获得客户口袋里的钱,这样才有助于消除彼此之间的隔阂。把客户的利益视为自己的利益,不但能化解很多矛盾,还能带来更大的效益。

了解客户的"利益点"

在客户考虑是否购买产品时,不同的客户最关心的利益点是不同的。有些客户最关心的是价格;有些客户最关心的是服务;有的客户最关心的是兴趣、爱好;有的客户最关心的是安全。不管客户最关心的"利益点"是什么,销售员要明白的一点是:客户最关心的永远都是自己的利益。

作为一名优秀的销售员,在与客户面谈时,必须千方百计地找出客户最关心的"利益点"。只有明确这一事实,销售员的说明才会有方向,才能把话说到客户的心里,从而打动客户,促使客户产生购买欲望。

给予适当优惠

心理学上认为,当人们给予别人好处后,别人心中会有负债感,并且希望能够通过同一方式或者其他方式偿还这份人情。销售员可以把它运用到销售工作中,给客户一点小优惠,当客户自己的利益得到满足后,就会毫不犹豫地接受交易。

在一次大型玩具展销会上,一家玩具公司的展位非常偏僻,参观者寥寥无几。公司负责人急中生智,第二天就在展会入口处扔下了一些别致的名片,在名片的背面写着"持此名片可以在本公司展位上领取玩具一个"。结果,展位被包围得水泄不通,并且这种情况一直持续到展销会结束,众多的人气也为这家公司带来了不少生意。

这家公司之所以能取得商业上的巨大成功,原因就在于他们抓住了人们都只关心自己利益的心理,用给予客户小优惠的方式为公司带来巨大的商业效益。

强化产品优势

只有产品能够满足客户的需求时,客户才会考虑是否购买。市场上的同类产品很多,怎样才能让客户对我们的产品情有独钟呢?这就需要销售员根据客户的需要,强化本公司产品的某方面优势。当客户说出自己的期望后,销售员就要马上将客户的理想产品要求和本公司的产品特征进行对比,明确哪些产品特征符合客户期望,哪些要求难以实现和满足。进行了一番客观合理的对比之后,销售员就要针对能够实现的产品优势对客户进行劝说。介绍这些优势时必须要围绕客户的实际需求展开,要从潜意识里影响客户,让客户感到这些产品优势对自己十分重要。但是产品介绍要实事求是,拿出沉稳、自信的态度。

5.温水"煮"顾客

有人做过这样一项实验,将锅里盛满凉水,然后放进去一只青蛙。青蛙在水中欢快地游啊游啊,丝毫不介意环境的变化。这时,把锅慢慢加热,青蛙对一点点变温的水毫无感觉。慢慢地,温水变成了热水,青蛙感到了危险，想要从水中跳出来，但为时已晚，因为它已经快被煮熟了！

青蛙之所以快被煮熟也不跳出来，并不是因为青蛙本身的迟钝。事实上，如果将一只青蛙突然扔进热水中，青蛙会马上一跃而起，逃离危险。青蛙对眼前的危险看得一清二楚，但对还没到来的危机却置之不理。这就是青蛙法则，经营中，懂得运用这个法则，就能成功操纵顾客，让他不知不觉中就掏出腰包。

当顾客选购衣服时，精明的售货员总是不怕麻烦地让顾客反复试穿。当顾客将衣服穿在身上时，他又会不断地称赞。顾客顿时笑逐颜开，会很高兴地买下衣服。当然，顾客形形色色，实际销售中并非总能如此顺利。但只要把握住微笑服务，真诚与顾客沟通，揣摩顾客的心理，替顾客着想，就能打动顾客，操纵顾客。

推销时，售货员话不用多，但要有分量，这样才能操纵顾客的购买欲。售货员若想把商品所有的优点都列举出来会导致不必要的废话，反而会引起不信任。而且怀疑和犹豫可能出现并反复发生在顾客购物的各个阶段，包括在购物以后，如果售货员针对其中的一个或几个说一些有分量的话，那么会令人信服得多。

如果部分论据尚未充分利用而是让顾客对产品的优点回家后自己去了解，这样只会改善购物行为的后效应，而不会产生任何副作用。需要强调的是，"有分量"并非是把话说得绝对、武断。这种口气会使得顾客产生心理上的防御反应，比如，顾客把话说了一半就突然离去，或者不加反驳地听售货员说话，然后坚定地拒绝购买。

对顾客的任何一种不同意见都不能置若罔闻。商业论证不仅要证实自己观点的正确，还要打消谈话对方的疑虑。如果对顾客的不同意见不作答复，会让人觉得售货员对商品故意只做不完整的、有倾向性的介绍。为避免这一点，对顾客任何一种不同意见都不能置之不理。

应该防止这样一种错误认识对我们的操纵，不能把顾客的不同意见当作是吹毛求疵，不信任。

相反，顾客的不同意见恰恰说明他对商品很关心，说明他有吸取你的意见和愿望。这样的顾客比光听不说话或者只用一句话来回答问题的顾客好说服得多。不同的意见只能反映出顾客的立场，暴露出他的忧虑所在。此时，耐心地解答，剔除其疑虑，一般生意也就做成了。

另外，在具体的商业用语中，也要用温情的话语吸引顾客。具体有以下几个技巧：

（1）避免命令式，多用请求式。

命令式的语句是说者单方面的意思，没有征求别人的意见，就强迫别人照着做；而请求式的语句，则是以尊重对方的态度，请求别人去做。请求式语句可分成三种说法：肯定句："请您稍微等一等。"疑问句："稍微等一下可以吗？"否定疑问句："马上就好了，您不等一下吗？"一般说来，疑问句比肯定句更能打动人心，尤其是否定疑问句，更能体现出营业员对顾客的尊重。

（2）少用否定句，多用肯定句。

肯定句与否定句意义恰好相反，不能随便乱用，但如果运用得巧妙，肯定句可以代替否定句，而且效果更好。例如，顾客问："这款有其他颜色的吗？"营业员回答："没有。"这就是否定句，顾客听了这话，一定会说："那就不买了"，于是转身离去。如果营业员换个方式回答，顾客可能就会有不同的反应。比如营业员回答："真抱歉，这款目前只有黑色的，不过，我觉得高档产品的颜色都比较深沉，与您气质、身份、使用环境也相符，您不妨试一试。"这种肯定的回答会使顾客对其他商品产生兴趣。

（3）采用先贬后褒法。

比较以下两句话："太贵了，能打折吗？"

① "价钱虽然稍微高了一点,但质量很好。"

② "质量虽然很好,但价钱稍微高了一点。"这两句话除了顺序颠倒以外,字数、措词没有丝毫的变化,却让人产生截然不同的感觉。先看第二句,它的重点放在"价钱"高上,因此,顾客可能会产生两种感觉:

其一,这商品尽管质量很好,但也不值那么多;

其二,这位营业员可能小看我,觉得我买不起这么贵的东西。再分析第一句,它的重点放在"质量好"上,所以顾客就会觉得,正因为商品质量很好,所以才这么贵。总结上面的两句话,就形成了下面的公式:

A.缺点→优点=优点

B.优点→缺点=缺点

因此,在向顾客推荐介绍商品时,应该采用A公式,先提商品的缺点,然后再详细介绍商品的优点,也就是先贬后褒。此方法效果非常好。

(4) 言词生动,语气委婉。

请看下面三个句子:"这件衣服您穿上很好看。""这件衣服您穿上很高雅,像贵夫人一样。""这件衣服您穿上至少年轻十岁。"第一句说得很平常,第二、三句比较生动、形象,顾客听了即便知道你是在恭维她,心里也很高兴。除了语言生动以外,委婉陈词也很重要。

对一些特殊的顾客,要把忌讳的话说得很中听,让顾客觉得你是尊重和理解他的。比如对较胖的顾客,不说"胖"而说"丰满";对肤色较黑的顾客,不说"黑"而说"肤色较暗";对想买低档品的顾客,不要说"这个便宜",而要说"这个价钱比较适中"。

只要这样做,就可以温水"煮"顾客,使他任你操纵,难以脱逃。

6.察言观色，细微反应体现心理变化

著名的心理学家弗洛伊德曾经说过："任何人都无法保守他内心的秘密。即使他的嘴巴保持沉默，但是他的指尖却在喋喋不休，甚至他的每一根毛孔都会背叛他！"这是弗洛伊德的一句经典名言，他的意思是说，人的心理总会通过各种各样的形式表现出来，即使你不说话，也会从你的举止体态里面看出来。

人的心理与其外在肢体语言有着密切的关系，二者互为表里，肢体语言可以看成是人的内在心理的一种外在表现。也就是说人的内心活动可以通过他们的言行、表情、习惯等表露出来，即使有的人掩饰得比较好，也是可以从他的言谈举止中看出些蛛丝马迹的。

具体到客户的消费心理，其实也是如此，其真实的内心活动是可以通过他的神态、表情、行动等方面的变化表现出来的。

表情和姿态流露出客户的喜怒哀乐

客户的购买行为，简单地说就是人对事物的一种情感倾向。当客户的个人需要与客观商品之间确立了好恶关系，客户就会决定买或者不买。而在这个过程中，客户的情感变化会通过他的表情和姿态表现出来。

当客户喜欢你的产品时，就会表现得愉悦、眉飞色舞，甚至手舞足蹈；当你的服务十分周到，客户非常满意时也会喜形于色；当客户不喜欢你的商品或者不满意你的服务时，也会在面部表情上有所体现。一般地，客户在购买活动中，各种微妙的心理感受、情绪变化都会通过不同的表情和姿态反映出来。一个优秀的直销员应该善于通过表情、姿态来揣摩客户的心理变化，并运用自己的热情和真诚去影响客户，使双方的感情得到很好的交流，引导客户的情感向好的方向发展。

言为心声，声调体现客户心情

语音语调是表现一个人的情绪的重要方式。通过一个人说话时的语调的变化，可以看出他心理的变化。一般地，低沉、缓慢的语调表现出的是冷静、悲哀或者畏惧的情绪，而激昂、快速的语调表达出的则是热情、急躁或者恼怒的情绪。语言学中我们可能学过，同一句话，用不同的语速、语调、语气说出来，所表达的意思会产生很大的差距，甚至截然相反。

例如，当客户要求直销员向他展示商品时，会说："不好意思，请把商品拿来我看一下。"如果此时客户的说话语调平缓，语气较轻，则表明客户相中了你的产品，有意购买，而如果这时直销员慢慢腾腾，或者爱理不理，客户可能还会说"不好意思，请把商品拿来我看一下"，但是语气会明显加重，语调也有所提高，这表明客户心情很不愉快，对你的服务很不满意，没有骂你已经很给面子了。

细微反应体现心理变化

人的心理与生理是密切相关的，当一个人的心理发生变化时，在生理上也会有相应的反应。在消费心理的表现上也是与生理反应息息相关的。比如当一个客户突然发现自己一直特别想要，而多年寻觅未果的商品的时候，就会十分高兴和兴奋，他的心跳就会加快，呼吸变得急促，脸色发红等。情绪反应比较激烈的时候，还会忍不住叫喊，或者喜极而泣，这都是他的激动心理的外在反应。同理，当客户处于紧张、愤怒、急躁、厌恶、羞怯等状态时，也都会有很多生理上的细微反应。作为直销员要善于从细微的地方洞察客户的心理反应，把握正确的信息。

总之，客户的消费心理可以通过很多的方式表现出来，一般地，心理都会外化成某种情绪，而不同的情绪又表达了客户不同的心理活动，作为直销员应该善于发现和把握这些信息，对于了解和判断客户的心理有很大帮助。

7.七大戒律，避免失败

要避免交易失败，必须掌握最佳时机。

（1）不要惊慌失措。

这种情况最易发生在交易成功前的一刻。若一下子表现出惊慌失措的样子，就会使顾客心中生疑，从而失去顾客对你的信赖感，随之也就失去了顾客。

（2）谈论交易条件时不要怯懦。

既然已到了达成交易的最后阶段，这时已不再是对价钱是否打折扣而反复交涉的时候了。纵使顾客有此要求也无须理会。因为到了这时，顾客心里的打算是能省一分就省一分，不能便宜也无所谓了。

谈判交易条件时，只有采取毅然决然的态度，才能既维护自身利益，又能维持顾客对你的信任。相反轻易让利则会使顾客产生疑问或动摇对你原先的信任，这样对交易就极为不利了。

（3）并不需要讲很多。

如果处于交易即将谈成的关键时刻，就应言语谨慎，绝不要任意开口，而要将精神集中在一点，以免言多有失，造成节外生枝。所以切记：多言无益。

（4）不要表现出过于兴奋。

眼看大功告成，自己的一番努力即将结出硕果，谁都会因此兴奋不已，此乃人之常情，不可避免。但作为直销员却不能随心所欲，即在交易将成功时，要善于隐藏自己内心的喜悦，要有自制力，想一些办法来掩饰自己由于兴奋而显得紧张的表情和动作。

许多从事直销工作的新手，偶尔会抑制不住自己的心情，喜悦或者是由兴奋而产生的紧张溢于言表，如果不幸被顾客感觉到，则会使他对已决定的交易产生新的疑虑，重新犹豫起来甚至反悔，这岂不是"自讨苦吃"？

（5）不作否定性的发言。

直销员应尽力避免打断顾客的发言，即使是需要否定之事，也需用避免刺激顾客感情的说法。如："的确如此，我理解你的意见，但是……"之所以必须这样，是为了让顾客心情舒畅，从而尽快同你签完协议。

（6）不妄加议论。

当你的直销完全进入有关交易的商谈阶段之后，顾客可能会提出种种疑问，或接连发表自己的意见。其中有些顾客的言辞有可能冒犯了你，但不管怎样，绝不要轻易表态，妄加议论。

因为，无论直销员的理由如何充分，在这时发表意见都不会有任何益处，否则贸然对答，唯一的可能就是毁掉将要成功的交易。

（7）不可久坐。

即使最后合同签妥，能安心地与顾客交谈了，也切记不要久坐。因为在顾客心中多少存有一些买了东西后的疑虑。也就是人们花完了一笔钱后都会有些"心痛"。若你仍与顾客久坐在一起，好像交易还未完全结束的样子，这样，顾客就会在心里总盘算着这笔买卖是否合适，于是还想与你"探讨"，发展下去结果便不可预料。所以，应尽快告辞，以免再创造动摇顾客购买决心的机会。

不管是失败还是成功，都是"三十六计走为上策"，早走早好。

总之，越是在紧要关头，越要谨慎行事。千万不要以为大功告成，而掉以轻心，造成顾客吃了后悔药，使你中了顾客的"回马枪"而前功尽弃。但是，如果你在成交关头，牢记此条妙计，并善加使用，定能大获全胜。

第八章
对症下药，巧妙应对不同性格的客户

1.随和型的客户：慢慢引导

在直销员的眼里，客户主要分为两类：一种是能够友好地接受直销员的直销的"友好客户"，这类客户比较和善，愿意听取直销员的建议，即使不是很喜欢，也不会拒绝，这样的客户是直销员们所喜欢的，直销起商品来比较轻松；还有一种就是很难对付的客户，他们经常会给直销员制造各种各样的麻烦，不愿意听直销员的唠叨，不喜欢的东西就严词拒绝，甚至反驳直销员的说辞，给直销员难堪，这类客户是直销员们所害怕碰到的。

没有人愿意给自己制造麻烦，因此相比而言，友好客户是直销员最喜欢遇见的客户。随和型的客户就是其中的一种。这样的客户性格温和，态度友善，当直销员去向他介绍或者直销产品的时候，他们往往会比较配合，愿意听直销员的"唠叨"，思维往往会被直销员牵着走，即使直销员表现得不热情、不积极，他们也能够容忍，不会轻易发脾气。

随和型的客户其缺点在于做事缺乏主见，比较消极被动，在购买时总是犹豫不决，很难做出决定。一旦别人给其施加压力，就会迫使他们做出选择。如果直销员能够利用这一点，适当地给客户施加一点压力，就会很快促进交易的成功。当然施加压力的方式方法一定要正确。比如：直销员要始终把主动权抓在自己的手里，用自信的言谈，给以客户积极性的建议，并多多使用肯定性的语言加以鼓励，而且要多从客户的立场来谈论问题，在潜移默化中使客户做出决定。这样才是比较合适和合理的做法。

如果你用连番轰炸式的说辞来给客户施加压力，则可能刺激客户产生强烈的逆反心理。因为随和型的客户表面上看似温和、性子慢、有耐心，但是其内心也是十分固执的，在他对商品还没有全面了解之前，直销员就急于把商品直销给他，软磨硬泡，使劲儿往客户怀里推，客户就会产生怀疑，从而对直销员不信任，直销员越是热情，客户越是拒绝接受。虽然客户不会大发脾气，夺门而走，但是却会坚持拒绝到底。

刘先生到商场购买家电，直销员小陈见有客户来，就急着向刘先生介绍某品牌的家电，而言辞之中却只是在劝他购买此款，而不询问刘先生的意见。刘先生虽然点头称是，并微笑地面对小陈，但是却并没有购买的意思。

这时旁边的小李从他们的言谈中，发现刘先生是一个比较随和的人，但是却缺乏主见，拿不定主意。而小陈急于直销，显然已经激起了刘先生的逆反心理，对小陈表示不信任，所以即使小陈再苦口婆心地劝说，刘先生也是不会购买的。

于是直销员小李走上前来，对刘先生说："刘先生，既然您暂时决定不了，不如我带您看看别的品牌的家电，想好之后再做决定。"

刘先生高兴地同意了。小李耐心地带他看了十几种家电的品牌，并认真地给刘先生讲解各种品牌家电的特点。在他选出两种之后，又帮他作了详细的比较分析，最终刘先生拿定了主意。鉴于小李专业而周到的服务，刘先生很信任他，在这次购买家电之后，又曾多次前来光顾。

直销员小李摸清楚了客户的心理，并顺着客户的特征，对其作了积极的引导，最终促成了交易，并在今后依然得到客户的信任。

对于随和型的客户施加压力的时候，要注意方式方法，狂轰滥炸起不了作用，反而容易引起客户的反感。因为，随和型的客户虽然害怕受到压力，但是却不喜欢受到别人的强迫。要想说服这样的客户，最隐蔽而有效的方法就是消除客户的疑虑，用真诚来给客户制造压力，攻破客户的心理防线，使客户没有拒绝的理由。

随和型的客户性子慢，直销员不能够太过急躁地直销商品，而应该努力配合客户的步调，慢慢地引导客户，用专业的商务语言给以客户积极的建议，让客户了解到你的诚意，消除其心中的种种疑虑，最终水到渠成地促成交易。

随和型的客户怕压力，但是压力太大又会刺激其逆反心理，因此直销员在施压时，一定要适时、适度。而最好的压力是你的真诚，对于这样的客户不能急于求成，而是用自己的真诚和耐心让客户信任你，接受你，让客户觉得你不是在向他直销商品，而是从他的立场考虑，帮助他选购好的产品，这样客户就没有任何拒绝的理由了。

2.独断专行的客户：把他推到主动的位置

有的人办事缺乏主见，犹豫不决，唯唯诺诺，而有的人则是主意坚定，行事果断，甚至像个统治者似的，喜欢独断专行，不愿意跟别人废话，也听不得别人的劝说。

在直销过程中，这样的人则是一个难以说服的客户，会使直销员感到十分头疼。因为独断专行的客户总是有着自己的想法和主意，虽然他们会很快做出决定，但是必须是你的商品完全能够符合他的要求，否则直销员得到的答案十有八九是否定的，而在选购的过程中，这样的客户往往言辞简单，不会向直销员透露太多的信息，而是更喜欢提出很多的要求，比如："简单地说说你的意见让我听一下""我觉得这个不合适，你能够帮我换一个更好的吗"……如果直销员做得不好，那么客户就会果断地决定不买，并且离开。这样直销员就很难把自己的商品卖出去。

独断专行的人，总是以自我为中心，希望别人能够认同和欣赏自己的见解和看法，希望别人能够按自己的意志去行事。这反映出人们的一种统治心理，一种强烈的表现欲望，希望得到别人的认同和服从。因此，在直销过程中，直销员要善于变换主客关系，把客户转换到主人的位置上，让客户自己来评判和选择产品。比如，直销员可以说"先生，我看您很有主见和判断力，所以您喜欢哪种款式，想必早已经心里有数了吧！"或者说"您对我们的产品真是很有见地，我想完全可以由您自己来选，我就不用再做介绍了"，这样的话就可以把客户推到主动的位置上来，让他自己说出自己的想法，既然是他说的，那么你拿出的商品他自然不会反对。如果直销员不懂客户的心理，而是给客户热情地作介绍，客户反而会打断直销员的陈述，或者提出很多的问题来刁难直销员，以维护自己心里固定的看法，并把直销员打压下去，使自己处在主导地位。

有一对年轻夫妇到商店购买厨具，他们到了特定的直销区，边走边看，女士比较好奇，走走看看问问，一会儿觉得这种好，一会儿又觉得那种也不错，一时间很难拿定主意。而男士则显得很有主见，在询问直销员的时候，如果直销员要给他介绍某种品牌的时候，他都会断然拒绝，而且直截了当地对直销员说自己需要的是一种什么样的款式。直销员给他介绍了几款，都不是他想要的那种，这让直销员很是为难。

而这一切都被展区主管姚经理看在了眼里，她断定这位男士是一个独断专行的人，在选购商品的时候很自主，心中已经有了既定的目标，而他又不能具体地指给直销员是哪一种，所以让人捉摸不定。如果再这样下去，客户很可能就会因为找不到合适的商品而离开。

姚经理只好亲自出马，她把这对年轻夫妇引到某一品牌厨具的展区，并对男士说："先生，我看您是那种很有主见的人，这一品牌的厨具质量都不错，您看您喜欢哪一种款式？"两个人开始转着看。这时女士好像看上了某一款厨具，在那流连忘返，于是姚经理便从女士入手，"看得出来，小姐比较喜欢这款厨具，先生觉得怎么样呢？"男士看了看，摇了摇头，而女士则有点不同意，这时男士便开始给她分析这款厨具的优缺点，并很快说服了女士。而在他们的对话中，姚经理大概听出了男士所喜欢的款式类型，于是她便把一款比较符合男士要求的厨具推荐给了他，并说："我觉得这一款比较适合先生的要求。"姚经理按照刚才男士在劝说女士时所说的标准来介绍了一下这款厨具。因为是男士刚才自己说的话，他也没有什么好反驳的，而且基本上是他心目中想要的那种，他的妻子也很喜欢，所以就决定购买了。

独断专行的客户很有主见，有时还十分固执，对某种商品常常情有独钟，如果直销员不能够按照他的要求提供其所需产品，那么就难以促成交易。想要了解客户的真实意愿，就应该想办法让他自己说出来，或者自己说出产品的哪些地方符合他的要求，进而从他所透露出的有效信息中，给其提供最合适的商品，以满足客户的需求。

应该注意的是，独断专行的客户，不喜欢直销员的强制直销，你越是热情地陈述该产品的好，他就越会怀疑，越不会买。因此，直销员要采取隐蔽的方式，使客户自己说出自己的意愿来，调动客户的积极性，让他自己来选购，这样既满足了他的表现欲望，又使自己不被为难。

独断专行的客户总是以自我为中心，喜欢表观自己，对自己中意的商品情有独钟，不愿意接受直销员的推荐和介绍。因此直销员不要试图改变客户的意愿，否则会适得其反，让客户更加不满。直销员应该通过各种信息来探知客户的真实愿望，让客户自己选择，使其处于主动的地位，从而轻松实现直销。

3.虚荣的客户：给足面子

每个人或多或少都有虚荣心，爱慕虚荣是一种很普遍的心理。而在现实生活中，这样的人和事又是十分常见的。比如人们总是喜欢与有名气的亲戚和朋友套近乎；热衷于时髦服装；对时尚的流行产品比较敏感；不懂装懂，害怕别人说自己无知；办什么事都喜欢讲排场、摆阔气，尽管身上没钱，却也不愿进低档餐馆；当受到别人的表扬和夸赞时，沾沾自喜，洋洋得意，自我感觉良好……虽然说虚荣心是一种不被提倡的心态，但是这种心理在现实生活中确实是无法避免的。只要人们能够把握好一个度，爱慕虚荣可以，但是不要使自己因为追求自己无法得到的东西而陷入痛苦，不要因为贪图权欲而走上不法的道路就可以了。

从心理学的角度分析，人们爱面子、好虚荣其实都是一种深层的心理需求的反应。因为人们在社会中生活，不仅要满足基本的生存需求，更要满足各种心理上的需求。在物质资料得到满足以后，人们更需要的是精神上的满足，比如得到别人的尊重和认可，得到赞美，得到别人的关心和爱护，在交往中体现自身的价值等。虚荣心就是为了得到这些心理满足而产生的。

虚荣心体现在生活的方方面面，而在消费中，客户的虚荣心也会表现得很明显。比如：虽然家庭经济条件不是很宽裕，但是在购买家具时也要选择比较高档的；在直销员面前要尽量表现得很富有，不许别人说自己没钱，买不起；如果别人对其表示出轻视的态度，其自尊心就会受到很大伤害。这样的客户需要得到直销员的夸奖，如果你夸他们有钱，他们就更愿意花大把的"银子"在你身上。

一位打扮得雍容华贵的女士走进某时装店，在店里转了两圈后，在高档套装区停了下来，一位女店员便走过来招呼她："小姐，这套服装既高雅又时尚，穿在您身上会使你的气质更加高贵。"女士点点头，表示同意。店员见她很高兴，对这套衣服也比较满意，便又说："这套服装质量很好，相对来说，价格也比较便宜，其他的服装要贵一些，但是又不见得适合您，您觉得怎么样？"

店员心想：价格既便宜，质量又好，她肯定会马上购买的。但是该女士的反应却出乎店员的预料，听完女店员的话之后，那位女士立刻变了脸色，把衣服丢给店员吵着要走，并且很生气地对女店员说："什么叫作便宜啊？什么又是贵一点的不适合我？你以为我没钱买不起是不是？告诉你，我有的是钱，真是岂有此理，太瞧不起人了，走了，不买了！"尽管女店员不住地道歉，那位女士还是很生气地离开了。好好的一笔生意，被女店员后来加的一句话给搞砸了。

为什么那位女士会突然间发那么大的火呢？因为那位女士比较爱慕虚荣，就怕别人说自己没钱，看不起自己，对便宜这个字眼比较敏感，而女店员的话正好伤害了她的虚荣心，所以才会生气地离开。

一般来说，客户在购买商品时，往往会追求实惠和便宜，"物美价廉"是很多客户的最佳选择。但是并不是每一个客户都喜欢便宜的东西。有一些有钱的、爱慕虚荣的客户，如果你把便宜的商品直销给他们，就会无意中刺伤他们的虚荣心，使其内心产生被奚落的感觉，因而拒绝购买你的商品。

爱慕虚荣的客户在别人面前摆阔气、讲排场，其目的就是要得到别人的赞美和恭维，对自己产生尊重和重视。这样，他们的心理需求就会得到满足，从而心情愉悦，自我感觉不错。如果直销员硬是把便宜的商品卖给客户，那么他就会误以为直销员看不起他，最终生气地离开。

爱慕虚荣的客户最爱面子，直销员应该给足他面子，适当地说些恭维的话，让他的自尊心得到满足，让他风风光光地把东西买走，这才是聪明的做法。

面子在丰富的中文语汇里是一个古老的概念，在中国社会中，它代表着体面、人格，甚至是尊严，中国民间有句古话："树活一张皮，人活一张脸。"可见,面子在国人的心中分量可是举足轻重。丢了面子会有损颜面和尊严,给人面子就是尊敬和敬重对方。

西方人可能会把面子理解为礼貌原则、礼貌策略或者相类似的某种现象,所以他们很难理解中国人于面子里蕴涵的内容。在中国古代,历代士子考取功名后,都要衣锦还乡,祭祀祖先,这样一来全家族都会脸上有光,感觉很有面子。如果一个家族中有多代人都可以考取功名的话,就会被称作书香门第、名门望族,便会赢得方圆几百里人们的敬重。

随着时间的推移,到了现代,人们在讲求面子上也许表现方式不同,但风气依然很盛。可以说,只要是在中国社会,面子问题就是一个绕不过去的人情世故。从心理学上分析,人好面子折射出人们好大喜功、喜欢被恭维的内在心理弱点。所以,作为一个营销人员,特别需要知道如何利用人好面子的特点去开展自己的直销工作。

4.精明的客户:真诚和坦率

直销员在直销过程中,不乏非常精明的客户,这些客户知识水平很高,文化素质也不低,在购买过程中表现得比较冷静沉着,对直销员本人以及商品要求也比较苛刻。所以对于直销员来说,这样的客户是很难对付的。一旦直销员出现什么差错或者漏洞,就会影响客户的购买决定。

精明的客户不喜欢弄虚作假的直销员,讨厌直销员用虚假的信息来欺骗自己。精明的客户自我保护意识比较强,对产品质量要求比较高，害怕上当受骗，所以在整个购买过程中，都会时刻提醒自己要小心，而且对直销员的观察也是很细致的，他们会注意直销员的一举一动，以判断直销员是否真诚，会不会捣鬼，直到自己觉得没有什么疑虑的时候，才会决定购买。这样的客户往往会给直销员一种压抑感，让直销员感觉很不自在，总觉得有双眼睛在盯着自己，注视着自己的一举一动，似乎在努力地挑剔自己的毛病。

精明的客户会给直销员带来很大的压力，如果直销员对自己的商品或者服务没有底气的话，往往会更加心虚，毕竟客户的要求是严格的，而且即使掩盖起来，也难以瞒过他们锐利的眼睛。因此，直销员在介绍商品的时候，说话要避免夸张成分，不说不切实际的话，如果弄虚作假，夸大事实，被客户发现，就会被抓住把柄，使自己处于被动地位。

精明的客户讨厌虚伪和造作，因此，会比较容易接受真诚和坦率。即使你的商品不好，但是如果你能实事求是地向客户坦白，客户也会接受。这就是客户心理的一个突破口，直销员要好好利用。

面对这样的客户，首先直销员不要胆怯害怕，而是应该自信地、诚恳地去面对，对客户表现出足够的热情，并且在介绍商品时也要实事求是，不弄虚作假，用优质的服务、信得过的产品来征服客户，让他无可挑剔。只要直销员言而有信，客户就会消除心头的疑云，由警惕转为信任。

张可是个直销员，直销某品牌的太阳能热水器。一天他来到杨先生家进行直销。杨先生虽然接待了他，但是态度表现得却比较冷漠和严肃。当张可在向杨先生介绍自己的商品时，杨先生只是很冷静地听，也不发表什么意见，但却是一副若有所思的样子。张可看出杨先生是一个比较精明的人，害怕上当受骗，而现在，他显然对自己还存在着怀疑，对自己的产品的可信度有疑问，正在努力地找出自己的破绽。

幸好张可之前也遇到过这样的客户，于是他也不说一些虚的东西，而是把自己产品的一些试验数据、直销状况、客户的评价等向杨先生简单介绍了一下，以消除他的疑虑，这时杨先生才表现出对该产品的兴趣，话也多了起来。

张可热心地结合杨先生的状况，帮助他分析其使用的合适度，并承诺可以免费试用10天，让杨先生真切地感受到自己的诚意。最终说服了杨先生购买自己的太阳能热水器；并且在试用效果不错的情况下，还向邻居推荐，使张可接连签了好几份单子。

张可用自己真诚的服务和优质的产品打动了客户。因此当直销员面对精明的客户时，并没有必要感到害怕，所谓"真金不怕火炼"，只要你真诚地对待他，不弄虚作假，就会赢得客户的信任。

客户之所以对商品要精挑细选，在购买时小心翼翼，其目的只是想要买到货真价实的东西，避免上当受骗，所以会很仔细地审视一切。如果没有什么疑问，就会安心地购买。面对客户的审视，直销员没必要感到窘迫，真诚地面对他，接受他的检验就是了。

虽然精明的客户会很谨慎、很挑剔，看起来让人觉得难以接近和沟通，其实也不尽然。自我保护的心理谁都有，只要彼此真诚相待，双方的心理距离就会缩短，真诚和热心是消除隔阂最好的武器。

5.外向的客户：用比较活泼的形式来谈生意

著名的心理学家荣格，根据人的心态是指向主观内部世界还是客观外在世界，把人分为内向型与外向型两种类型。

内向性格的人心理活动倾向于内部世界，他们珍视自己的内在情感体验，对内部心理活动的体验深刻而持久。外向性格的人心理活动倾向于外部世界，经常对客观事物表示关心和兴趣，不愿苦思冥想，常常要求别人来帮助自己满足自己的情感需要。

外向性格的人常将自己的想法不加考虑地说出来，因此这类人心直口快，活泼开朗，善于交际，待人也热情、诚恳，与人交往很随和、不拘小节。

一般地，外向的人总是会受到很多人的欢迎的。直销员也喜欢和外向型的客户相处，因为毕竟这样的客户是很容易交流的，和他们在一起，直销员不会感到压抑。当直销员在给这样的客户介绍商品的时候，他会很乐意地听直销员说明，并且会积极地参与进来，发表自己的看法。如果是直销员上门直销产品，外向型的客户会主动接待，甚至出门迎接，在彼此谈判的过程中，也会创造出比较融洽的气氛，有说有笑，不会让人感到沉闷。

外向型的客户是比较有主见的，他们能够迅速地作出判断，但其判断往往只限于善恶、正邪、敌我、有用无用等极端化的判断。对于事物的具体情况则较少顾及，不注意细微处。在购买商品时也是这样，如果他喜欢，就会很痛快地购买；不喜欢的话就会果断拒绝。在拒绝时也会直截了当，不给直销员留任何面子。

面对这样的客户，直销员也应该以比较外向的方式来与之交往，说话要干脆利落，回答客户的问题时，也要清楚准确，这样会使彼此之间产生志趣相投的感觉，从而拉近彼此的距离。

直销员小赵联系了一位客户，是某公司的经理，姓张，小赵向他直销一款办公桌椅，约定9点到该客户的办公室面谈。小赵在去之前心理忐忑不安，因为最近遇到几个难缠的客户，直销工作进展得很不顺利，这次的会面又是一种什么状况，实在难以预料。

小赵按照地址找到客户所在的办公大楼，在寻找张经理的办公室的时候，有位秘书小姐已经按照经理的吩咐在迎接小赵。一时间，小赵感到受宠若惊，不过也很欣喜，想必是位比较和善的客户。

到了张经理的办公室，小赵受到了热情的欢迎，并且主动地和小赵聊天。小赵边和经理说话，边观察经理的言行举止。这时还不断地有电话打进来，张经理也不回避，当着小赵的面接电话。小赵判断张经理是一个不拘小节、性格开朗的人，所以应该比较容易和他交流。

于是小赵也不再拘谨，而是顺着张经理的话题谈开，并巧妙地把他引到办公桌椅的话题上来，中间小赵还穿插了几个自己直销过程中比较好笑的故事，使张经理把注意力转移到自己身上，并对自己的产品产生兴趣。在张经理问及一些关于产品的问题时，小赵总是很简洁很清楚地给以答复，说话不拖泥带水，给张经理留下了行事干练、讲求实效、对业务比较熟练、自信而精神饱满的好印象，因而更加拉近了彼此之间的距离。张经理便把自己的想法向小赵说明，而小赵很快地就针对他的想法提出了比较合理的方案，让张经理感到很是满意。最后，张经理很痛快地订购了小赵的10套办公桌椅，给小赵带来了不小的收益。

外向型的客户比较容易谈得来，但是谈的往往都是生意以外的事情，他不喜欢直销员一进门就滔滔不绝地介绍自己的产品如何优秀，如何畅销，如何适合自己，像念经一样地说个没完，这样很容易引起客户的反感。虽然外向型的客户容易对外界事物产生兴趣，但是却也容易对同一个话题感到厌倦。所以直销员不要抱住一个话题，就啰啰唆唆地说个没完，而是应该摸清客户的兴趣和意愿，顺着他来说，引起他的关注，并巧妙地把自己直销的产品引到谈话当中，让客户在不知不觉之中被吸引。

虽然是谈生意，但是也不必要把气氛搞得过于严肃，直销员要适时地和客户开开玩笑，或者转移话题，使谈话气氛变得轻松而融洽，用比较活泼的形式来谈生意，更容易使客户接受。

6.内向的客户：适当说点"私事"来拉近距离

有性格开朗、很容易和人沟通的外向型的人，也就有性格封闭、不易接近的内向型的人。相比而言，内向性格的人感情及思维活动更加倾向于心灵内部，感情比较深沉，不善言辞，待人接物小心谨慎，害怕与陌生人接触，喜欢独处。虽然比较喜爱思考，却常常因为过分担心而缺乏决断力，对新环境的适应不够灵活，适应的周期比较长。

因为内向型的客户情绪内敛，多沉默寡言，而且又不善交际，对陌生人的态度比较冷漠，在消费过程中也会小心翼翼，精挑细选，甚至久久拿不定主意，这样就使直销员的工作很难开展。特别是直销员上门直销的时候，内向的客户更会提高戒备心，时时处处小心，对直销员态度冷漠，说话甚少，直销员问一句，他答一句，不问就不答，致使交谈的氛围比较沉闷，心情比较压抑，客户的考虑时间比较长，想要迅速促成交易是比较困难的。

虽然内向型的客户少言寡语，表面上看似反应迟钝，对直销员以及其直销的商品表现出满不在乎的神情，甚至在直销员介绍商品时仍然不发表意见，其实他已经在认真地听，并在心里琢磨商品的好坏。这样的客户其实是非常细心的，只是因为他们对于陌生人有一种比较天生的防御和警惕的本能，因此不会表现得十分热情，即使是对直销员的观点表示赞同，也只会简单地应承一句，而不说太多的话。这样冷漠的表象，往往让直销员感到压抑，以为客户不愿意搭理自己，不喜欢自己的产品，从而认为交易没有希望，而主动放弃直销。

内向型的客户嘴上不说，但是心中有数，他们往往不轻易开口发表意见，但是如果开口，所提的问题总是会切中要害，很实在也很尖锐，使直销员很难应付。因为客户心思细腻，直销员不容易蒙混过关，所以内向型的客户有时会让直销员倍感头疼。

其实内向型的客户并不是冷若冰霜，难以沟通，而是在冷漠的神情之下掩盖着一颗火热的心。只要通过他的判断，觉得你比较诚恳，就会表达出善意，等到彼此熟悉起来，胆子就会放大，就会十分信任你，甚至依赖于你。因为内向型的客户缺乏决断力，如果得到客户的信任，他反而会更加依赖于你，甚至让你替他做决定。购买过一次你的产品，觉得很好，就还会有下次、下下次向你购买。因此这样的客户适合与之建立比较稳定长久的关系，使彼此的合作一直持续下去。所以问题的关键就是努力取得客户的信任，拉近彼此之间的距离。

直销员在拜访这样的客户的时候，一定要给他留下好的第一印象，起码不能让他讨厌你。可能在初次见面的时候，客户会表现得很冷漠、很腼腆、很拘谨，这时直销员就要善于创造比较轻松的谈话氛围，说话时语速要慢一点、声音温柔一点、亲切一点，以化解客户的拘谨和冷漠。直销员不妨在交谈中把自己的一些情况坦率地讲给客户听，说一些私事，让客户多多了解你，这样一方面可以使客户放轻松，另一方面则会增加客户对你的信任。

小李在某手机超市当直销员，有一天，一位先生来店里看手机，柜台的很多直销员都主动向他打招呼，询问需要什么样的手机，他都只是说自己随便看看，到每个柜台前都是匆匆地看一下就离开了。而且经过很多人的询问，这位先生显得有些窘迫，脸涨得通红。转了两圈之后，觉得没有适合自己的手机，就准备离开了。

这时小李看出该客户是一个比较内向腼腆的客户，而且据他判断，客户的心中肯定已经确定了某一品牌的手机，只是因为款式或者价格的原因，或者是因为刚才直销员的轮番"轰炸"，有些不知所措而一时失去了主意。

这时小李很友好地把客户请到自己的柜台前，他说："先生，您是不是看上某款手机，觉得价格不合适，如果您喜欢，价格可以给您适当的优惠，先到这边来坐吧，这边比较安静，咱再聊聊！"客户很顺从，小李请他坐下，与他聊起天来。

小李没有直接提及手机的事，而是说起自己曾经买手机，因为不善言辞而出丑的事，他说自己也是个比较内向的人，做直销这几年改变挺大。与客户聊了一些这样的话题以后，客户显然对他产生了一定的信任感。于是在不知不觉中已经主动地向小李透露了自己的真实想法。小李适时地给他推荐了一款适合客户的机型，并且在价格上也比较实惠，同时小李还给客户留了自己的电话，保证手机没有质量问题。最后客户终于放心地购买了自己想要的手机。

虽然内向型的客户不善于表达自己，但是直销员要善于观察和分析客户，只要能够准确地把握客户的类型，对症下药，就会使问题得到很好的解决。小李就是把握住了客户害怕窘迫的心理，并及时地为客户创造比较轻松和安静的空间，让客户感到内心舒服，同时能够温和地对待客户，拉近彼此之间的距离，从而赢得了客户的信任。

7.标新立异的客户：及时给予认可

  客户作为一个独立体，他们都各自有着独特的性格、心理和气质。直销员既不能戴着有色眼镜去看人，也不能以同样的方式对待所有的客户。不同的客户具有不同的特点，因此直销员在应对方法上要因人而异，随机应变。针对不同的客户，选择有针对性的试探用语，来摸清客户的脾性，从而对症下药，促成交易。

  不可否认，很多时候，客户的心理是变幻无常的，让人难以捉摸，本来说好要购买产品了，但是可能你的一句不经意的话，就会对他产生刺激，导致他改变主意，打消原来的购买欲望。这就需要直销员要善于分析和觉察客户的性格和心理，让直销工作变得灵活起来，不因为一句不该说的话使客户流失。

  追求时尚是当今年轻人购物的主旋律。很多年轻人都比较喜欢时尚的、前卫的东西，他们有着敢于尝试的勇气，有着自己另类的信念和品位，他们走在时代的前沿，让世界闪耀着一道独特而美丽的风景。

  在这样的人群中，有一种消费者喜欢标新立异，喜欢让自己变得更加独特，在众人中脱颖而出。因此他们在购物的时候，总是喜欢比较另类、大多数人不曾购买的东西。他们有着强烈的好奇心，并乐于接受新事物。如果直销员不理解客户的这种心理，就会给直销工作带来不便。

有一位年轻的女士来到服装店准备给自己选购一款比较合适的服装。边走边看，挑选中，她看上了一件比较时尚、设计比较个性的风衣。直销员见她喜欢这件衣服，就上前对她说："小姐，喜欢的话可以试试的，看您个子比较高挑，这件衣服一定可以显出您优美的身材。"

年轻的女士挑了一件试了试，脸上露出了满意的笑容，并询问直销员衣服多少钱，直销员说："780元，现在我们商店正在搞活动，如果您要的话，可以给您打九五折，我看这件衣服特别适合您，建议您买一件吧！"年轻女士很爽快地说："好的，我要了！"

年轻女士把衣服交给直销员，并准备掏钱付账，这时直销员边包衣服边恭维她说："小姐真有眼力，很多人都喜欢这种款式的。"

谁知，听了这句话以后，年轻女士沉默了一会，然后微笑着对直销员说："不好意思，我想我还是不要了吧！"

直销员没想到一句恭维的话却导致客户改变主意，不再购买自己明明很喜欢的衣服。直销员奇怪地问："怎么？您不喜欢这个颜色吗？没关系的，可以调换别的颜色啊！"女士回答："谢谢，不用了，我有点不喜欢这个款式。"说着便准备要走。

直销员有点不甘心，她趁这位年轻女士还没有走，很诚恳地对女士说："小姐，我们这几款风衣专门是为你这样比较时尚个性的女士设计的，如果您不喜欢，请留下您宝贵的意见，好让我们可以不断地改进。"

年轻女士见该直销员为人比较真诚，便向她解释道："其实我还是很喜欢这种款式的，刚才试穿得也比较合适，只是我不喜欢穿和别人一样的衣服，既然很多人穿，那我就暂先不买了。"

原来这位时尚的年轻女士比较喜欢标新立异，穿衣服讲究与众不同，于是直销员赶忙向女士解释说："小姐，请原谅，我刚才说很多人喜欢这一款风衣是事实，但是由于价格比较高，买的人并不多，您是这两天里第一个决定购买这一款式的客户。而且这款衣服我们一共就进了十几件，您买的才是第三件。"

经过直销员的几番争取，年轻女士最终买走了那件风衣。

幸好直销员反应得比较快，否则就会失去这位好客户。不同的客户，其性格、心理、气质也是各不相同的。所以在直销中，直销员要善于从客户言行举止中发现其心理倾向，然后针对其心理态势寻找突破口，促使客户满意你的产品和服务；如果不注意，说话不看对象，很可能一句话说不对，就会使生意泡汤。

喜欢标新立异的客户，他们之所以购买那些比较另类的东西，一方面是自己的爱好和兴趣，另一方面则是一种追求独特的心理，他们希望得到别人的重视，希望通过不一样的服饰或者装扮而使自己显得与众不同。当直销员遇到这样的客户时，要适当给以认同，比如："小姐穿上这件衣服真个性，有一种与众不同的感觉""您真有眼光，这件衣服是新货，您可是第一个购买的呀"……当喜欢标新立异的客户听到这样的话，心里一定会很高兴，从而成功地完成直销任务。

8.墨守成规的客户：不妨吃颗"定心丸"

有些客户追求新潮，时时求变；而有些客户却比较守旧，墨守成规，不管是做什么事都比较有规律性，讲究条理，不随便改变。而在消费观念上，墨守成规的客户则总是喜欢在同一家商店购买商品，只认准一个牌子的东西一直用，对其他的商店或者品牌没有太大的兴趣。他们往往总是被一些先入为主的观念所左右，而一旦形成固定的印象就很难改变。这样的客户是最难说服的，直销员费很大的劲儿，也不一定能够成功。

墨守成规的客户思维比较保守，性格比较沉稳，不易接受新事物。在生活中墨守成规的人总是循规蹈矩，喜欢用一些条条框框来约束自己的行为，他们做事往往表现得很细心很沉稳，善于倾听，更善于分析，眼光比较挑剔，在选购商品时最注重安全、品质和价格。他们会对商品做出理智的分析和判断，如果适合自己长期使用才会购买。

物美价廉的原则对墨守成规的客户比较适合，他们追求产品的优等质量，同时也希望价格比较合适，太高档的产品是他们所不能够接受的，在他们的心里觉得高档的、不实用的消费是奢侈的，不值得提倡。

这样的客户接受新产品的过程是比较慢的，他们需要对产品的质量以及很多方面的因素进行综合考虑和检验，只有当他们觉得实惠，觉得安全才会购买。所以，对这样的客户直销商品，要有耐心，不能着急，急于求成反而会让客户产生怀疑，固守的心理更加强烈，最终无法实现直销。

墨守成规的客户总会对自己之前使用的产品情有独钟，要想让他们接受一些新的产品是比较困难的事情，但是毕竟他们还是喜欢更加安全、更加实用、更加优质的产品的，所以这是一个很好的突破口，直销员要让客户在实际的对比中，发现新产品有更好的性能，这样就会慢慢地改变客户的观念，让他接受你的商品。

向墨守成规的客户直销商品一定不可以急，而应该用产品能够给其带来的实实在在的好处来说服他们，这才最能打动客户的心。

小姚是一个市场直销员，负责直销某品牌的洗衣机。一天他来到一个客户家里直销，接待他的是一位中年妇女。小姚虽然被迎进了家门，但是很显然主人对他还是十分警惕的。

小姚边和客户交谈边观察客户的家具陈设，他发现客户家中的摆设整齐而大方，虽然有些家具牌子已经比较老，但是质量都很不错，使整个房间有种古朴的味道，而且家电方面基本上都是同一个品牌。此外，结合妇女言辞中流露的一些观念，小姚可以断定女主人是个比较守旧的人，特别注重产品的质量，消费观念虽然不是很时尚，但却也是比较讲究的，消费水平属于中上等。女主人对老品牌的家电是情有独钟的。

这时小姚心中便踏实了一些。他先是找了个话题，谈及了女主人家的家电，说女主人有眼光，选的产品质量又好，价格又适中，而且很符合家庭布局的格调，并对女主人所钟情的家电品牌适当地夸赞了几句。这时女主人听了很开心，在言谈中还透露出一些自豪感，她说当时全部家具家电的购买都是由她负责的，而且丈夫也很满意，不仅质量好，还省了一大笔钱。小姚边称赞女主人能干、有主见，边趁机把话题转移到洗衣机上，说女主人忙家务肯定很累，而自己直销的洗衣机则可以给她带来很多方便，保证她的丈夫也会喜欢，还夸赞他们夫妇二人都很会过日子。

接着小姚把自己直销的洗衣机的性能、价位、保障等信息详细地向女主人作了说明。当女主人通过对比，发现这款洗衣机比较适合自己时，便对产品发生了兴趣，但是小姚还是控制住自己，不能急功近利，急于求成，以免坏了大事。他对女主人说，老品牌的洗衣机质量的确很好，而新产品在功能方面又有了改进，更加方便快捷，如果有意的话，可以先试用一周，再决定是否购买。这样就又给客户吃了一颗定心丸。

后来，女主人试用满意后，很痛快地买了两台，一台自己用，一台送给爸妈。

墨守成规的客户虽然比较守旧，不容易接受新产品，也比较难以说服，但是只要直销员能够给客户澄清其中的利害关系，并能够保证产品的质量，还是可以打动客户的心的。

第九章
只为成功找方法，不为失败找借口

1.准客户就在你身边

金拉克是国际知名的演讲家和作家，同时也是全美公认的直销天王暨最会激励人心的大师。他的著作《登峰造极》《金拉克赢家直销心法》《天长地久》《与你在巅峰相会》等都是著名的畅销书。其中《与你在巅峰相会》印刷58次，总共发行了150万册，成为许多公司、学校、教会、直销组织的教科书。

作为一名直销大师，金拉克时刻都不会忘记自己的直销之职。

有一次，金拉克不小心违反了交通规则，被交警开了30美元的罚单。

在当时来说，30美元可不是个小数。

因此，当拿着罚单前去交罚款时，金拉克心里就一直盘算着怎样才能把这30美元的损失挽救回来。

他首先想到的是要通过直销业绩尽快弥补——当时金拉克在直销一种不锈钢的锅。

当把罚款交到处理罚单的营业员小姐手里时，金拉克发现这个营业员小姐是个年轻漂亮的女士，灵机一动，他觉得机会来了！

金拉克交完罚款后，礼貌地对营业员小姐说："你好，打扰你一下。我想向你打听件事，行吗？"

营业员小姐微笑着说："当然可以！先生请讲。"

"那我想冒昧地问一句，小姐你是单身吗？如果是的话，那一定存了些钱吧？"

营业员小姐感到非常不解。

"嗯，是的。可是这跟你有什么关系呢？"

金拉克故作神秘地说："如果有一件非常好、对您又非常实用，同时您也很喜欢的东西，您会每天省25美元，把这件东西买下来吗？"

"我想我会的。"

"那太好了！这件东西现在就在我的车里，这件东西真的非常漂亮。您愿意花几分钟时间好好看看吗？"

"噢，那好吧。"

我倒很好奇，这究竟是怎样一件宝贝呢？"

"好的，那么请您稍微等一下，我马上就来。"

于是，金拉克飞快地跑回自己的汽车里拿出一只锅的样品。

接下来，他便热情地为小姐做了使用示范表演。

"小姐，您觉得怎么样？这口锅确实很不错。

您要是心仪的话就买下来吧。"

那位营业员小姐好像一时还反应不过来，也或许是她自己拿不定主意，于是她将目光转向在场的另一位看上去年龄稍大的女营业员咨询："太太，如果换作是您，您会买下它吗？"

不等回答，金拉克就抢着对那位女营业员说："太太，对不起，请让我先说几句，好吗？如果是您处于这位小姐的立场上，您会做怎样的决定呢？但是实际上，您已经是有家室的人了，结婚后，您所负担的费用随着家庭人口的增多而增加。

"但是假使您是在结婚前遇到像这位小姐一样的情况，有机会得到这样一件心爱之物，您会让它错过吗？"

妇女想也没想就随口回答说："不，我当然不会。我一定会买下来的！"

金拉克转向那位小姐问道："那么我美丽的小姐，我想，这也该是您想要做的事情吧？"

营业员小姐笑着点头："是的，先生。"

金拉克很快就把这口漂亮小锅卖给了营业员小姐，然后又问那位女营业员："亲爱的太太，虽然您在从前的日子里没有遇到这样的机会，可是，您总不至于一辈子不和家人尝试一下这种新型的玩意吧！"

女营业员若有所思，点点头："对呀，你说得倒是有几分道理。"

"那您是否也应该买一口这样的锅呢？可千万不要再错过了。"

"的确，我想我还是买下吧。"

金拉克因为交30美元的罚单，善于见缝插针，一下子就卖出了两口小锅，反而"因祸得福"了。

在这个故事中，金克拉的直销技巧可见一斑。一开始，他并没有单刀直入地直销自己的锅，而是以神秘的开场白挑起了对方的好奇心，接下来的直销才会顺理成章。如果他见面就说："小姐，您想买一口锅吗？

我这锅新型耐用,是您的首选。"这位小姐很可能不为所动。毕竟,人们对这些千篇一律的直销陈词早已不感冒了。所以,有了金克拉的职业灵敏嗅觉,再加上他别出心裁的直销技巧,此次直销才可能取得成功。

另一位保险营销大师戴维·考珀的一次成功直销也证明:准客户其实就在你的身边,就看你有没有这样一双发现目标的慧眼了。

当时戴维·考珀刚进保险业,三个月都没有卖出一份保险。还剩两天时间了,如果在最后两天之内他仍然拿不回一份保单,那就要面临着被解聘的危险。为此,戴维·考珀发誓一定要做成一笔生意。

这是最后一天的下午了,依然没有收获的戴维·考珀沮丧地走在街上。这时候,他恰巧看到一个中年男人在卡车后面放置梯子。于是他飞快地跑上前去。

这个中年男人穿着破旧的衣服和靴子,看起来十分疲惫,戴维·考珀一眼断定他是个修理屋顶的屋面工人。

"嗨,今天感觉怎么样?"戴维·考珀主动向中年人打起招呼。

中年人对戴维·考珀的热情感到很惊讶,他回答说:"不怎么样,感觉很累。"

"我想,做屋面工人应该都要具备良好的身体素质吧?您要是经常感到疲劳,那怎么行呢?万一力不从心就从屋顶上摔下来怎么办?"

"能怎么样?进医院呗。"屋面工人不以为然地答道。

"你要是出事了,那谁来照顾你的家人呢?"

屋面工人显然没有想到戴维·考珀会这样问,一下子不知道如何作答,也许他压根没有想到过这个问题。

"鉴于你的特殊职业,你应该为自己和家人做好安全打算。现在有一个特别为屋面工人设计的保险计划,也许你还不了解。但它确实能保障你的切身利益。在你不幸发生了意外事故后,你的妻子和孩子都能得到充分照顾,而且你还会得到相应的误工费。"

"真的吗?说来听听。"

"好,是这样的……"

第二天,戴维·考珀带着自己的第一笔保险业务,走进了他所在的纽约人寿保险公司。

两个故事都给了我们这样的启示:世界上的事,没有你不能办到的,只有你想象不到的。时刻保持一名直销员应具备的职业敏感,你会发现客户无处不在,直销无时不在。

直销员应该一刻也不能忘记自己是一名直销员,应该把生活直销化,直销生活化。对直销员来说,每个接触你的人都有可能成为你自己的准客户,而需要的只是开发、开发、再开发。把每一件事都与直销挂钩,找准对象,主动出击,这是直销员的一项基本习惯。

2.主动示弱拉近客户距离

主动示弱者,在某种意义上说也是人生在世的一种姿态。如今的很多人都爱表现出强者风范,但往往碰得头破血流;而会适当示弱的人,则更容易被接受。所以,做人做事,如果能适时地示弱,有时可能会成为赢家。世上没有风平浪静的海,也没有一帆风顺的路,我们每个人都会遇到困难和挫折,既然避免不了,就不要太在意,总是放在心上。有时候,既然不能硬碰硬,那就学会主动示弱,淡然处事。

某地有一座砖瓦窑，窑主规定每个窑工每个月必须制成一万片瓦坯，完不成的只能拿一半的工钱，超过一万片按数量计发奖金。

一天，窑主新招了一个工匠小陆，他上窑厂操作了两天，每天制瓦坯600片，且质量上乘。老板非常高兴，表扬了他。小陆就得意地说："每天800片我都没问题，这奖金我拿定了。"

收工时，小陆感觉到一道道恼恨的目光向他射来。当他到食堂吃饭的时候，他的碗筷又被别人扔在一旁。这一下，小陆知道自己遭到了大多数人的妒忌。

第三天，小陆有意放慢了速度，制瓦坯的数量和一般工人接近。老板再来检查时，小陆恳切地说："老板啊，我们在砖窑干活又脏又累，做了9999片瓦坯还只能拿一半工资，有点不合理……"老板考虑了一下，觉得他说的也有道理，就取消了这项工资制度。

小陆还积极接近工友们，教他们提高工效的办法，使大家都能达到定额。此后，工友们都不再妒忌他，还佩服、尊敬他。

小陆曾因锋芒毕露得罪了工友，之后他又及时调整自己，不再突出自己，而是关心大家的利益，提出建议并帮助工友提高工效，最后让老板满意，工友高兴，自己也获得了尊敬。

其实，人大都具有一种妒忌的心理，而示弱能使处境不如自己的人保持心态平衡，有利于人际交往。毕竟，一个人在这方面突出，那么另一方面就难免有弱点。所以在社交中，就不妨选择自己"弱"的一面，削弱自己过于咄咄逼人的成绩，让别人放松警惕。

曾有一位记者去拜访一位企业家，目的是要获得有关他的一些负面资料。然而，还来不及寒暄，这位企业家就对想质问他的记者说："时间还早得很，我们可以慢慢谈。"记者对企业家这种从容不迫的态度大感意外。

不多时，秘书将咖啡端上桌来。这位企业家端起咖啡喝了一口，立即大嚷道："哦！好烫！"咖啡杯随之滚落在地。等秘书收拾好后，企业家又把香烟倒着插入嘴中，从过滤嘴处点火。这时记者赶忙提醒："先生，你将香烟拿倒了。"企业家听到这话之后，慌忙将香烟拿正，不料却又将烟灰缸碰翻在地。

在商场中趾高气扬的企业家出了一连串的洋相，使记者大感意外。不知不觉中，原来的那种挑战情绪完全消失了，甚至对对方产生了一种同情。这就是企业家想要得到的效果。这整个的过程，其实是企业家一手安排的。因为在通常情况下，当人们发现杰出的权威人物也有许多弱点时，过去对他抱有的恐惧感就会消失，而且由于同情心的驱使，还会对对方产生某种程度的亲切感。

在人际交往中，要使别人对你放松警惕，产生亲近之感，只要你能很巧妙地、不露痕迹地在他人面前暴露某些无关痛痒的缺点，出点小洋相，表明自己并不是一个高高在上、十全十美的人，这样就会使人在与你交往时松一口气，不再以你为敌。

从这里我们可以看出，主动示弱是一种生存策略。在当今竞争激烈的环境下，锋芒毕露的人总会成为众矢之的而被大家孤立或抛弃，最终不能得到胜利。而隐藏自己的实力，消除大家的防备之心，在适当的时候再发动出其不意的打击，一举赢得竞争的胜利，才是能适应当今社会的生存法则。

比如说，大热天，不怕劳苦，汗流浃背拜访客户，大冷天冻得嘴唇发紫一趟又一趟给客户送样品；下雨天，趟着泥泞去帮客户去确认一个小问题。这种情况下客户往往最容易动恻隐之心，结果不买都不好意思。这就是直销人员的"苦肉计"。

成熟的直销员,要学会有意识地使用"苦肉计"。比如不经意地向客户透露"那天回来感冒了好几天,今天一好了就给您打电话""那我们就约好在明天下午一点吧,我明天本来要去医院看病的,您要来,我就不去了"之类的,博得客户的同情,增加客户的责任感。

示弱不仅能使得彼此消除不必要的敌意,增进了解和理解,还是成功路上必不可少的考验。试想,谁能够恒强?谁能够一帆风顺?在强的时候故意示弱固然是一种策略,可是在弱的时候,一定要诚实一点,表达你需要帮助的诚意,从而接受别人的帮助,走出困境。

3.告诉自己"忍一时风平浪静"

俗话说:"心字头上一把刀,忍得过来是英豪""小不忍则乱大谋"。忍耐是销售员自我心理修炼中极其重要的一项。销售员在面对客户不动声色的态度时要忍耐,面对客户的异议要忍耐,面对客户的指责与投诉同样要忍耐。一个成功的销售员总要比平常人更有耐心。

库诺是个脾气古怪的老头,动不动就对别人吹胡子瞪眼睛。一周前他从泰勒这里买了一幅中国绣品,今天突然跑过来要求退货。

库诺:"我怀疑你卖给我的中国刺绣不是真品,为什么阳光一照它就会散发出让人难以忍受的刺鼻气味?小姐,我买它是来装饰的,但它现在起到的作用就是破坏,我不要了,你给我退货。"

泰勒:"亲爱的库诺先生,您不要着急,慢慢告诉我好吗?"

库诺:"告诉你,我根本就不想跟你说话,你快点给我退货。"

泰勒:"您要求退货,我会按照您的意思办的,那您现在可以告诉我具体的情况了吗?"

库诺:"我真是不知道自己怎么会上了你的当,这幅刺绣看起来是多么美,但挂在客厅里却散发出那么难闻的气味,我怀疑它是和腐肉一起运到美国来的,是吗?"

泰勒:"原来是这样,真的很抱歉,库诺先生,我保证帮您退货,而且我会加倍补偿您,我帮您紧急定做一幅新的壁挂好吗?"

库诺:"还想糊弄我的钱吗?"

泰勒:"请您放心,是免费的,作为补偿。"

这番话让坏脾气的库诺先生气消了不少。两天后,泰勒将新定做的绣品送到库诺先生的家中,一进门,泰勒就闻到一股刺鼻的腐肉味儿。原来库诺先生的夫人在一年前去世,这突然的打击让老头脾气大变,把骂人当成一种发泄的手段,他的家中因长久不收拾,杂乱不堪,到处堆满生活垃圾。泰勒见状,争取了库诺先生的同意,开始为他的房子做彻底清扫,结果在沙发下面发现了一只死去很久的老鼠,散发着令人作呕的臭气,库诺先生说的刺鼻气味正是来源于这只死老鼠。

当泰勒把一个干净整洁的房子交还给库诺先生的时候,怪脾气的老头感动得落了泪。

做过销售的人都知道,我们在工作中会遇到各种性格的客户,也会遇到各种各样的麻烦,客户高兴我们也跟着高兴,客户发火我们不能发火,仍要想办法让对方快乐。"忍"是对他人的尊重,也是对自我内心的一种约束和控制。不懂得"忍"只会让销售员的工作半途而废,导致业绩不如人。懂得"忍"的人心理豁达、目光长远、自持力强,走得也更远。学会了"忍",你就掌握了必胜的心理技能和心理素质。

（1）体谅客户的要求。

与客户打交道，经常会遇到不公平的事情。有些客户不想买产品就算了，还偏偏要说一些刺耳难听的话；有些客户明明对产品已经非常满意了，可是还要鸡蛋里挑骨头；有些客户已经把价钱压到了最低点，还非要让销售员赠他这个或那个；和客户约好时间见面，你准时到达，可客户临时有事或者正在开会。

想必每个从事过销售行业的人都遇见过这样的不公，在面对这些情况时，销售员又该怎么办呢？我们只有从心理上宽慰自己：每个人都会有点难处，在客户的要求或欲望合乎情理的情况下，我们不妨体谅一下客户，尽量满足其要求。销售员只有把注意力集中到自己的工作目标上，才会淡化这些不愉快，避免与客户的斤斤计较和无谓争论。这样做不仅能获得客户的好感，进而留住客户，更能体现自身的高素质。

（2）用幽默修饰忍让。

不管是客户的有意刁难还是无意之言，销售员如果过于较真只会让彼此陷入更加无法挽回的境地。大度地诙谐比横眉冷对更有助于解决问题，我们不妨一笑了之，以幽默的方式做出让步。

通常来说，机智诙谐、妙趣横生的语言总能引人入胜。需要忍让时，恰当地幽默一下，往往可以化解客户的负面情绪，甚至使事情出现转机。一个优秀的销售高手，一定要能运用幽默的艺术来化解与客户之间的矛盾。

①制造悬念、刻意渲染、出现反转、产生突变，这是形成幽默意境的四个基本环节；

②幽默的取材要高雅、清新，切忌表达粗俗下流；

③幽默要注意场合，要了解对方的性格特点和生活品位，要注意与环境相适应；

④说话时要特别注意声调与态度的和谐；

⑤忍让的幽默不是哗众取宠，要有原则、有底线。

4.面对不友善的客户一笑而过

计较的心理和行为，一定要使用在最合适的地方，否则越计较，得到的越少，失去的越多。计较有时候会是一种坚持不懈的驱动力，而很多时候，又会成为阻碍我们前进的绊脚石。懂得该不计较就不要不计较，反而会表现得更加豁达、宽容、理性和释然。

直销员在直销商品的过程中，可能会遇到各种不同的客户，并不一定每个客户都是友善的，而直销的过程也并不总是一帆风顺的，可能会碰到各种各样的困难和挫折，这时直销员应该怎么办呢？是耿耿于怀还是一笑了之？如果你耿耿于怀，就会觉得自己很倒霉，甚至怒不可遏，从而给自己造成很大的心理压力，影响直销的成绩，如果你一笑了之，不把这些事情放在心上，就可以化解自己和客户之间的僵局，使自己积极勇敢地去面对困难和挫折，从而防止压力的产生，有利于直销的成功。

笑是冬日的阳光，温暖人的心灵，笑是最美的语言，胜过千言万语；笑能拉近人与人之间的距离，笑能成功地化解尴尬，笑能缓解人们的压力；笑既可以让自己快乐，又能让别人愉快。在直销员应该掌握的各种直销技巧中，笑是最简单同时也是最重要的直销技巧。当直销陷入困境时，一笑了之常常会化危为安，让直销出现"山重水复疑无路，柳暗花明又一村"的美好结果。很多不好的事情都是这样，如果你一直对它耿耿于怀，那么它就会不停地折磨你，让你心情败坏；如果你对它采取一笑了之的态度，那么它们就会随风而逝，不会给你带来任何压力，不会给你留下任何伤痕，不会给你造成任何不利的影响。

王建是一名经验丰富的直销员，他是负责直销保险的，他干这项工作已经十多年了，很多新人向他请教直销的经验，他都只给人讲一句话："学会一笑了之"。简简单单6个字，却是他多年工作经验的心得，它的分量有多重，只有他自己心里清楚。

王建一开始做直销时，对什么事情都很难释怀，客户一个冷漠的眼神，一句冰冷的话，一次失败的直销都会让他长久地沉浸在痛苦中而无法自拔，从而让自己的心理压力很大，导致直销成绩一直平平，没有任何起色。他工作比别人努力，可是直销成绩却远远落后于别人，他不知道问题到底出在哪儿，所以整天郁郁寡欢、闷闷不乐。

曾经有一次，王建去向一位客户直销保险，敲了好几次，门终于开了，可是他还没有开口说话，客户就不耐烦地说："你是谁啊？大清早的一直敲什么敲？"客户的态度让王建心里很不舒服，可是他还是继续说："哦，真对不起，我只是想问一下，你需要保险吗？"客户一听，就说："卖保险的都是骗子，我不买，你赶快走吧！"说完"砰"的一声，就把门关上了。王建站在门外，觉得非常气愤，于是又敲门，客户开门后说："不是说不买吗？还敲门干吗？现在的人为了赚钱真是没脸没皮的。"王建生气地说："你不买就不买吧！干吗说话那么难听？真没教养。"客户也生气地说："你说谁没教养？"王建说："就说你。"结果两个人吵了起来。

回去后，王建还余气未消，于是就向同事说起这件事，一边说还一边骂那位客户。同事听完后说："你这样生气有什么用呢？反而失去了一个客户。"王建吃惊地说:"那你碰到这件事会怎么做?"同事笑道:"一笑了之嘛,多大点事啊!也值得你这样。做直销员的,这种事情是经常会碰到的,如果你的心放不开,那你就不要做直销。你这样不但失去一个潜在的客户,而且也让自己心情不好,增加了心理压力,何必呢?"

同事的一番话犹如醍醐灌顶一样,让王建突然想通了,自己以前之所以直销成绩一直不好,就是因为自己对什么事情都想不开,放不下,一直耿耿于怀、斤斤计较。应该学会一笑了之,这样既能让自己的心情永远愉快,忘掉那些不开心的事情,同时又容易获得顾客的好感,"伸手不打笑脸人"嘛。如果你对客户微笑,他也不好意思再对你态度冷漠,这样也许就会挽回一个客户。当王建这样做之后,他的直销成绩果然开始一路飙升。公司进行业绩评定时,他被评为"最优秀的直销员"。

一笑了之是化解矛盾和危机的最为有效的方法。它不仅是对别人的一种宽容,更是对自我的一种释放。何必用别人的错误来惩罚自己呢?世界上的很多事情都是可以一笑了之的,"一笑泯恩仇"嘛。如果你想不开,那么就算芝麻一点小事都可以让你倍感烦恼、痛苦不堪;如果你想得开,能够一笑了之,那么发生再大的事情,你都可以让自己心情愉快,保持积极乐观的心态。大事之所以可以化小,小事之所以可以化了,就因为人可以想得开,就因为人可以一笑了之。一笑了之,让那些使人感到痛苦和烦恼的事情都消失得无影无踪,让自己的心永远像风一样轻松自由,没有任何压力,成功地化解所有的尴尬和矛盾。总之,一笑了之,让压力和烦恼都随风而逝。

对别人的不原谅,就是对自己的不原谅。耿耿于怀,固然可以使我们铭记一些事情,但是它却是痛苦的、熬人的。而一笑泯恩仇,不仅是对别人的宽容，更是对自己的善待。

在所有人中，直销员更应该懂得一笑了之，因为直销员在直销商品的过程中，常常会碰到态度冷漠的客户，或者遭遇客户冷酷的拒绝，或者遇到各种各样的意想不到的困难和挫折。如果你无法对这一切释怀，一直把这些事情放在心里，那么它们聚集在一起，就会给自己带来很大的心理压力，让你对直销越来越没有信心。相反，如果你能够对它们一笑了之，那么它们就不会给你带来任何不利的影响，你每次都可以用愉快的心情去对待你的每一个客户，好心情是可以相互传染的，而且好心情带来好运气，所以你直销成功的概率当然会更大。总之，作为一位直销员，一笑了之让你的直销之路走得更顺利、更出色。

5.消费者是如何下决心的

有些购买决定的做出看起来好像非常简单，而且往往是在消费者的一念之中，似乎没有什么值得研究的地方。但事实上，消费者在购买前，需要经过一个决策过程。特别是在购买大宗商品时，这一过程表现得更加完整。

决策影响者

很多产品并不需要研究决策影响者，因为消费者在购买时本身就是决策者，并未受到他人的影响。但在需要做出重大决定的场合，决策单位往往不是由一个组成，而且在单位内部，成员对最终决定做出的影响是不一样的。如在我国，购买洗衣机的最开始倡议者可能并不是洗衣服者——大部分家庭是母亲，而更可能是子女，即并非最终使用者做出购买决定。购房的过程就更为复杂。此时不单单一个家庭组成决策单位，甚至亲朋好友也会提供意见。

对决策影响者的分析其实就是承认，经商者所面对的顾客并不是单一的，而是由多个个体组成的复杂的决策单位。这就要求经商者进行营销时，不能想当然地将营销目标锁定为最终使用者，而应全方位地考量，寻求一些能够影响决策影响者的活动。

决策影响者可以细分为：

一是发起者，即为购买的倡议者；

二是影响者，这里指的是提供看法建议之人；

三是决策者，做出最后决定的人；

四是购买者，指的是完成采购行为者；

五是使用者，实际消费或使用所购买商品的人。

这五者既可以相同，又可能不同。企业有必要认识以上这种细分，并据此对本企业的产品设计、促销活动进行安排。

购买行为类型分析

购买行为的类型分析对于直销人员的作用主要在于直销人员可以判断消费者在购买自己的产品时属于哪种购买类型。有些购买类型营销活动可能意义不大，有些却需要进行有效的营销活动。对购买行为的分类可以有多种，如按对商品认识程度、对商品的兴趣倾向、选购速度、购买方式等。

首先按购买方式进行分类，可以分成五类：

第一是习惯型。这类消费者主要依据过去的购买经验和消费习惯采取购买行为。原因是消费经验使其树立了对某种商品的信任感，某种商品在经济上合理，在使用上安全，在购买上方便。表现为或长期惠顾某商店，或长期使用某牌子、某厂家的商品，而较少受消费时尚和社会风气的影响。

第二是选择型，也叫有限地解决问题。这类消费者对于某类产品有过购买经历，有些基本知识，但是由于对新的商标、品牌不熟悉，有风险感。如消费者在购买一台新品牌的彩色电视机时，总要想方设法获取此品牌彩电质量特征方面的信息。这时的购买行为就比较复杂。企业应当适时地传达有关新品牌商品的信息，增加顾客对新产品的了解和信任感，促使其下决心购买。

第三是探究型。指的是消费者对自己需要的商品一无所知，既不了解性能、牌号、特点，又不清楚选择标准和使用养护方法。此类商品一般价格高，购买频率低。这种购买行为最复杂。如第一次选购家用空调机的消费者，往往在购买前需要对商品有个全面的了解。企业要通过市场调查了解潜在消费者，然后针对潜在的目标顾客提供比较全面的信息，既要介绍此类商品的一般专业知识，又要突出宣传本企业商品的特点，使消费者在普遍了解人类商品的基础上，建立起对某具体牌号商品的信心。

第四是想象型。这类消费者的购买行为容易被感情所支配，对商品的象征性富于想象和联想，购买决策往往以想象为标准。直销人员对这类消费者应该在自己的商品或服务的包装上面下功夫，满足他们的喜好。

第五是执行型。这类消费者在购买行为中扮演执行者的角色。购买行为呈消极被动状态，购买过程简单、迅速，有直来直去的特点。购买过程无须对购买对象进行多方面的比较、选择和判断。对于这类消费者直销人员是无法影响的。

另外从对商品种类的兴趣倾向分类，也可以分成四种类型：

第一种是易变型。由于个性的原因，这类消费者兴趣易变，比较难以建立对某种品牌的偏好，往往在购买商品时随意购买。这种消费者一般不属于生活型。

第二种是持久型。这种消费者对某种商品的兴趣会较为持久，在一段较长的时间里会连续不断地购买某种商品。这种消费者的品牌意识较强，也是厂商应注意挽留的一种消费者。

第三种是间断型。对某种商品会产生一定的兴趣，但在一定的场景下，消费者会转而购买一些符合自身的情感或感受的商品。这类消费者较易为厂商营销所营造的气氛所打动。

第四种是交替型。同时对某几种商品感兴趣，因而交替购买和使用这几种商标的商品，反复交替进行。其原因可能是这几种商品在某些方面各有优缺点，很难决定哪种商品较优。针对这种情况，营销应该进行调查研究，是产品本身不够好，还是服务出了问题。一旦找到问题所在，加以解决，这部分顾客还是能成为公司的忠诚消费者。

6.讨价还价的重点

直销谈判，最主要的行为就是讨价还价。这种讨价还价在本质上和市场里的同类现象毫无分别，只不过针对性更强。不要羞于讨价还价。

在讨价还价过程的开始，直销者可以确定两个不同的讨价还价目标。

第一个目标可以称为"最好的交易"，这是讨价还价者的全部希望彻底得到满足的交易。

讨价还价的下一个目标会比第一个目标低，它是讨价还价者预期的对他自己来说比较公平的生意，通常称之为"可接受的生意"。直销者最初的要价比较高，但他并没有真认为他能全部得到。在直销中，一旦他所获得与他心目中所想的相差不大时，他就会与对方做成这笔交易，如果他接受的比他所想的要少，他就会失望。在进入直销场所进行正式谈判之前，讨价还价者就在心中牢固地设立了他要求的极限的话，这对他来说是有好处的。所有的事实都表明，死死地坚持高要求的人总能比那些在自己心中对所要做的事不抱任何希望的人会做成更好的交易。

很多直销者失败的原因在于他们经常地被压到最低界限，他们总是很轻易地就接受了对于他们而言的"最坏的交易"。最坏的交易是直销者可以接受的最低点，他们往往宁可退出交易也不愿接受比这更坏的结果。交易远远没能达到自己最初的愿望，甚至没有达到预计的水平，直销者接受位于这一水准的交易必然表现出非常失望，但是，所有的讨价还价者往往都免不了要接受一些令人失望的交易。其实，价格或者要求问题成为阻碍讨价还价继续进行的症结时，没有必要很快地妥协，可以采取简单的方法，以某种形式改变交易。

大多数的交易都是可以进行重新组合的，从而使对方和我方都可以从这一笔交易中得到更多的想要的东西。比如，对方希望价钱低，那么或者把交易规格降低，取消某些花费较多的项目；或者请他们也能以某种方式让我们取消某些花费，减少一些费用；或者我们改变计算交易价格的方法，而不必要急急忙忙地就做出让步。在任何一笔交易中，达到我们所希望的目标的途径可以有千百条，但是最好的途径总是通过在确认我们的目标的同时，确认对方期望之利益所在，并以此作为整个交易的有机组成部分来达到的。所谓"价格"是可以用许许多多的方法来削减的。进行讨价还价的人们的目的，就是要找到一种对于对方也能合适的各种削价方法的交织点。

所以在讨价还价中，有两个要点、准则是你必须遵循的：

一是不要虎头蛇尾。在开始直销之前，你必须要知道你想要些什么，确实了解自己的期望，等着对方来为你做出决定可不是一件好事，对方可能会先预测你在这笔交易中究竟期望着什么，他们会使你把他想让你从这笔交易中得到的当成你自己所期望的。同时，一旦你知道你想得到什么，你就必须坚持到底。

二是不要有最高限制。当然你必须唤起另一方的兴趣。你要摸准对方的需要，寻找自己可利用的机会。但是，讨价还价一开始，你即可向对方暗示自己要求的方向和自己的实力。不仅如此，你最初可以想提多高就提多高。可以达到"最好交易"的极限，有时甚至还要高一些。讨价还价者一旦把对方推到那儿，其任务就是要把他稳住，并且不让他再转别的念头或再有任何别的期望。

7.把握时机，协助客户顺利签单

传说南朝梁代张僧繇在墙上画了四条龙，没有眼睛，后来在别人的要求下给其中两条龙点上了眼睛，结果这两条龙就飞上天了。可以说，做生意也一样，当你在充足准备的前提下与客户接近，向他阐述了较详细的产品介绍或服务，并较好地回答了有关问题的时候，就应该想到整个直销的目标是签单——让龙飞上天。那么该怎样来点这个"龙的眼睛"呢？

把握时机

钓鱼的人都知道，当浮漂开始浮动时，虽然知道鱼儿已经上钩，却不能把钓竿提上来，必须等到浮漂停止浮动，而且浮标一次、二次、三次地被拉到水面下时才可提起竿来，不能太早，也不能太迟，否则鱼就逃掉了。

谈生意也是一样，犹如画龙点睛与钓鱼把握提竿时机一样，谈生意一定要把握签约时机，错过时机，生意就很可能泡汤，所以一定要在关键的时刻去成交。

如何把握签约成交的时机，各行各业不尽相同，但大体上有如下几个要点：

频频询问的时候——当客户频频询问商品性能、用法等情况时，就是被引发购买欲的征兆。

请坐下来谈的时候——如果客户把你从门厅请进客厅，便可能是对商品产生强烈兴趣的表示。

开始谈到价钱的时候——一对情侣交往一段时间觉得爱慕、志趣相投，就会谈到婚嫁，便是结婚的前奏。同样，如果客户谈到价钱、付款方式等，便证明他已经很现实地考虑到购买问题了，可以视之为成交的前奏。

客户的表情、态度开始变化的时候——比如客户忽而陷入沉思，忽而表情开朗，屈身俯视商品简介、说明，而且边看边屈指而数，口中念念有词……这些都表明对方已在认真、仔细、全面地考虑购买问题了。

问到售后服务的时候——便是可以尝试签约的时机。

生意谈到上述最后一阶段，便可以趁势把话转到成交签约的问题上去。

就是在这个时机也要运用技巧，即让对方感觉"我已经买下了"。比如说："我想你已经没什么问题了，对吧？好，这是购买契约，请在这儿签字盖章吧。"而如果对方说："不，等一下。"那么你应该说："哦，是不是我的说明还有不清楚的地方？"总之，要始终把客户诱导到决定购买的意向上去。不管对方如何反应，都要准备妥善的应付言辞，而且言辞一定要得体、巧妙。如果说出"难道你不买吗"之类的话，那就愚不可及了。

协助客户决策，快速签单

可以说，促成生意的关键在于客户的决策，无论你怎样的精明也不可能代签，因而重要的是在于你协助客户决策。

白纸黑字，往往会让人感到事情已定，娴熟的签单往往会让客户在不自觉中就会默认。因而，你在与客户的交往中，一旦有成交的时机，就趁机做好签单准备，诸如填写好客户的姓名、感兴趣的产品等。这样，客户就会在紧张的气氛中感到直销人与自己正做一件对其有利的事。

适当优惠

很多人都存有占到便宜而沾沾自喜的心态，买主与卖主之间"砍价"就是这个道理。同样，在商谈中"砍价"也是常有的事，在关键时候"点睛"是你促成交易的另一种高明的方法。

起初，要适当地留有余地，即妥协的空间，然后，在进入谈判的时候，就会得心应手了。这就是适当优惠。

学会签约

签约是指直销过程中的一个阶段——客户基本同意成交。不管客户最终应承还是拒绝，都意味着你目前进行的工作已取得初步的成果，可以作一个了结，这种意向的结果被称为签约。

签约的作用

签约是你测量客户内心想法的最直接有效的武器，通过签约，你能够了解客户目前心中的想法，真的有兴趣还是没有丝毫兴趣。

可以发现客户目前还有哪些不愿购买的异议，除非能化解它，否则客户最终将会拒绝成交；发现客户真正关心的结点。

另外，签约依使用的场合与目的，通常分为三种：

一是最终签约。

最终签约是指最后要成交的过程，这也是你通常最紧张的时刻。对你而言，你投下的努力，祈盼的结果，将在此一时刻揭晓。就客户而言，他必须下个决心，作个决定，必须克服心理上的摇摆不定，给对方作出明确承诺或回绝。

二是中途签约。

中途签约能让你逐步展开直销，把工作推向最终的签约。如获得与有决策权、有购买能力人的会面，获准进行事实调查，客户同意聆听产品说明会……

这些中途签约有如建筑工程的地基与支柱，让你能更坚定地朝最终签约迈进。

三是试探签约。

某甲：如果您能早一天安装就能早一天提高生产量，现在开信用证，正好可以赶到月底的船期进口，否则船期要下月底才有。您是否现在就同意安装，我们立刻通知银行开信用证进口？

某乙：李经理，您刚才已看过操作示范了，我们的价格相对也非常合理，是否明天就开始给你送货？

上面两个试探签约的例子，你可以假设直销至这个阶段，客户应该已愿意购买，而用试探的方式企图签约。

只要你认为时机成熟，你就可采用试探签约，因为试探签约若是不成功，客户必然会说出目前仍不能同意的理由或异议。此时，你可使用直销学中的异议处理技巧，进一步解除隐藏在客户内心的异议，使你的直销进度往前再进一步。

签约的准则

最终签约、中途签约、试探签约有哪些准则呢？最好遵守三个准则。

（1）经常签约。经常签约能让你显得更犀利、更有效率、更能引导直销的方向及进展。

（2）对每一个直销重点要作签约的征询。

当你说明完每个重点后，要作签约的征询，以确认是否是客户的特殊利益。

(3) 重大异议处理完后立即签约。

化解了客户提出的重大异议后,你即可进行签约。因为相对于其他的异议,它们则显得已不重要,客户提出时,也不会过于坚持,或者你也可作相对的小让步,将无损于完成直销的目标。

第十章
百折不挠，微笑面对"我不要"

1.坦然面对"拒绝"问题

面对拒绝，首先要有平常心，切不可紧张、动怒或采取敌对态度。听到客户的意见后应保持冷静、轻松，仍旧笑脸以对，让客户看到自己的修养和对待别人的热情态度。这种情境下依然友好亲切的表现更会打动客户，使对方迅速转变对你的看法。

另外要有一种迎接挑战的思想。听到"不"时，应该把它当作一种设定目标的信号，听到这个字，就像有了一个出发的信号，立即精神抖擞，全力准备勇往直前，直到攻克、征服这个目标为止。要在听到不利的声音时，抱着更加宽容的心态。相信自己是在为客户做好事，为他们的利益服务，不是硬把产品强加给客户，而是帮助客户，为他们提供服务。如此才能有更健康的心态，顶住拒绝的难堪，从而以积极的心态面对拒绝。

在这个过程中，要始终做到诚实与谦虚。注意聆听对方在说什么，无论在什么情况下，你都必须保持热诚。如此，你才能使客户推心置腹，相信你的话。对客户拒绝中提出的合理问题，更要表示尊重，便于客户接受你的相反意见。

最后要有信心与权威感。对自己和直销的产品要有充分的知识与信心，权威感自然就会产生。它具有打动人心的力量，这并不是说，你可以滔滔不绝地炫耀自己的专业知识。你本身只要有"不会被人家问倒"的把握与信心，态度上自然会镇定，每句话必然会有分量，显得掷地有声，让人信服。要时刻记住，有关产品方面的所有问题，只有你才是专家。同时要知道，大多数客户不管他在表面上怎么说，其主要意思并不是拒绝产品本身，他们的拒绝只是不习惯改变自己的想法与计划，生活中养成的一些观念左右了一时的认识，又不肯当面说出来而已。这种心理人人都会有，推己及人就好理解了。

千万不要与客户争论。不管遇到什么样的情况，你都不能与客户进行争论，或者盛气凌人。你的目的是产品直销，并不是为了与对方进行意气之争。假如气势上或话语上赢了对方，结果却丢了生意，那这个胜利岂不是无济于事？因此，一定要注意心态平和，不可轻视客户提出的问题，不要不假思索地直接反驳客户，更不可直指或暗示其对产品无知。

灵活处理。客户的"拒绝"千奇百怪，具有较大的随意性，你不必事事当真。对一些一时难以回答的问题，就暂时搁在一边，待弄清以后再选择适当的时机予以回答。

当然也不是一定要取得良好结果才肯收兵。也要时刻准备撤退，保留后路。客户提出拒绝，也可能时机尚未成熟，仍需继续努力，应当适时礼貌地撤退，再找机会进行接触。

行为科学的理论告诉我们：人类行为的外在表现往往是内在心理活动的结果。按照S.罗伊的观点，人的原始欲望是"追求快乐"，主要表现为不愿受他人的约束，而按照自己的意愿行事，对外界的强制反其道而行。"追求快乐"的心理只有经过接受教育和人生经验的积累后，才会受到限制。对于一个不速之客——直销人员的到来，客户本能的反应是：保护自己，不受他人意志的支配，拒绝直销。这种拒绝常常是不真实的，只要直销人员耐心地对客户进行说服教育，使其克服心理上的障碍，直销活动就会顺利地进行下去。成功的直销正是从克服这种拒绝开始的。

"我不要"大概是顾客拒绝直销员最常用的三个字。客户一般在下面两种情形中说出"我不要"三个字：一种情形是业务员还没有和客户商谈时；另一种情形是商谈进行中或者即将结束的时候。其中第二种情形比较多见。说出"我不要"三个字的客户往往内心比较敏感，思想变化较大而且很不稳定。一般来说，客户在此时有两个动机：第一个动机是客户有畏难情绪，怕麻烦，于是通过说出"我不要"来将业务员拒绝在门外，以避免风险；第二个动机是客户担心在和业务员进行交谈后，不买其产品又实在不好意思说出口，于是在没有开始谈判之前就将其拒绝掉。当然以上两个动机都是针对第一种情形的。至于第二种情形，客户说出"我不要"的动机要比第一种复杂得多。客户往往通过和业务员的交谈，突然产生了对业务员的不安情绪、对产品的抵制情绪或者产生了购买替代品的愿望，甚至有的客户将"我不要"作为和业务员讨价还价的一种砝码。这类客户说出"我不要"的实质就是使一切都暂停，以便避开业务员凌厉的攻势。

要根治客户的"我不要"必须首先找到病因，业务员必须首先判断客户在想什么。如果业务员不知道客户在想什么，盲目地采取各种手段有时候只能适得其反。

治疗"我不要"的方法很多，其中最重要的有以下几种：

第一种是询问法。客户在说出"我不要"的时候肯定有很大的心理压力，尤其是当客户在中途说出"我不要"的情形。在这种情况下，一般客户都会准备了充分的理由。这个时候业务员就可以通过询问客户，来探求客户不要的原因，当然这种原因有时候是假的。即使客户没有准备充分的理由，这个时候如果业务员大胆询问，也能在客户毫无防备的情况下，将客户拒绝的真实原因说出来。如果客户说"不要就是不要，没有什么原因"，此时业务员就应该礼貌地道别。当然业务员在询问原因的时候，一定要控制好自己的情绪，语气不要过于生硬。业务员仍然需要微笑地对客户说："您能告诉我原因吗？"而不要生硬地问："为什么？"这种反诘的语气常常会使客户说出针锋相对的话"不为什么，不要就是不要"。

第二种是转折法。如果业务员已经猜到客户拒绝的原因，就应该向客户将原因说明。比如业务员断定客户是嫌价格过于贵，业务员就应该自言自语地说道："我承认这种产品价格比较贵，但是……"通过这种方式往往能将打消客户的拒绝。

第三种是举例说明。任何证据在例子面前都是苍白无力的。举例说明是一种比较好的对付客户拒绝的办法。客户所说的"我不要"是因为业务员没有事先跟他说明他的亲戚们都在用这个产品。

此外，在对付客户的"我不要"时，要注意照顾客户的面子，最好将责任揽到业务员自己身上，这样才能使客户从"我不要"到"要"。

2.弄清拒绝背后的几种心理类型

同样是拒绝，但却有着不同的心理动机。这就需要直销人员事先做好准备，对客户情况尽可能多地掌握，同时在双方接触时仔细观察，从客户嘴里听出他背后的真实想法。说出拒绝时，客户通常有这样几种心理。

不信任

这种类型拒绝不是拒绝直销行为的本身，而是拒绝直销行为的主体——直销人员。人们通常认为，直销的成败取决于产品的优劣程度。虽然有一定的道理，但不能一概而论。有时往往是同样的产品，在不同的直销人员那里直销业绩却大不相同，原因就在于此。大量的证据表明，在其他因素相同的情况下，客户更愿意从自己所信任的直销人员那里购买。因此，要想成为一个成功的直销人员，必须在如何获得客户的尊重和信任方面多动脑筋，多下工夫。瓦解直销障碍，争取客户对自己的心理认同，创造优秀业绩。

无需求

客户不购买的一个重要原因可能是他们真的不需要你所直销的产品，这种拒绝的实质是对产品的拒绝，而不是对直销人员本人的拒绝。当然，所谓"不需要"的真实性值得分析，因为有时很难让客户告诉你他需要什么，他们自己可能也并不清楚。直销人员要凭借敏锐的观察力，或通过提出一些问题让客户回答，了解客户的需要之所在，以便设法满足他的需要。对没察觉自己需要的客户，直销员应在商谈中告知事实，不断唤醒其需要，使对方察觉自己的需要。举对方认识并尊重的人已购买的事实为例，来提醒其需要，这也是一个好方法。也就是通过我们的诱导使其认识到他的缺乏，并适当地举他周围的人在拥有此产品后所带来的利益来引发他的需求。

无帮助

在客户尚未认识到商品的方便和好处之前，直销人员如果试图去达成交易，得到的回答可能是"不"。在许多场合下，客户是由于没有足够的根据说"是"才说"不"的。因为客户不愿随随便便地贸然购买，那是缺乏理性的。最初说"不"的含义可能是我需要多了解一些，要多提供些有价值的信息，好让我有充分的理由放心购买。在这种情况下，客户缺少的不是苦口婆心的劝说，而是诚心实意的帮助。直销人员应该向客户伸出援助之手，帮助客户认识到产品的价值，发现自己的最大利益，从而下决心去购买。

不急需

这是客户利用拖延购买方式而进行的一种拒绝。就一般而言，当客户提出推迟购买时间，表明他有一定的购买意愿，但这种意愿尚未到促使他立即采取购买行动的程度。客户常常想："我非得要今天买吗？下月再买不是一样的吗？"对付这种拒绝的最好办法是，让客户意识到立即购买带来的利益和延误购买将会造成的损失。对这一类的准顾客，最好的方法就是，使用实演证明的技巧让对方了解产品的好处。通过这些实演可以让顾客确认产品能给他带来的好处。比如：日本有一个铸砂厂的直销员见到客户时，他一言不发，把两袋砂倒在报纸上，客户原来所使用的砂会沙尘飞扬，而他直销的砂未见沙尘。这个直销员运用实演证明来让对方看到产品的好处，立刻取得了订单。

抗拒改变

要让客户改变是一件相当困难的事。这时，直销员一方面心里要清楚对方是在拒绝改变，并非拒绝你；另一方面，得尽力让对方了解改变后的好处。然而，对抗拒改变的准顾客，短期内收不到效果，如果需要的话，必须经长期努力，坚持不懈，才有可能感动对方。

通过以上对"不"的类型分析得出,客户的拒绝都是有一定的理由的,只要你找出对方拒绝的理由,给予说服性的回答,那么拒绝的问题便解决了。

3.越是不好攻破的客户就越有可能成交

销售员如果在工作中遇到一点困难就半途而废,前面的努力白费了不说,还给竞争对手制造了机会、留下了便利,所以,任何时候都不要轻言放弃,属于我们的谁也拿不走。

一个年轻的技术人员刚刚转行做直销,开始连着几天上门直销,均遭拒绝,没有拿到一张订单。因为一直从事技术工作,很少接触直销,经验不足,心理承受能力也很弱,连跑几天累得半死毫无结果不免情绪低落。而同行的一位老直销员面对同样的情况却稳如泰山、坦然自若,每天该吃就吃,该睡就睡,还是照跑不误,还会时不时地幽默一番来自我解嘲或调侃一下那些拒绝他的人,好像别人的拒绝对他没有丝毫影响。这给年轻人很大启发。他开始平静下来,继续不屈不挠地出去跑业务。一星期后,终于拿到第一张订单,此后又有第二张、第三张……直销事业就此起步。

约翰逊先生是美国阿拉斯加州的金矿大王。有一次,记者去采访他,当问及约翰逊先生的"致富的秘诀"时,约翰逊先生的回答是:"我也不清楚是什么,如果让我来说的话,我想也许就是一种运气吧!"

记者听了他的回答先是一愣,"运气?"看到记者的反应,约翰逊先生微笑着又补充说:"记得当时,有很多人都来到阿拉斯加寻找金矿,我也是这些淘金者中的普通一员。那是一次很偶然的时机,我像往常一样出门寻找金矿,来到了一片已经荒废的矿区。在那里,我发现了一把已经锈迹斑斑的十字镐,镐头的另一半还插在泥土中。抓住镐把,我仅仅用力地摇几下,然后将它拔起,竟然就发现十字镐头上粘有许多的金砂,这就是我后来发现的一片含金量极为丰富的矿藏。也就是这片矿藏,令我从一个穷光蛋变成了身价千万的富翁。"

接着,约翰逊像是总结似的又强调说:"假如,那个十字镐的主人,能够再稍微坚持坚持,挥动一下镐头,那么,如今的金矿大王,或许就是那个人了。所以我说我致富的秘诀或许就是一种运气,不过,这种运气却是来自于一种习惯性的坚持。"

读了这个故事,大家是不是感想很多呢?永不放弃是销售员应具备的首要心态。那把镐的主人因为失败而放弃,不但失去了致富的机会,还给竞争对手创造了条件。约翰逊因为不放弃,最终发现了机遇,获得了财富。

在销售过程中,销售员也要努力培养这种积极进取、永不放弃的心态和精神,并把它展现给客户,让客户信赖你、欣赏你。

看清事情的本质

失败的销售员往往是盲目的,不知道自己的目标是什么,也不知道用什么方法才能达到目的。他们只是一味地寻找失败后的下一个目标,或者承认自己的能力有限,有些成绩不该是自己的。

要知道:在这个社会上的每个人都要消费,他们都是销售的对象,不是你的就是别人的。在他没成为别人的客户之前,我们何不努力让他完全属于自己呢?

想做事就不要轻易放弃,没有做就一定不要说自己不行。不管是已经从事销售多年，还是刚刚踏入销售的门槛，我们都不能轻易放弃任何一个客户。要时刻告诉自己：拿破仑也曾打过败仗，更何况我？我有能力开发市场，有能力留住优质客户。

把欲望作为成功的动力

有目标才会有方向，有欲望才会有动力。想要获得销售的成功，销售员就要把这种成功的欲望化作前进的动力，激发自己的潜能，努力为实现目标而奋斗。

不断地强化自己内心的梦想。

不被外界的舆论干扰。

不让自己的不足束缚前行的脚步。

知道自己现在要做什么。

把销售当作一种习惯

恒心和毅力是每个销售员必备的心理素质，而能把销售当作一种习惯，是我们培养恒心和毅力的最佳方法。大多数销售员的失败是因为做事不能持之以恒导致的；即使你的能力很强，即使你极具销售的天赋，如果没有恒心和毅力，也会缺少支撑心理动力的杠杆。把销售当作一种习惯，我们才会慢慢从工作中体会快乐，产生归属感，也才能在日积月累的习惯中获得更多的经验和客户资源。要做到把销售当作一种习惯，需要注意：

①平时积累。书到用时方恨少，只有平时多积累，为日后全面的分析做好充分的准备，才能在突发情况下轻松应对，减少中途放弃的概率。另外要储备大量的客户资源，只要是有产品需要的人，就努力把他争取为我们的准客户。

②善于思考。"学而不思则罔"，有头脑才会有策略，有所作为才会有进步。销售不是蛮干，当大家销售同样的产品，面对同样的客户时，讲究方法和策略才会略胜一筹。

4.顾客"借口"的分析

顾客真正拒绝的时候有很多，我们必须尽早掌握顾客需要或拒绝的真意，消除让对方拒绝的因素，以恳切态度商谈。事实上，在顾客的拒绝理由中，有很大一部分只是借口罢了。

总之，顾客出于各种各样的原因，往往表达出假的异议，而不告诉你为什么他不想买你的产品。他们表达出假异议或许是出于各种不同的考虑，你若找不出他们真正的异议点，就无法说服顾客，就算你狂轰滥炸、费尽口舌，他们也不会改变主意。

面对这样的情况，直销员要有一个正确的心态。顾客的抗拒并没有什么好怕的，只要你坚持一下，大多数的顾客都会被你吸引，至少是多了解一下，这时你的机会就来了，你就可以运用你掌握的一些技巧来打动顾客。

下面我们就针对一些典型的拒绝借口进行分析，希望直销员能有所借鉴。

价格太高我买不起

这个借口是直销员在直销活动中听到次数最多的。这时直销员最好先避开价格这个敏感问题，着重介绍产品在性能、品质、售后服务等方面的优点和特点，使顾客获得足够的产品信息，觉得购买你推荐的产品合算，然后才可以与之讨论价格。例如，你可以告诉顾客："先生，你所提出的这个问题，待会儿我们可以专门来讨论。现在我想介绍一下我们产品的特色。"

如果遇到顾客过早讨论价格问题，直销员可以分解产品价格。每种产品都由许多部件组装而成，如电冰箱有压缩机、外壳、冷冻室等部分，直销员可以分别就各部件的性能、生产厂家与类似产品相比较，然后再加以汇总，使顾客获得满意的答复。

无论如何，直销员在与"没钱购买"的顾客打交道时，不要听见"没钱"二字转身就走，而应该坐下来与顾客做充分的沟通，重点介绍产品的优越性能和相对低廉的价格。不要小看此时你做的努力，即使这一次他没有采购，但你不能保证他不是一个潜在的顾客。

你应该让顾客知道，所谓"直销产品价格贵"是没有道理的，因为人们往往忽视了直销所带来的高质量的服务。直销可以让顾客足不出户就可以进行愉快的购物；直销可以让你同直销员面对面地亲切交流，享受一种轻松和谐的气氛；直销可以让你对产品有深入、全面的了解，充分了解市场信息；直销产品还有一定的试用期，如果顾客发现质量问题，可以退货。

之后，要从各个方面去充分显示和证明该产品的质量，还要抓住有利时机向潜在顾客说明，购买商品最重要的是质量，一分钱一分货。要使顾客在了解了产品的优点之后得出其总价格较类似产品划得来的结论，有时还可以采取分解价格的方法，说明每一部件或每一优点值多少钱，避开总价格，使顾客感到购买该产品即是购买了高品质，从而使人们没有价高的感觉。在现代直销中还可以采用分期付款的方式，以潜在买主的收入做担保，分期分批付款，减缓一次支付的压力。不要忽略售后服务的问题，周到的服务、遍布各地的维修网络、良好的信誉会给潜在买主一种安全感、可信感。

除此之外，我们应该通过自己的经历总结一些巧妙应对的技巧。下面这些便是一些优秀直销员的成功应答，很值得我们学习。

"这台电视机的费用不及每天一杯啤酒的钱，而您全家却能每天平均享受8小时，用上好多年！"

"是的，我知道这份建议书意味着你得增加一大笔广告预算。但是，它会大幅度提高产品的销量，产生更高的利润。一句话，它会为我们赚到好几倍的钱。"

"不错，先生，这套计算机系统确实价格不低。但是它能降低您的劳务成本，能把您的雇员从单调重复的工作中解放出来，从而更大地提高生产力。"

"我知道这套安全系统比较昂贵，但它能把您的保险费每月减少80美元。要是把这笔费用考虑进去的话，您就会觉得可以接受了。对吧？"

过段时间再来吧

我们能够感受到，这是一种比较礼貌的拒绝方式，真正的意思就是"不"，就是拍拍你的肩让你走开。要克服这个借口，你必须找出障碍究竟在哪里，顾客真的不需要你的产品或服务吗？有别的竞争对手吗？是不是价格太高了？顾客有购买能力吗？有经验的直销员都知道，如果顾客能够下次再买，他今天就应当买。除特殊情况外（也许是千分之一），顾客不想当时就买，其原因只是由于直销员放弃了，软弱了（也许是因为他与顾客太熟悉了，不想得罪顾客），没有坚持住。

如果顾客想告诉你他现在不需要你直销的产品，并计划在以后适当的时候再与你谈论这个问题，你就可以这样说："我只是想给你提供一些情况，让你有个大致的了解。当你使用这些设备时，就可以节省很多开支。"或者说："这是为你提供的一些资料，你可以把这些资料存档，需要时再行查阅。"在业务洽谈开始时，不要随意反驳顾客的反对意见，也不要对顾客提出的问题应付、搪塞，这一点很重要。

你还可以问顾客："您现在不买，是不是有什么特别的原因？"不管顾客说些什么，你都要同意他的说法，确定一个见面时间的，要记住，在约定日期之前不要再打电话，只管亲自过去。

如果你听了顾客的这种推脱之词便退缩了，那么在你这样轻易地离开他之后，他多半会把你的话都忘掉，这笔交易可能会被竞争对手夺去。因此直销员应努力去查明原因。

事实告诉我们，每次直销总有人被征服。专业直销员不相信也不会相信"以后再买"。他知道，口头协议没有书面协议可靠。

通过一些直销员的经验总结出，以这种借口推辞的顾客一般属于下列两种类型的人：一类是感觉敏锐、能考虑到对方的立场、礼貌的人；另一类是优柔寡断、不愿给予明白答复的人。前者看起来沉稳且易于接近，而事实上，说服他们要花费相当多的功夫。简短交谈后，如果对方"请你改天再来吧"的原意仍然未变，那你就要改变策略了："冒昧打扰您了，真是抱歉。那么，我就改天再来拜访了。"对于后者，你要对他的看法虚心接受。"哦，是这样的，也难怪，现在物价上涨，谁买东西都要计划一下的。"

总而言之，直销员要看实际情况而定，或是"坚持到底"，或是"适时辞退"。当然，最"保险"的方法莫过于先把商品说明书交给顾客，两天之后再去访问。

以前用过，但不好用

我们能够想到，遇见"以前用过，但不好用"的顾客可算是一件比较尴尬的事情。直销员必须冷静地应付比较棘手的顾客。

你可以对顾客说："听上去好像您曾在一种类似产品上有过不愉快的经历，能对我说说吗？（停顿等候）造成这种不愉快的根子是什么，产品还是服务？"使顾客把不愉快的情绪发泄出来，再冷静地帮他分析。你可以向顾客说明："这方面的情况在短短的时间内已经有了很大进展，因此，您看是否应该把购买的决定建立在今天的基础上，而不是昨天的经历？"即从专业的角度消除顾客的疑虑。此时，顾客可能会提出很多问题、意见或不清楚的地方，直销员回答问题时要沉着冷静、胸有成竹，使顾客感到你的回答是可以理解的，不仅解答了他的疑问，还让其内心感到舒服、满意。这样不仅能缓和气氛，同时又给顾客以稳重感、安全感。而后再征询意见，比如还有什么不满意的地方。如果顾客无异议，就不要老纠缠此类问题，要尽快进行深入的谈判。避开顾客已感到满意的问题是最明智的选择，因为见面谈判的时间是有限的。

无论顾客讲些什么反对意见，也绝无恶意。倘若顾客真心存恶意，又何苦与直销员见面及谈话呢？所以顾客愿意与直销员见面，能听他说话，能拿起他的商品来看看，再说些反对意见，这种种行为就表明顾客对制造商、对商品颇有好感，甚至有购买的意图。这时直销员所要做的是理解顾客之所以有反对意见，大半是基于某种误解，是由于日积月累的偏见所致，然后就必须努力找出其内在原因来，以便做一些适当的处理。也就是说，售后服务要让顾客了解和满意。尤其是在当前的直销活动中，顾客对直销服务的要求越来越高，各厂家也竞相在服务方面展开竞争。如果直销人员不能提供比竞争对手更好、更多的服务，给顾客更多的附加利益，或者直销人员的服务态度不好，令顾客感到缺乏服务诚意与精神，顾客提出异议也是应该的。

有时候，潜在用户之所以推托，是因为他在与直销公司打交道时曾发生过不愉快。这时如果公司本身有错误，直销员可以许诺对方，经过认真的调查研究后做些适当的调整。当顾客与你的公司之间发生了不快，你往往只有一个办法来补救，那就是不断地去拜访他，直到顾客确信你及你的公司是好的、信得过的，不再为某一次误会而求全责备。成千上万的老顾客都是被坚持不懈地使用这种技巧的直销员重新拉回来的。

只要你能以一种关心、热诚的态度帮他们解决问题，再以乐观的个性来感染他们,事情自然就好谈多了!

我要考虑考虑

通过直销员对产品质量、价格、售后服务介绍之后,有的顾客说:"让我考虑考虑吧!"这样的拖延之词听起来确实很合理,但是大多数仅仅是个借口,是个打发你走且又不失尊重的借口。

但凡有经验的直销员听到"考虑考虑"的时候,都是不会急于离开的,而是抓紧与顾客打交道,找出顾客的破绽来。撞上顾客的"考虑一下"而使直销失败,不能全怪顾客,只能怪直销员经验不足。人家早已有暗示,只怪自己私底下打了如意算盘,太天真了些。俗话说:"趁热打铁。"做生意也是一样的道理。假定顾客说"让我考虑一下",则表示有拒绝购买的意思,或是在交谈中无意间说出来了,在此反对意见刚萌生之际,你必须立即将话头打住,否则任其滋长下去,购买欲越来越淡,生意就做不成了。比如这时你可以说一句:"实在对不起。"

"有什么对不起呀?"

"请原谅我不太会讲话,一定是使您有不明了的地方,不然您就不至于说'让我考虑'了。可不可以把您所考虑的事情跟我说一说,让我知道一下好吗?"

另外,你可以用下列方法应对:

优惠法。即给顾客一个优惠,使他们不能再拖延下去。比如许多直销员利用此法,以"节假日优惠,当日有效,当次有效"等条件,给消费者"回扣"或"折价",以促进成交。

比较法。直销员运用此法将顾客拖延下去的优点、缺点加以比较,顾客的心中就会清楚,不愿再拖延了。通常,通过好坏比较,可知好处很少,而坏处甚多。直销员将拖延下去的好处和坏处都写在一张纸上,进行对比,用数字比较比用文字比较更具说服力。顾客看完比较表后，就有可能做出立即购买的决定。

过期作废法。直销员可以陈述拖延下去的坏处，比如供应可能会中断，价格可能会上涨，型号可能会有所改变，交货期不能保证等，所以许多直销员诚恳地对顾客说："先生，我们不能保证以后还能向您提供跟本次一样的商品和条件，请您考虑一下，比较一下，再做决定吧。"这样，用户因担心以后不能以如此优惠的条件买到产品，就会不再拖延了。

5.认清拒绝巧应对

在直销的过程中，直销人员碰到客户拒绝的可能性远远大于直销成功的可能性。许多时候，在洽谈刚开始，直销人员就被泼了一盆冷水。很多新直销人员常为此沮丧。但事实上，面对拒绝是直销人员的家常便饭。想要化解客户的拒绝，将场面扭转过来，就必须弄明白客户拒绝背后的心理。

当顾客说拒绝的时候，这是他的真实意愿还是一个缓兵之计，甚至是一句谎言呢？找出真正的拒绝是做好直销的第一步。

以下是著名的直销大师杰弗里·吉特默总结出的认清拒绝然后克服拒绝的几个步骤，这是他多年直销经验所得。

认真倾听对方提出的拒绝。确定这是一个拒绝还是只是拖延。如果是真的拒绝，客户通常会反复强调自己的拒绝。那么你要让客户把他自己的拒绝完整地叙述出来，先对潜在顾客的意见表示同意。这样可以使你有策略地反对潜在顾客的意见而不会引起反感。

如果你相信顾客的拒绝只是一种拖延，那么你必须让他们说出拒绝的真正原因，否则你就无法进行直销。如果你相信这是拖延并且想确认，试一试以下的语句，能让你更近地看清楚事实："您是否真的是指……""您告诉我……但我想您可能还有别的意思。""我的经验告诉我，顾客如果这样说话，通常意味着他们对价格也不满意。您也是这样吗？"这些都是一些很好的试探。

确认这是否是唯一的被拒绝原因。除了已经给出的原因以外，还有没有其他原因？要不怕重复，以不同的方式多次问同样的问题："换句话说，如果不是因为……你就会购买我们的产品了，是这个意思吧？"

然后要针对客户的拒绝，展开对潜在顾客的围攻。给出一个包含解决方案的问题："那么，如果我能保证我们的可信性""如果我能达到您的其他条件"或者"如果我能让您看到我们产品在实际应用中的状态，您是否就可以做决定了呢？"

要以一种完全能够解决问题的方式回答问题，也可以以一种能引起顾客说"是"的方式回答问题。此时要用上你所有的法宝。如果你有一些比较有说服力的材料：一张报纸的宣传、一个你当时就可以打电话的老客户、一种时间或价格上有特别安排的交易条款，现在就把这张牌打出来，同时忘掉价格、展示成本、证明价值、进行对比、证明利益。如果你不能以比别人高明的方式回答潜在顾客的问题，你就永远没有成交的机会。在这一步骤中，你需要全面动用你的知识储备、创造性、直销工具、你的自信、你的交流能力……你要把技巧、真诚和雄辩结合起来，才能赢得潜在顾客的赞同。

提出达成交易的问题，或以假设的方式和顾客交流。"如果我能……您会不会……"是典型的问题模式。"我非常肯定我们可以做到这点。我只要再回办公室最后确认一下就可以了。如果没有问题的话，是不是我们就可以成交了？"最后对回答进行确认，同时最好用书面的形式对交易进行确认。

还有一种客户的拒绝是因为基于个人的原因对直销人员存在着一些偏见。这种情况下，虽然你明知客户的偏见是不对的，但你不能直接向客户说明这一点。你完全没有必要附和客户的看法，否则，你将会丧失自己的立场。尽管客户是上帝，但不能因为他是客户，他的偏见就成了正确的。可以暂时回避这个话题，引导客户转移话题，谈一些工作与业务情况。如果对方拒绝与你讨论这些问题，你必须用实际行动来表现，证明自己并不是对方所想象的那种人。

通过对客户说"不"的几种心理出发点的分析，直销人员就要明白怎样回答才是最为稳妥的应对策略。

要避免快速的反应造成客户的误解。经常会碰到相同的拒绝方式或者原因，久而久之，在不知不觉中养成了回答统一问题的习惯，甚至在还不了解客户的真正意图之前，就迫不及待地作出解释，这会让客户认为你并没有认真听取他的问题的印象，所以，要仔细聆听客户的说明，同时，在客户提出较为尖锐和棘手的问题时，多给自己一些时间，使客户认为你是在仔细地考虑怎样帮助他解决问题。在回答客户问题的时候，尽量简洁，如果你总是喋喋不休地讲述一个问题，客户就会认为他提出的问题切中要害，而你又很难给予良好的解决，从而降低客户对你的信心。

因此，在使用顾问式的直销方法化解第一类情况的时候，首先要安抚客户，采用群体认同的方式，就是大多数人的看法和他相同，然后表示自己的看法也是这样，但真正的情况不是这样的，这种方法能够很大程度地降低客户的抵触情绪，从而逐渐接受你的观念和解释。这种方式也叫迂回否定法。要先认同、赞美，以消除客户的防卫心理。应当养成说"好""很好""非常好"的习惯，称赞客户。当客户提出问题时，回答的第一句应是："您说得很有道理，这个问题问得非常好，可见您在这方面有相当的研究。"或说："太棒了，我拜访过那么多的客户，从来没有人把问题提得这么到位。""我很高兴能听到您对我们产品的高见。""您的意见十分合理。""您的观察非常敏锐。"总之，要让客户感到你对他的尊重进而愿意和你谈下去。

在认同的基础上，再在适当的时候阐述自己的观点，使客户在不知不觉中接受自己的正确观念。比如你说："您讲的话一点也不假，不过，还有另一层也许您还没有注意到……"

积极思考法。听到客户说"不"，可以认为这是一种提醒，告诉你必须变换一种方式才能行得通。这一次对方说"不"，就把这次商谈的内容当作资料好好研究，找出商谈中的不足，总结经验，认真为下一次商谈的成功做好充分准备。

冷处理法。不要急于处理问题，先用反问法收集资料，以寻找解决问题的方法。客户提出的问题大都随意性很强，逻辑性较差。只要判断出是否真有问题，或者是推托之辞，处理起来就相当容易了。

转移话题法。在与客户的商谈中，不被客户所认同时，与其继续勉强处理，不如先转移话题，等到气氛有所改变之后，再尝试继续进行处理。你应该在不知不觉中改变话题，把对方的拒绝心态引向一旁。

故事举例法。当客户提出异议后，直销人员不是直接回答问题，而是通过举例，或讲故事来引导客户。像"我接触的一个单位，他购买我们的产品并作出这样的评价……"这样的实例多谈一些，也不失为一个好办法。利用别人对自己产品的信任和支持，来打动面前的拒绝者，请他相信作出购买决定是个不错的选择。

快速反问法。也叫问题引导法。当你听到客户提出的异议后，先接受他的异议，然后快速地把客户的异议转换成问题，向客户进行"反问"，主动控制客户的思路，让客户顺着你的思路来分析和回答问题，如此一来，客户自己排除自己的疑惑，他提出的异议也便不攻自破了。这样不仅可以避免你被拒绝的难堪，而且还可以借此来了解客户自己的想法，有利于掌握客户异议背后的一些真实因素。

认真倾听法。有时候，客户提出异议并非真的有什么想法，而是想倾吐心中的烦闷而已，他仅仅需要有人听他诉说，如此而已。对这种客户，你应当全神贯注认真地听，适时作些反应或引导，但千万不要打断他的谈话。当他全部说完之后，你再诚恳地解释他的异议。

还需要注意的是，直销员一定要从开始就以果断坚定的语气说话，让客户无法拒绝你。

我们先来看一个直销场景：

小吴（直销员）："你好。我是小吴。请问杨晨董事长在吗？"

秘书："杨董事长认识你吗？"

小吴："请告诉他，我是软件公司的小吴。请问他在吗？"

秘书："他在。请问你找他有什么事？"

小吴："我是软件公司的小吴。请教你的大名。"

秘书："我是张小雨。"

小吴："张小姐，我能和董事长通话吗？"

秘书："吴先生，请问你找董事长有什么事？"

小吴："张小姐，我很了解你做秘书的处境，也知道董事长很忙，不能随便接电话。不过，你放心，我绝不占用董事长太多的时间，我相信董事长会觉得这是一次有价值的谈话，绝不浪费时间。请你代转好吗？"

秘书："请等一下。"

杨董："喂！"

小吴："杨董事长，我是软件公司的小吴。我公司是专门为大企业定制财务软件的公司。请问你知道我们公司吗？"

杨董："不知道。贵公司卖的是什么产品？"

小吴："我们是专门为大企业定做财务软件的公司。有许多知名企业都是我们的客户，比如银行、咨询公司、网络公司等。我希望下个星期能拜访你，当面向你作详尽的介绍。我想在下星期二上午8点15分或星期三下午2点45分拜访你，你觉得方便吗？"

杨董："嗯，让我想想，就安排到下星期二上午8点钟好了。"

直销员小吴说服秘书让他直接与董事长通电话的秘诀在哪？

在于他说话语气坚定、自信，不容别人怀疑。

如何让陌生的人认为自己的话可信？除了理由充分外，说话的语气是否坚定很是关键。

俗话说：理直气壮。"理直"为因，"气壮"为果。意思是指一个人，如果理由正确、充分，说话就很自信、很有气势。

这表明，人们都有这样的潜在心理：只有理由正确、充分的人，才会语气坚定，充满自信。否则，一个人如果理由不充分，心里就会发虚，说话也就没了底气。

要知道，人们通常会以一个人的声音大小、语气坚定与否来判断一个人的话是否可信。为此，应对那些对你持怀疑态度的人，最好的办法是"坚定自信的谈话语气"，让对方相信你所说的，无法拒绝你的要求。

我们可以做一个实验，在不同的时间段以不同的表情举止进入同一个不熟悉的小区或单位。通常，你会得到两种不同的待遇。如果你昂首走过，门卫的一般不会怀疑你，也不会拦住你；如果你东张西望，神色慌张，门卫的一定会拦住你，问你是干什么的。

如果你被拦住了，但你神色安详，果断坚定地说出你的早已编好的借口，对方即使半信半疑，也会让你进去；相反，如果你不善于表演，神色不安，结结巴巴，对方多半不让你出入。

为什么？因为果断的语言容易造成对方的错觉，从而对事物丧失客观判断。即便都是借口，但是以坚定的语气说出，会让对方感觉真实，不容怀疑；吞吞吐吐的话语，不能不让人怀疑它的真实性。

一些房屋中介就是采用坚定的语气去激发顾客的购买欲。

"太太，这幢房子前马路宽50米，公共汽车直达门前，附近也有火车站。门前一律铺设柏油，每隔10米就有一盏灯。此外，还有现成的自来水、天然气设备。冬天绝对温暖，保证不会受北风吹袭之苦。"

这套话以坚定的语气说出来，显得具体生动而可信，尽管其中没有几处是房屋本身的优点，却容易打动对方。

记住：从事直销工作时，一定要以坚定的语气、镇定的神态、坦然的举止去面对客户。哪怕你不够自信，也要表现得自信；不够坚定，也要表现得坚定。

6.采用补救方法扭转拒绝

直销员在被客户拒绝后，应沉着冷静，先要找出拒绝的理由，有针对地采用相应的补救办法，从而获得转机。

面对客户的拒绝，应用"应酬话术"。"应酬话术"的重点在于有效地利用对方的反对之语，对客户的反对要如何去反击，这是直销员的技巧高超的体现。客户以什么样的话来反对，大致都可以在事前预料得到，所以要研究如何去针对反对来作出的语句。

直销员在受到拒绝时，一般采用如下补救方法：

肯定，转折

接受对方的反对，然后慢慢地转变为反击的方法。

如果客户是一对自称无力购买的新婚夫妇，可作如下陈述："是的，有了家庭，费用更大。当孩子出生时，庞大的育婴费用将使您无法购买，等小孩上学，又要很大开销，接着是许多需大量消费的事，手头紧总是由没有为将来投资而引起的。你们看，是不是趁现在尚有能力的时候，先置办起来呢？"

质问法

对客户的反对或拒绝，以为什么来问其理由的方法，由此可以了解客户在想什么，并产生接下去的攻击方法。同时也可洞悉对方的反对究竟是借口还是真意。

客户："这个商品太贵了！"

直销员问："你认为贵多少？"

回音法

就如同回音一样，将对方说过的话完全重复一次，这也是颇具经验和年纪较大的直销员经常使用的方法。

买方："因为你的话不可靠。"

卖方："咦，你所谓的'说话不可靠'是什么意思呢？"

买方："我不喜欢二流的产品。"

卖方："您说'不喜欢二流产品'是什么意思？"

此外，面对客户不同的拒绝理由，可采用针对性的策略。

引例法

对客户的反对，引用实例予以说服法。

举例时，首先列举出某人面临的事实，但千万注意，必须以地位比对方高者为例，若其地位低于对方，客户反应则可能是："啊！先生买了，那么我们不要！"

否定法

这是当面对客户所讲的话加以否定的方法。如"没有这回事''"开玩笑"等。这种方法如果用错了，会使对方感到不愉快，应该注意。

客户："没有钱啊！"

直销员："爱开玩笑……口说没有钱的人，才是有钱的。"

资料透视法

这是将客户的注意力吸引到资料及其他直销用具方面的方法。也就是以资料来吸引客户的视线并加以说明。

客户："好像很快就会坏了。"

直销员："关于这一点，请你看一看这个……"

回避法

若完全把对方的话当真，并不一定会有好处，这一点初做直销工作的人应特别注意。

客户："这种价钱太贵了！"

直销员："……"（假装没听见，顿一口气后）"对了，那件事现在怎么样？"

为避免落入对方的圈套以及为缓和商谈时的紧张心情，对于对方的嘲讽或无礼就采取这种做法。

客户的"不"对于直销员来说，无疑是相当大的打击。对于很多直销员来说，客户的拒绝通常意味着整个直销的失败。事先准备好的各种问询、演示以及其他所有促进客户达成交易的准备，全都派不上用场了。当客户不假思索地说"不"并摆出一副拒人于千里之外的姿态时，似乎只有收拾东西走人才是最明智的选择。大部分直销员正是这样做的。这使他们的直销成功率极低，并且很难创造卓越的业绩。其实，当客户说

263

"不"的时候，通常只是表示他们"不知道"。客户可能不知道你，不知道你的公司，不知道你所要进行的直销的详情，甚至不知道他们自身真正的需求。在成功的直销员看来，客户说"不"不但不是拒绝，相反还是一次增加了解、促进沟通，甚至最后成交的机会。

7.再试一次，你就成功

美国纺织品零售商协会的一项研究指出，不能坚持是直销失败的主要原因。请看以下统计数字：有48%的直销员找过一个客户之后就不干了；有25%的直销员找过两个客户之后不干了；15%的直销员找过三个客户之后不干了；只有12%的直销员找过三个客户之后继续干下去。因此，直销生意就是这些能坚持到最后的直销员做成的。

据不完全统计，我们今天某直销公司的直销员，有10%的直销员不能坚持一个月；有15%的直销员不能坚持两个月；有25%的直销员不能坚持三个月。只有50%的直销员坚持三个月后继续干下去。所以，就是这些能再坚持一下的直销员，在事业中最终取得了成功。

电影巨星史泰龙，二十几岁时十分落魄，身上只剩100美金，连房子都租不起，睡在汽车里。当时，他立志当演员，并非常自信地到纽约的电影公司应聘，但都因外貌平平且咬字不清而遭到拒绝，当纽约所有500家电影公司都拒绝他之后，他并没有灰心，仍然保持"过去不等于未来"的信念，从第一家电影公司开始，再度尝试，在被拒绝了1500次之后，他仍然没有灰心。他创作了"洛基"的剧本，并拿着剧本四处推荐，可继续遭到嘲笑、拒绝，前后一共被拒绝了1855次，在第1856次，终于遇到了一家电影公司，愿意拍摄他的剧本，但又不让他担任主角。就这样，史泰龙百折不挠，顽强地坚持下来，终于成为闻名世界的超级电影巨星。

你能面对1855次的拒绝仍不放弃吗？史泰龙能，他坚持常人不能坚持做的事，所以他能成功。

作为一名直销员，谁都希望工作出成绩，业务有发展。但是，在实际工作中，遇到一点困难、挫折和拒绝，就心灰意冷，就想放弃，就不想坚持，这就不应该。

比如不少刚开始做直销的人，大多在前三个月时间里，由于业务知识掌握得不好，方法没运用好，只知道急着去寻找新的客户。遇到一两个白眼还能挺住，当找了几个或十几个客户都不成功的话，就坚持不住了，就想放弃了，不少直销员在这三个月时间里回家，不想干。所以有人把前三个月称为"黑色的三个月"。只要坚持度过这"黑色的三个月"，大多都能成为一个成功的直销员。

成功的直销员，都有一种翻扑克牌的精神，他坚信一副扑克牌里有两张王牌，只要自己坚持不停地翻，一张一张地翻，就一定能找到两张王牌。同样，做直销工作，他坚信茫茫人海中一定有自己要寻找的客户，于是，不停地寻，不断地找，总有一天会找到。

但是，很多人往往缺乏这种耐心，不能坚持，导致事业失败。

在美国，一位保险员想说服一个小学校长，让他的学生都投保。然而校长对此毫无兴趣，他跑了很多次都被校长婉言谢绝。于是，他绝望了，决定放弃。他的妻子说："何不再试一次，说不定这一次说服了他，说不服也不要紧，多跑一次没什么大不了的。"他听从了妻子的劝说，抱着再试一次的想法去学校。校长终于被他的诚心打动，同意全校学生投保。他成功了，而"再试一次"的成功经验，使他后来成了著名的保险员，开办了自己的公司，成为美国著名企业家。他是谁呢？他就是约翰·基米。

约翰·基米为什么能成功？他靠的是什么？他靠的就是四个字：再试一次，正是这"再试一次"的坚持和勇气成为他通向成功的阶梯。

直销员应该具有的重要态度就是坚持！很多直销员可能在几年时间内换了很多的直销职业，但都没有什么特别大的成绩。其实很多直销经理和总监的能力并不一定比直销员高很多，但他们却在自己的行业里经营了很长时间，让自己积累了大量的经验与资源，比较来说，他们更容易成功！所以，直销员特别是新直销员，一定要给自己两年到五年的时间，在某个自己看好的行业里不断打磨自己，锻造自己，最终使自己成为一块好钢，为自己将来铸就名剑惊天下打好基础！因为成功是坚持不懈才能换来的！

也许，我们的人生旅途上沼泽遍布，荆棘丛生；也许我们追求的风景总是山重水复，不见柳暗花明；也许，我们虔诚的信念会被世俗的尘雾缠绕，而不能自由翱翔；也许，我们高贵的灵魂暂时在现实中找不到寄放的净土……那么，我们为什么不可以以勇敢者的气魄，坚定而自信地对自己说一声"再试一次！"再试一次，你就有可能达到成功的彼岸！

罗尔夫·斯克尼迪尔是享誉全球的制表集团公司的总裁。当人们问及其从事制造高精密度手表多年中最自恃的理念是什么时，他回答道："永不低头，做'失败'的头号敌人。"

向来成功的背后，必是不能自主的挫折，这些对于罗尔夫·斯克尼迪尔亦复如斯，因为他永远踩着比别人更不屈不挠的步伐，失败、跌倒对他来说，只是寻常小事。也正因为如此，罗尔夫·斯克尼迪尔说：

"我是'失败'的头号敌人,因为我从不轻易放弃任何一件事情与机会,所以也绝不会被失败打倒。"

曾操盘过蜂星电讯100亿资本的女杰李艳,在2003年4月加盟索尼爱立信移动通信产品(中国)有限公司,担任分销管理副总裁。当时,正是整个业界对索尼爱立信质疑最深的时候。这个由两个巨头组成的公司,在成立一年多的时间里,一直在低谷里徘徊。在进入索尼爱立信之后,李艳遇到了平生最大的挑战。就任之后,李艳对原有的索尼爱立信渠道进行了大刀阔斧的改革。

在产品划分上,以前的手机厂商往往按照颜色给分销商划分,而这一次李艳并没有这样做,而是分析两家总代理在不同区域的实力强弱而赋予其不同地区的总代权。

此后,李艳将索尼爱立信的销售大区进行了重组,由原来分为中、南、西、北四个大区,转化为现在的南、中、北三个区,并将各大区和分销商的责任义务进一步明确。在终端奖励和促销上也由此更有所加强,昔日代理商抱怨的渠道管理不善,"人人管事等于没人管事"的局面就此结束。

2003年,索尼爱立信终于推出了T618、P802这样带有索尼爱立信基因的、时尚精制的产品。改良后的渠道体系,与精美的产品相结合,让索尼爱立信打了一个漂亮的翻身仗。

面对挫折和失败,你需要重整旗鼓,乱中求变。在变的过程中一定会遇到很大的阻力。变有可能成功,也可能不成功,但成功就在你最后坚持的时候。你已在怀疑自己的方法对不对的时候,已没有信心的时候,曙光就出现了。真的,坚持到最后一刻,成功就在向你招手了。